Neuer Stuttgarter Kommentar
– Altes Testament 9/2 –

Neuer Stuttgarter Kommentar
– Altes Testament 9/2 –

Herausgegeben von
Christoph Dohmen

Thomas Hieke

Die Bücher Esra und Nehemia

Verlag Katholisches Bibelwerk GmbH, Stuttgart

www.bibelwerk.de

ISBN 3-460-07292-7
ISBN 978-3-460-07292-7

Satz und Druck: J. F. Steinkopf Druck GmbH, Stuttgart

Inhaltsverzeichnis

VERZEICHNIS DER EXKURSE

Vorwort

Die biblischen Bücher Esra und Nehemia erzählen vom Wiederaufbau des Tempels in Jerusalem, der Stadtmauer und der Gemeinde des Gottesvolkes nach dem Babylonischen Exil. Dabei steht nicht eine lückenlose chronologische Aufarbeitung im Vordergrund, sondern eine theologische Gewichtung und schlaglichtartige Hervorhebung einzelner Ereignisse und Persönlichkeiten. Man täte wohl den Büchern Esra und Nehemia, die sich bei näherer Betrachtung als *ein* literarisches Werk herausstellen, unrecht, wenn man sie in unmittelbarem Zugriff als Quellen für historische Ereignisse der Geschichte Judas – oder Yehuds, wie die Provinz in der persischen Epoche heißt – gebrauchen würde. Auch wenn sich Esra-Nehemia den Anstrich eines geschichtlichen Textes gibt, so ist doch das primäre Interesse des Werks nicht auf die historiographische Information ausgerichtet, sondern auf die Vermittlung einer theologischen Botschaft: Es geht um die Neukonstituierung des Volkes Gottes nach der Weisung (Tora) Gottes in der Stadt Jerusalem mit ihrem Tempel und ihrem Umland. Insofern sind die Bücher Esra-Nehemia ein historisches und literarisches Zeugnis dafür, wie sich das werdende Judentum in seiner Gründungsphase nach dem Exil sieht. Zwei geschichtliche Etappen treten vor Augen: in Esra 1 – 6 der Wiederaufbau des Tempels durch die Rückkehrer aus dem Exil (aus der „Gola“) unter Scheschbazzar, Serubbabel und Jeschua einerseits (2. Hälfte des 6. Jh. v. Chr.) und andererseits in Esra 7 – Neh 13 die innere und äußere Konsolidierung der jüdischen Gemeinde mit Hilfe der Weisung des Mose unter dem Priester und Schriftgelehrten Esra und mit Hilfe der Wiedererrichtung der Jerusalemer Stadtmauer unter dem Statthalter Nehemia (Mitte 5.Jh. v. Chr.).Wieder einmal hat sich dabei ein auf den ersten Blick trockener und unscheinbarer

Text als sehr spannende biblische Literatur erwiesen. Hinter dem bisweilen geradezu bürokratisch wirkenden Stil stecken die tiefe Sehnsucht nach Ordnung und der Versuch, den Eindruck stabiler und gesicherter Verhältnisse, die von Gott und vom persischen Großkönig gewollt und garantiert sind, literarisch zu vermitteln. Das theologische Verstehen von Esra-Nehemia im vorliegenden Kommentar wird durch eine Herangehensweise erreicht, die nicht zuerst nach den historischen Fakten hinter dem Text fragt, sondern versucht, die Welt, die der Text im Prozess des Lesens aufbaut, zu rekonstruieren: In welche literarische, innere Logik (auch „Chrono-Logik" hinsichtlich der zeitlichen Abläufe) wird man beim Lesen hineinverstrickt? Welche Vorstellungen entstehen im Verlauf der Lektüre, gerade auch vor dem Hintergrund anderer biblischer Texte und deren intertextueller Aktivierung? Unter diesen Leitfragen interpretiert der Kommentar den biblischen Text. Es bleibt zu diskutieren, ob das sich so abzeichnende Gesamtbild nicht wenigstens in groben Zügen den historischen Ereignissen entspricht, solange nicht das außerbiblische Quellenmaterial (Archäologie, Inschriften, Papyri usw.), das für die fragliche Epoche nur in Spuren vorhanden ist, ausdrücklich einen anderen Befund zeigt.

Seinen Ausgangspunkt nahm dieser Kommentar bei der Aufgabe, die Bücher Esra und Nehemia für das von Erich Zenger herausgegebene Stuttgarter Alte Testament (2004) zu erläutern, die ich zusammen mit meinem Freund und Kollegen, Prof. Dr. Tobias Nicklas, übernommen habe. Ihm danke ich für die Erlaubnis, auf das Material aufzubauen, vor allem aber für die kritische und sehr hilfreiche Durchsicht der Endfassung sowie für zahlreiche Anregungen und Hinweise. Prof. Dr. Christoph Dohmen danke ich für den Auftrag, diese biblischen Bücher für die Reihe „Neuer Stuttgarter Kommentar Altes Testament" zu kommentieren, für sein Vertrauen und für die Zeit, die er mir als seinem Assistenten zur Bewältigung der Aufgabe gewährt hat. Mit Prof. Dr. Georg Steins konnte ich manches Sachproblem, gerade in Verbindung mit den Chronikbüchern, diskutieren, und ich erhielt wertvollen Rat von ihm. Sehr hilfreich standen Thomas Sticht und Julia Kogge beim Korrekturlesen zu Seite.

Regensburg/Michelfeld, im Mai 2005 *Thomas Hieke*

ERSTER TEIL

Einleitung

Die Geschichte Israels in biblischer Zeit kann in vier große Phasen gegliedert werden: Die erste Phase ist die Vorgeschichte, die Israel in seiner religiösen Literatur im Rückblick entwirft (Schöpfung, Erzeltern, Offenbarung am Sinai, Wüstenwanderung, Landgabe und Landnahme). In der zweiten Phase wird Israel als territorial gestützte Nation geschichtlich greifbar: Zwei Königreiche etablieren sich (das Nordreich »Israel« und das Südreich »Juda«). Der militärische und politische Untergang beider Staaten ist Thema und Triebfeder zahlreicher biblischer Texte. Konnten sich nach der Eroberung Samarias durch die Assyrer (722 v. Chr.) noch zahlreiche Personen und Traditionen ins Südreich nach Jerusalem retten, so gefährdeten die Eroberung Jerusalems und die Zerstörung des salomonischen Tempels durch die Babylonier (597/587) den Bestand des sich in seinen Traditionen als Gottesvolk konstituierten Israels erheblich. Die dritte Phase, das Babylonische Exil, war daher der entscheidende Wendepunkt, der über Fortbestand oder Auflösung Israels entschied. Offensichtlich konnten im Exil in Babylon wie unter den im Land gebliebenen Judäern Konzepte und theologische Deutungen entwickelt werden, die einen Neuanfang – wenn auch unter großen Schwierigkeiten – ermöglichten.

Die vierte Phase nach dem Exil war somit eine Epoche der Neugründung. In dieser Zeit spielen die Bücher Esra und Nehemia und fungieren als theologische Deutung eines gesellschaftlichen, politischen und religiösen Neuanfangs nach dem Untergang der Königreiche Israel und Juda und dem Babylonischen Exil. Treue zu Tempel und Tora, Kontinuität mit der Geschichte vor dem Exil und damit die Besinnung auf die Identität Israels sind die entscheidenden Faktoren – ihre »Personalisierung« erfahren sie in den großen literarischen Gestalten des »Schriftgelehrten« Esra und des »Statthalters« Nehemia.

I. Esra-Nehemia in der Bibel

1. Bibelkundliche Nacherzählung

Das Buch Esra-Nehemia beginnt mit der Erlaubnis zur Heimkehr und zum Tempelbau und knüpft mit der »Wiederholung« des Kyrusedikts an 2 Chr 36,22-23 an. Esra 2 ist eine lange Liste der heimgekehrten Judäer und ihrer Priester und Leviten, Kapitel 3 bis 6 schildern den Wiederaufbau des *Tempels* und die damit verbundenen Schwierigkeiten, vor allem die Konflikte mit den aus Samaria kommenden JHWH-Verehrern: Historisch gesehen handelt es sich um die Reste der Nordreichbevölkerung, die nach den Deportationen und Neuansiedelungen durch die Assyrer nach 722 v. Chr. im Lande verblieben sind. Aus biblischer Sicht, d. h. aus der Perspektive des Südreiches Juda, insbesondere aus der Sicht »Jerusalems«, sind diese Leute Heiden, allenfalls abtrünnige, im Grunde jedoch keine wahren Israeliten: Um die eigene Identität der mühsam zu stabilisierenden kleinen Jerusalemer JHWH-Gemeinde zu wahren, erfolgen scharfe Maßnahmen zur Abgrenzung. Hier wird allen, die nicht aus Juda und Jerusalem stammen und nicht aus dem Exil heimgekehrt sind, die Beteiligung am Tempelbau verweigert, was entsprechende Gegenmaßnahmen (in der Darstellung von Esra-Nehemia: Intrigen) und Konflikte zur Folge hat. Schließlich erfolgt doch die Fertigstellung und Einweihung des wieder aufgebauten Tempels (Esra 6,13-22).

Ab Esra 7 tritt der Schriftgelehrte Esra auf, der zu einer umfassenden Identifikationsfigur wird. Seine Genealogie wird daher auch bis auf den Hohenpriester Aaron, den Bruder des Mose, zurückgeführt (Esra 7,1-10). Esra steht so auf einer Stufe mit Mose und Josua, denn er »war von ganzem Herzen darauf aus, das Gesetz des Herrn (die Tora JHWHs) zu erforschen und danach zu handeln und es als Satzung und Recht in Israel zu lehren« (vgl. Jos 1,7-8). Wie einst Mose und Josua aus Ägypten, so führt Esra jetzt das Volk aus dem Exil in Babylon nach Jerusalem – aufgrund göttlicher Veranlassung *und* amtlicher Anordnung des Perserkönigs Artaxerxes (Esra 7 – 8).

In Jerusalem stößt Esra auf die Problematik der Mischehen der »wahren Israeliten« (der heimgekehrten Judäer) mit Frauen der kanaanäischen Bevölkerung. Solche Ehen waren immer auch mit der Verehrung fremder Götter und damit auch mit dem Abfall von JHWH, dem einzigen Gott Israels, verbunden – wie die Bibel exemplarisch und prominent an König Salomo (1 Kön 11) aufzeigt. Zugleich wurde dies als ein Verstoß gegen die Tora (vgl. Dtn 7,1-4; Ex 34,16) interpretiert, und damit ist die Heiligkeit sowie die gesamte kulturelle und religiöse Identität der kleinen Tempelgemeinde von Jerusalem gefährdet – so sieht es das Esra-Nehemia-Buch, und das erklärt auch das erschütternde Bußgebet des Esra (Esra 9). Zur Wahrung der eigenen Identität erfolgt die Auflösung der Mischehen in einem aufwändigen Prozess (Esra 10). Die betroffenen Personen sind namentlich genannt, es sind vornehmlich Leute aus der religiösen Oberschicht des Tempelpersonals – gemessen an der Menge der Heimkehrer von Esra 2 ist es jedoch eine verschwindend geringe Zahl. Doch auch diese vergleichsweise geringen »Abweichungen« von der Tora werden ausführlich bereinigt und gesühnt. Dies korreliert insgesamt mit der korrekten und »amtlichen« Sichtweise des Esra-Nehemia-Buches.

Der Einschnitt zwischen den heute vorliegenden »Büchern« Esra und Nehemia ist dadurch bedingt, dass mit Neh 1 ein »Ich«-Bericht des Nehemia, Statthalter des Perserkönigs Artaxerxes, beginnt. Nehemia, ein hoher Beamter am persischen Hof, wurde mit dem Wiederaufbau Jerusalems, insbesondere der Stadtmauer, beauftragt. Dies geschah ab dem Jahr 445 v. Chr. Der Wiederaufbau der Stadtmauer (Neh 1–6) ist nach Darstellung des Textes (ähnlich wie der Tempelbau) von allerlei Schwierigkeiten und Intrigen überschattet. Die Fertigstellung der Mauer in Neh 7 symbolisiert die feste Etablierung der Tempelgemeinde und die Sicherung ihrer Identität. Daher wird nochmals eine Bevölkerungsliste angeführt, die weitgehend Esra 2 entspricht. Die Bedeutung dieser Liste besteht darin, dass hier *das Volk Gottes in Buchform vorliegt, in »Heiliger Schrift« ist das wahre Israel registriert und amtlich erfasst.*

Neh 8,1-12 liefert das Modell eines Wortgottesdienstes: Das Volk bittet Esra, den Priester und Schriftgelehrten, das Buch mit dem Gesetz (Tora) des Mose zu holen und daraus vorzulesen. Der Vorgang wird ausführlich beschrieben. Dabei wird betont, dass Leviten zur Verfügung stehen, die das gehörte Wort der Tora dem Volk auslegen. Das Volk reagiert aufgrund der Offenbarung des Gotteswortes – wie einst am Sinai (Ex 19,16; 20,18)! – bestürzt, wird dann aber von Esra getröstet und feiert den Tag der Gesetzesverlesung als Freudenfest. An dieser Stelle liegt ein Höhepunkt der Thematik »Heilige Schrift« vor, denn die Bibel sagt hier selbst, wie mit der Heiligen Schrift umgegangen werden soll und was sie für die Menschen ist: Sie soll verlesen und – vor allem – ausgelegt und verstanden werden, und sie ist ein Grund zur Freude am Herrn, die die Stärke des Volkes ist. Damit wird die Hochschätzung des geschriebenen Gotteswortes in der Tora im Judentum bis heute grundgelegt. Sie darf auch als beispielhaft für den christlichen Umgang mit der Bibel in Auslegung und Wortgottesdienst gelten.

Das Verlesen des Gotteswortes ist aber immer auch Anlass zur Besinnung, Umkehr und Buße – das zeigt das lange Bußgebet Nehemias (Neh 9), das die Geschichte Israels seit Abraham rekapituliert und damit Ähnlichkeiten mit Ps 78, 105 und 106 aufweist. Wie schon die Chronik behandelt auch das Esra-Nehemia-Buch die Tora und die Geschichtsbücher als »Heilige Schrift«, als Quelle des Wissens um die Vergangenheit mit dem Ziel der Orientierung für die Gegenwart. Gott wird als Schöpfer und einziger Gott vorgestellt; der gerechte Gott hat mit Abraham einen Bund geschlossen und mehrfach befreiend und rettend an seinem Volk gehandelt. Das Volk und seine Oberen sind jedoch immer wieder von Gott abgefallen, so dass Gott das Volk strafen musste. So werden die zahlreichen Unglücksfälle und Katastrophen gedeutet, ebenso auch die gegenwärtige Not unter der persischen Fremdherrschaft. Diese Einsicht ist der Auslöser für eine erneute Selbstverpflichtung auf das Gesetz Gottes (Neh 10).

In Neh 11–13 folgen weitere Anordnungen und Berichte Nehemias über die Wiederbesiedelung Jerusalems und des Hinterlandes, die Einweihung der Mauer, durch die Jerusalem zu einer »Heiligen Stadt« wird, die Abgabenordnung für das Heiligtum, die Aussonderung aller Fremdvölker aus Jerusalem (13,3), die Einhaltung des

Sabbats und das Verbot der Mischehen. Nehemia schließt seinen Bericht mit der Zusammenfassung, dass er das Volk von allem Fremden gereinigt und für einen geordneten Kultbetrieb gesorgt hat (Neh 13,30-31). Sein Wunsch ist es, *Gott* möge es ihm zu*gute* halten. In diesem Satz schwingt ein leichtes Echo der Szene am Beginn des Buches Genesis mit, als *Gott* auf seine Schöpfung zurückblickt und alles für sehr *gut* befindet. Hier endet ein Geschichtsbogen, der in 1 Chr 1,1 mit »Adam« als Stichwort für die Erschaffung der Welt und des Menschen begonnen hat.

2. Bezeichnungen und Ort in den Kanonausprägungen (Bibeln)

Die nach den Personen Esra und Nehemia benannten Bücher bilden in der Hebräischen Bibel *ein zusammenhängendes Werk*, das von den Masoreten des frühen Mittelalters auch so behandelt wurde, da sie die Buchmitte in Neh 3,32 angeben und nur eine Masora finalis (Endanmerkung) anbringen (vgl. auch im Babylonischen Talmud *bBB* 15a). In modernen Bibelausgaben erscheint das Werk jedoch aufgrund der geschichtlichen Überlieferungssituation in zwei Teilen, da es – wie das Samuel- und Königsbuch – durch den Einfluss der griechischen bzw. lateinischen Überlieferung in zwei Teile zerlegt worden ist. Hintergrund für diese Zweiteilung ist der Neuansatz mit der Überschrift in Neh 1,1: »Bericht des Nehemia, des Sohnes Hachaljas.«

In der Hebräischen Bibel (in der jüdischen Tradition des »**T**a**N**a**K**«, der Dreiheit aus **T**ora, **N**ebiim [Propheten] und **K**etubim [Schriften]) steht das Werk Esra-Nehemia unter den Ketubim, den »Schriften«. In mittelalterlichen Handschriften bildet es entweder den Abschluss, wenn 1/2 Chr am Anfang der Ketubim stehen, so z. B. im Codex Aleppo (925 n. Chr.) oder im Codex Petropolitanus (früher Leningradensis B 19^{A}; 1009 n. Chr.), oder es steht vor 1/2 Chr am Ende der Ketubim, so z. B. in der Liste im Babylonischen Talmud (*bBB* 14b), in spanischen und anderen Handschriften des Spätmittelalters, in der Rabbinerbibel und in der modernen Ausgabe der Biblia Hebraica Stuttgartensia. Neben diesen Hauptordnungen gibt es in den Handschriften noch eine ganze Reihe von Varianten, u. a. die Schlussstellung der Festrollen (Megillot: Rut, Hld, Koh, Klgl, Est) nach Esra-Nehemia bzw. 1/2 Chr.

In der griechischen Bibel (Septuaginta) wird Esra-Nehemia bei den Geschichtsbüchern eingeordnet, und zwar in der Regel nach 1/2 Chr, so z.B. Codex Vaticanus und Codex Sinaiticus, beide 4. Jh. n.Chr., bzw. nach Est, Jdt, Tob, vor 1/2 Makk, so im Codex Alexandrinus (5. Jh.). Dabei geht in der griechischen Bibel der Übersetzung des hebräischen Textes von Esra-Nehemia (griechisch: Esdras B') das apokryphe Buch 3 Esra (Esdras A') voraus. Esdras A' ist eine Neuinterpretation von Materialien aus 2 Chr bis Esra 10, Neh 7,72 – 8,13a in Verbindung mit dem »Wettstreit der drei Pagen« (3 Esra 3,1 – 5,6). Bei Origenes (gest. 254) und im 4. Jh. (bei Cyrill von Alexandrien, Athanasius, Hieronymus) ist eine Aufteilung von Esdras B' in zwei Bücher (Esra und Nehemia) belegt. Dabei ist jedoch unklar, was Origenes genau mit A' und B' meint, und Hieronymus spricht sich für die Einheit des Buches aus. Die gängige moderne Standardausgabe der Septuaginta *(A. Rahlfs)* bezeichnet 3 Esra als Esdras A' und Esra-Nehemia als Esdras B', die kritische Göttinger Ausgabe spricht von Esdrae liber I (= 3 Esra, Esdras A') und Esdrae liber II (= Esra-Nehemia, Esdras B'). Im angloamerikanischen Sprachgebrauch wird daher 3 Esra (Esdras A') meist als »First Esdras« (1 Esdras) bezeichnet. Das »sd« in Esdras stammt aus der griechischen Aussprache des stimmhaften hebräischen »s« (*zajin*).

3. Weitere Esra-Literatur und Fragen der Kanonzugehörigkeit

Als theologische Leitfigur entwickelt sich nicht Nehemia, sondern Esra. Unter dem Namen des als Priester und Schriftgelehrten vorgestellten Theologen werden in den unterschiedlichen Bibelausgaben verschiedene weitere Bücher geführt:

Hebräische Bibel	**Septuaginta (griech.)**	**Vulgata (lat.)**	**Moderne Ausgaben**
Esra Neh } (urspr. ein Buch)	Esdras B' { Esdras β Esdras γ	Esdras I Esdras II	Esra Neh
	Esdras A' Esdras α	Esdras III Esdras IV] Esdras V/VI]	(3 Esra) (4 Esra)

Das Buch 3 Esra (Esdras A') ist eine apokryphe Schrift aus hasmonäischer Zeit (zweite Hälfte des 2. Jh.s v. Chr.). Folgende Übersicht zeigt die Anordnung des Materials im hebräischen (masoretischen) Text (MT) und in 3 Esra (Esdras A'):

MT	*3 Esra (Esdras A')*	
2 Chr 35,1-19	1,1-20.21-22	Das Pascha-Fest von König Joschija
2 Chr 35,20–36,21	1,23-55	Das Ende von König Joschija und der Untergang des Königreiches Juda
Esra 1,1-11	2,1-11	Das Kyrus-Edikt: die Erlaubnis zur Heimkehr und zum Wiederaufbau des Tempels
Esra 2,1 – 4,5	*	Serubbabel; Liste der Heimkehrer; Errichtung des Altares; Grundsteinlegung des Tempels; Unterbrechung des Wiederaufbaus
Esra 4,7-24	2,12-26	Die Artaxerxes-Korrespondenz
	3,1 – 5,6	Der Wettstreit der drei Pagen
*	5,7-71	s. o.
Esra 5,1 – 6,22	6,1 – 7,15	Wiederaufnahme des Tempelbaus und Abschluss der Bauarbeiten
Esra 7,1 – 10,44	8,1 – 9,36	Die Geschichte Esras
Neh 7,72 – 8,13a	9,37-55	Verlesung der Tora durch Esra

Dabei ist der griechische Text von 3 Esra eine freiere Übersetzung und wahrscheinlich früher entstanden als die sich eng an den hebräischen Text anlehnende griechische Version von Esra-Nehemia. Von daher ist 3 Esra als eigenständiges literarisches Werk zu werten; so haben es auch die Überlieferer des Textes gesehen, und bisweilen wurde und wird 3 Esra auch als kanonische Schrift angesehen. Beachtenswert ist die Grobstruktur von 3 Esra: Am Anfang und am Ende stehen einzigartige Festbegehungen: das Pascha des Königs Joschija und das Laubhüttenfest unter Esra. Dabei bricht allerdings 3 Esra in 9,55 mitten im Satz ab, und es wird allgemein angenommen, dass das Laubhüttenfest von Neh 8,13-18 als Abschluss zu ergänzen ist. Nun sind aber beide Personen, Joschija und Esra, über das Motiv »Wiederauffindung der Tora des Mose« (einmal *vor*, einmal *nach* dem Exil) eng miteinander verbunden. Möglicherweise erklärt diese Grobstruktur den auf den ersten Blick eigenartigen Geschichtsbogen von Joschijas Pascha zu Esras Toraverlesung in 3 Esra.

Das Problem des literarischen Verhältnisses von Esdras A' und Esra-Nehemia

Ein seit langer Zeit diskutiertes Problem betrifft die Beziehung zwischen dem hebräischen (teilweise aramäischen) Esra-Nehemia-Buch und der griechisch erhaltenen Fassung Esdras A' (= 3 Esra). Neben der oben genannten Vermutung, dass 3 Esra eine spätere Kompilation verschiedener Materialien zu einem neuen, eigenständigen literarischen Werk ist (»Kompilations- oder Buchhypothese«), wird auch die These vertreten, dass 3 Esra (bzw. die – nicht erhaltene – hebräische Vorlage davon!) eine Fassung des Stoffes darstellt, die älter ist als das vorliegende hebräisch-aramäische Buch Esra-Nehemia. Dabei wurde im Rahmen der Hypothese eines »chronistischen Geschichtswerks« (1/2 Chr+Esra-Nehemia von einem Autor verfasst), die mittlerweile mehrheitlich abgelehnt wird, vermutet, die Vorlage von 3 Esra sei der fragmentarische ursprüngliche Abschluss dieses Geschichtswerks (»Fragmententheorie«). Diese Annahme geht jedoch zu weit und hat zu viele ungesicherte Voraussetzungen.

Dennoch wird auch in neuester Zeit für eine Priorität der Vorlage von 3 Esra optiert (D. Böhler). Böhler sieht 3 Esra als freiere Übersetzung einer hebräischen Fassung an, in die die Erzählung von den drei Pagen (3 Esra 3,1–5,6) interpoliert wurde. Diese Vorlage (ohne die Pagenerzählung) bezeichnet Böhler als Esdr α*. Beide Texte, die rekonstruierte Vorlage von 3 Esra, also Esdr α*, und das vorliegende Esra-Nehemia-Buch, entfalten sehr unterschiedliche Konzeptionen der Wiederherstellung Israels, insbesondere des Wiederaufbaus Jerusalems und der Rolle Nehemias. Während das Esra-Nehemia-Buch davon ausgeht, dass die Mauern Jerusalems erst durch die Intervention Nehemias (datiert auf 445 v. Chr.) aufgebaut wurden und so ein zu politischer Autonomie fähiges Gemeinwesen entstand, setzt Esdr α* voraus, dass der Wiederaufbau der Stadt und der Mauer bereits bei der ersten Heimkehrbewegung unter Scheschbazzar zur Zeit des Königs Kyrus (Esra 1,11) stattfand. Als dann Serubbabel unter König Darius I. nach Jerusalem zurückkehrte (in 3 Esra nach dem Pagenwettstreit), habe er bereits eine Stadt mit Mauern und Toren vorgefunden. Textunterschiede zwischen Esdr α* und Esra-Nehemia, die Böhler detailliert herausarbeitet, zeigen diese unterschiedliche Auffassung und Geschichtsdarstellung. Der Hauptunterschied liegt in der Darstellung Nehemias, denn der ausführliche »Selbstbericht« Nehemias über den Aufbau der Stadtmauer gegen viele Widerstände, der den Hauptanteil des Nehemia-Buches ausmacht, fehlt in Esdr α* wie in der griechischen Fassung 3 Esra.

Die unterschiedlichen Konzeptionen können nicht miteinander harmonisiert werden, stehen aber textlich in Beziehung zueinander. Böhler vertritt die Priorität von Esdr α* und sieht Esra-Nehemia als spätere Redaktion dieser Vorlage aus der Makkabäerzeit an, die die Nehemia-Memoiren aufgenommen habe. Ziel sei es, gegenüber der Betonung des Tempels in Esdr α* herauszustellen, dass das jüdische Gemeinwesen erst durch politische Autonomie – verkörpert in der befestigten Stadt Jerusalem – lebensfähig sei.

Das Problem an dieser Annahme ist, dass die historische Figur Nehemias völlig untergeht. Nehemia tritt in Esdr α* nur am Rande auf. Es ist zwar Böhler darin Recht zu geben, dass die Texte zunächst auf rein literarischer Ebene analysiert werden müssen und die Rückfrage nach historisch greifbaren Fakten eine ganz andere Aufgabe ist. Dennoch stellt sich auch beim Blick auf die zu verstehende Welt des Textes (bzw. hier der Texte Esdr α* und Esra-Nehemia) die Frage nach der historischen Plausibilität, wann welche (vielleicht auch fiktiven) Konzepte entwickelt werden können. Für den hier diskutierten Fall ergibt sich folgende Problematik: Wenn Esdr α* gegenüber Esra-Nehemia die literarische Priorität haben soll, muss man Esdr α* letztendlich auch die größere Nähe zum tatsächlichen historischen Geschehen zubilligen, da es kaum vorstellbar ist, dass eine literarisch erheblich spätere Redaktion (Esra-Nehemia) die historisch wahrscheinlicheren Ereignisse wiedergibt. Wenn aber die Darstellung von Esra-Nehemia gegenüber Esdr α* sekundär wäre, muss man fragen: Kann – auch bei erheblichem zeitlichem Abstand – die »Mission Nehemias«, verbunden mit dem chronologischen Datum 445 v. Chr., literarisch völlig frei erfunden bzw. aus der Nebenrolle, die Nehemia in Esdr α* spielt, heraus entwickelt werden? Kurz gesagt: Die auf der rein literarischen Ebene nachvollziehbare Prioritätenreihenfolge »Esdr α* – Esra-Nehemia« wirft bei der Rückfrage nach den tatsächlichen geschichtlichen Ereignissen, für die leider außerbiblische Zeugnisse weitestgehend fehlen, größere Probleme auf als die umgekehrte Reihenfolge. Auch wenn man nicht primär nach den historischen Ereignissen fragt, sondern danach, wie die unterschiedlichen literarischen Textwelten aufeinander folgen könnten, bereitet die vorgeschlagene Priorität von Esdr α* mehr Schwierigkeiten, als sie löst.

Die meisten Beobachtungen zu den Unterschieden zwischen Esdr α* und Esra-Nehemia sind keine »Einbahnstraßen«: Es ist literarisch mindestens ebenso plausibel, dass derjenige, der Esdr α* bzw. 3 Esra zusammengestellt (kompiliert) hat, die Rolle Nehemias herunterspielen wollte und am Thema des Aufbaus der Stadtmauer kein Interesse hatte. Den Text an den wenigen neuralgischen Stellen entsprechend zu ändern, war kein großes Problem. Es lässt sich sogar – vor dem Hintergrund der makkabäischen Epoche – ein Grund dafür angeben, der Person Nehemias als Statthalter kein Gewicht zu verleihen: Im vorliegenden Esra-Nehemia-Buch klingt immer wieder der Gedanke einer »Doppelspitze« (zwei Köpfe, griechisch: bikephal bzw. zwei Herrscher, griechisch: dyarchisch) durch, d.h. der Leitung der Gemeinde durch einen politischen und einen religiösen Machthaber (Statthalter und Hoherpriester, z.B. Serubbabel und Jeschua oder eben Nehemia und Esra). In der Makkabäerzeit ist dieses »bikephale« bzw. »dyarchische« Konzept jedoch nicht erwünscht oder plausibel, da der Hohepriester auch die politische Macht innehat (vgl. z.B. 1 Makk 12,3.6; 14,17.41.47). Daher wäre es durchaus denkbar, dass mit 3 Esra ein Text erstellt wurde, der allein die Bedeutung von Tempel und Tora herausstellt, aber das für Esra-Nehemia charakteristische Zusammenwirken zweier Spitzen vermeidet (und so Nehemia ausblendet). Dies könnte wiederum im Sinne der Makkabäer bzw. Hasmonäer sein, da über die eine religiöse Spitze auch die politische Macht ausgeübt wird.

Man könnte aber auch 3 Esra als einen gegenüber den politischen Ambitionen der Makkabäer/Hasmonäer kritisch eingestellten Text lesen, der den Gedanken der politischen Autonomie, der mit der Mission Nehemias zweifellos verbunden ist, ausblendet und allein auf Tempel und Tora als Identifikationspunkte des jüdischen Glaubens und des jüdischen Volkes verweist.

Da es weniger wahrscheinlich ist, dass die Nehemia-Mission (Stadtmauerbau) später erfunden wurde, als dass sie in 3 Esra ausgeblendet wurde, erscheint die Priorität von Esra-Nehemia gegenüber Esdr α* (und damit auch 3 Esra) plausibler. Insofern wird in dieser Kommentierung vom vorliegenden Esra-Nehemia-Buch in seinem masoretischen Umfang und Aufbau ausgegangen.

Eine Alternative zur Annahme, dass 3 Esra eine Kompilation aus den kanonischen Büchern 2 Chr und Esra-Nehemia sei, ist die Möglichkeit, dass Esra-Nehemia sowie 3 Esra jeweils unabhängig auf (nicht mehr erhaltene) Traditionen und Quellen über Esra (und Nehemia) zurückgegriffen haben *(L.L. Grabbe)*. Der Kern dieser Tradition könnte in 3 Esra 2; 5–9 liegen – dieses Material wäre dann vom Verfasser von Esra-Nehemia aufgegriffen worden, wobei ein Teil abgezweigt wurde, um Neh 8 zu bilden, und mit Nehemia-Traditionen verbunden worden, die auch Flavius Josephus vorlagen.

Josephus benutzte für seine Darstellung in Ant XI,1–110. 120–157 wahrscheinlich eine auf 3 Esra zurückgehende Vorlage, in Ant XI,159–183 eine Nehemia-Tradition, die dann auch Eingang in das hebräische Nehemia-Buch gefunden hat. Aufgrund der erheblichen Unterschiede ist es sehr unwahrscheinlich, dass Josephus diese (später »biblische«) Fassung des Nehemia-Buches verwendete.

3 Esra entstand dann (wohl später als Esra-Nehemia) durch die Aufnahme der Esra-Tradition, der letzten beiden Kapitel von 2 Chr sowie der Geschichte vom Pagenwettstreit. Vermutlich endete 3 Esra mit dem Laubhüttenfest (wie in Neh 8,13-18), doch ist dieser Text im Laufe der Geschichte verloren gegangen.

Nur am Rande sei noch erwähnt, dass die Fragmente des Buches Esra, die in Qumran gefunden wurden (4QEzra), dem proto-masoretischen Texttyp entsprechen und keine Evidenz für die Anordnung in 3 Esra (Esdras A') ergeben *(Z. Talshir)*.

Literatur: *D. Böhler*, Die heilige Stadt in Esdras α und Esra-Nehemia. Zwei Konzeptionen der Wiederherstellung Israels, OBO 158, Freiburg (CH)/Göttingen 1998; *ders.*, On the Relationship between Textual and

Literary Criticism. The Two Recensions of the Book of Ezra: Ezra-Neh (MT) and 1 Esdras (LXX), in: *A. Schenker* (ed.), The Earliest Text of the Hebrew Bible, SBL.SCS 52, Leiden/Boston 2003, 35–50; *L.L. Grabbe*, Ezra-Nehemiah, London/New York 1998, 109–122; *Z. Talshir*, Synchronic Approaches with Diachronic Consequences in the Study of Parallel Redactions: First Esdras and 2 Chronicles 35–36; Ezra 1–10; Nehemiah 8, in: *R. Albertz/B. Becking* (eds.), Yahwism After the Exile. Perspectives on Israelite Religion in the Persian Era, Assen 2003, 199–218.

Das 4. Esrabuch ist eine jüdische Apokalypse, die am Ende des 1. Jh.s n. Chr. in Reaktion auf die Tempelzerstörung durch die Römer 70 n. Chr. entstanden sein dürfte. In der Vulgata sind Kapitel 1 und 2 als Esdras V (5 Esra) sowie die Kapitel 15 und 16 als Esdras VI (6 Esra) gezählt, diese sind vermutlich christliche Schriften, die die jüdische Schrift Esdras IV rahmen. Daneben gibt es in verschiedenen Handschriften noch eine andere Zählung in der Vulgata:

Hebräische Bibel	**Vulgata**	**Vulgata (Varianten)**	**Moderne Zählung**
Esra	Esdras I	1 Esdras	Esra
Nehemia	Esdras II		Nehemia
	Esdras III	3 Esdras	3 Esra
	Esdras V	2 Esdras	5 Esra
	Esdras IV	4 Esdras	4 Esra
	Esdras VI	5 Esdras	6 Esra

In 4 Esra ist Esra der Dialogpartner des Engels Uriel, mit dem Esra sieben Visionen, die im 30. Jahr nach dem Untergang Jerusalems (587 v. Chr.) situiert sind, bespricht. In 4 Esra findet sich auch die Tradition, dass Esra unter göttlicher Inspiration die bei der Zerstörung Jerusalems verbrannten heiligen Bücher und vieles andere mehr in 40 Tagen fünf Schreibern diktiert: 24 zu veröffentlichende Bücher sowie 70 geheim gehaltene, die nur den Weisen bestimmt sind (4 Esra 14,37-47). Am Ende wird Esra entrückt.

Vermutlich gab es eine hebräische oder aramäische Urfassung von 4 Esra, doch weder diese noch deren griechische Übersetzung sind erhalten, nur einige Zitate der griechischen Version sind überliefert.

Die lateinische Übersetzung der Vulgata dürfte der griechischen Vorlage am nächsten kommen; andere Übersetzungen des (weitgehend) gleichen griechischen Textes gibt es in syrischer, äthiopischer, arabischer (zwei Fassungen), armenischer und georgischer Sprache.

Die Bücher 3 Esra und 4 Esra sowie 5/6 Esra wurden nicht in den Kanon der katholischen Kirche von 1546 (Konzil von Trient) aufgenommen und gelten auch in den protestantischen Kirchen nicht als kanonisch. In der griechischen und russischen Orthodoxie aber ist Esdras A' als Heilige Schrift anerkannt.

Auf der Schrift 4 Esra basiert die spätere apokryphe griechische Esra-Apokalypse (frühestens 2. Jh. n. Chr.), die Reisen des Esra durch Himmel und Hölle (Tartarus), Gebet und Fasten, Fürbitte für die Sünder und weitere Motive, die den Kosmos, die Heiligen und das Endgericht betreffen, enthält. Ein wichtiges Grundmotiv teilt diese jüdische Schrift, die stark christlich überarbeitet wurde, mit dem Buch Ijob: Immer wieder »rechtet« Esra mit Gott, er fragt nach, warum die Menschen sündigen und bestraft werden und ob es nicht besser wäre, der Mensch würde nicht geboren. Gottes Antworten verweisen (wie bei Ijob) auf die Größe Gottes und der Schöpfung sowie auf die Gabe der göttlichen Weisung, geben aber keine rationale Erklärung ab. Es bleibt keine Lösung außer der vertrauensvollen Überantwortung der Seele im Tod an Gott.

Folgende weitere apokryphe Esra-Texte sind meist christliche Apokalypsen aus byzantinischer Zeit: Die *Visio Beati Esdrae* (ca. 4.–7. Jh. n. Chr.; ursprünglich griechisch; nur in lateinischer Sprache überliefert) beginnt mit der Bitte, furchtlos die folgenden Visionen zu ertragen – es ist vorausgesetzt, dass Esra nun die Verdammung der Frevler schauen wird. Esra sieht die flammenden Tore der Hölle, schaut, wie die Bösen von Hunden oder Löwen zerrissen werden, und steigt schließlich in den Tartarus hinab. Dort sieht er die Höllenstrafen für eine ganze Bandbreite von Verfehlungen. Schließlich darf Esra noch in das Paradies schauen und die himmlische Herrlichkeit erblicken. Vor Gott tritt Esra fürbittend für die Geschundenen in der Hölle ein, hört dann aber, dass ihnen nur entsprechend ihren Taten vergolten wird, während die Bußfertigen und die Erwählten ins Himmelreich eingehen.

Die *Quaestiones Esdrae* (Datierung unbekannt; in armenischer Sprache) sind ein Dialog zwischen dem »Propheten« Esra und dem

»Engel des Herrn«. Auch hier geht es wieder um das Schicksal der Seelen nach dem Tode. Insbesondere betont der Engel in seinen Antworten das fürbittende Gebet für die Toten. Die *Revelatio Esdrae* (vor dem 9. Jh. n. Chr.; in lateinischer Sprache) ist ein Kalandologion, das das Wesen des Jahres beschreibt, je nach dem, an welchem Wochentag es beginnt. Damit sollen Natur- und Klimabedingungen sowie die Erntemenge vorhergesagt werden, ebenso das Schicksal der weltlichen Herrscher. Esra erscheint hier als eine astrologische Gestalt.

Literatur: J.H. Charlesworth, Old Testament Pseudepigrapha, Vol. 1, New York 1983.

II. Zum Aufbau von Esra-Nehemia

1. Gesamtaufbau

Blickt man auf die Epochen, die das Esra-Nehemia-Buch umgreift, ergeben sich zwei große Abschnitte. (1) Esra 1–6 umfasst die Epoche der Heimkehr und des Tempelbaus unter den Perserkönigen Kyrus und Darius I. in der zweiten Hälfte des 6. Jh.s v. Chr. Die Protagonisten dieser Epoche sind auf judäischer Seite der Hohepriester Jeschua und der aus davidischem Geschlecht stammende Gouverneur Serubbabel. Diese beiden Persönlichkeiten spielen auch eine bedeutsame Rolle in den Prophetenbüchern Haggai und Sacharja (z. B. Hag 1,1.12.14; 2,2.4.21.23; Sach 3–4). (2) Esra 7 – Neh 13 hingegen betrifft die Zeit der inneren und äußeren Konsolidierung unter dem persischen König Artaxerxes I. (Mitte des 5. Jh.s v. Chr.). In dieser Periode sind die Hauptpersonen Esra und Nehemia, die – nach der Darstellung des Buches – zunächst getrennt und dann vereint wirken.

Blickt man hingegen näher auf den *Inhalt* von Esra-Nehemia, so begegnen zwei Hauptthemen, die drei Mal einander abwechseln und eng miteinander verflochten sind. Das eine Thema ist der Wiederaufbau des Jerusalemer Tempels bzw. der Stadtmauer, das andere die Verpflichtung auf die Tora und die Durchsetzung bzw. Umsetzung dieser Verpflichtung. Diese Konzeption erklärt sich aus dem Rückblick auf die Untergangskatastrophe von 587 v. Chr. (vgl. z. B. Esra 1,7; 3,12) und deren Bewältigung. Es geht darum, die Kontinuität zu den Verheißungen der »Vorzeit« (der vorexilischen Zeit) in Form einer Erzählung herauszustellen und die Bedingungen für den möglichen Neuanfang zu reflektieren. Das Werk ist getragen von der Aufgabe, den engen Zusammenhang zwischen dem äußeren Wiederaufbau und der inneren Restauration in geistlich-spiritueller Hinsicht aufzuzeigen. Daher kommt es, dass ein wesentliches Schwergewicht auf der Identitätsfindung durch Abgrenzung nach außen sowie auf der Verlesung und Beachtung der Tora liegt. Das Bestreben, einerseits an die Zeit vor dem Exil anzuknüpfen, aber andererseits nicht einfach so weiterzumachen, wie man dort aufgehört hatte, da diese Praxis eben die Strafe des

Untergangs Judas und Jerusalems nach sich zog, ist eine Grundtendenz der nachexilischen biblischen Literatur und eben auch charakteristisch für Esra-Nehemia.

2. Einzelübersicht

Im Einzelnen lassen sich die zuletzt genannten sechs (drei Mal zwei) Hauptabschnitte in folgender Übersicht darstellen:

A	Esra 1,1–6,22	Aufbau des Tempels gegen Widerstände		
		1,1–2,70: Rückkehr		
			1,1-11	Erlaubnis des Kyrus zur Rückkehr
			2,1-70	Heimkehrerliste
		3,1–6,22: Tempelbau		
			3,1–4,24	Baubeginn und Hindernisse
			5,1–6,22	Überwindung der Widerstände und Tempelweihe
B	Esra 7,1–10,44	Verpflichtung auf das Gesetz (Bund)		
		7,1–8,36: Esras Mission (ab 7,27 Ich-Bericht)		
			7,1-28	Esras Reise von Babylon nach Jerusalem
			8,1-36	Esras Begleitung (Heimkehrerliste)
		9,1–10,44: Auflösung der Mischehen		
			9,1-15	Das Mischehenproblem und Esras Bußgebet
			10,1-44	Versammlung, Bundesschluss, Ausführung
A´	Neh 1,1–7,4	Aufbau der Stadtmauer gegen Widerstände		
		1,1–2,10: Nehemias Mission (ab 1,2 Ich-Bericht)		
		2,11–7,4: Stadtmauerbau mit Hindernissen		
			2,11–4,17	Beginn des Aufbaus
			5,1-19	Soziale Spannungen
			6,1–7,4	Fortsetzung des Aufbaus

B´ Neh 7,5–10,40 Verpflichtung auf das Gesetz (Bund)

- 7,5-72a: Dokumentation der ersten Heimkehrer (= Esra 2)
- 7,72b–10,40: Bundeserneuerung
  - 7,72b–8,18 Gesetzesverlesung und Laubhüttenfest
  - 9,1-37 Bußgottesdienst mit Nehemias Bußgebet
  - 10,1-40 Die Verpflichtung auf das Gesetz (Bundesdokument)

A´´ Neh 11,1–12,47 Abschluss der Neuorganisation

- 11,1-36: Besiedelung von Stadt und Hinterland (Listen)
- 12,1-47: Priester und Leviten; Einweihung der Mauer
  - 12,1-26 Namensliste (Genealogie) des Kultpersonals
  - 12,27-43 Einweihung der Mauer
  - 12,44-47 Versorgung des Kultpersonals

B´´ Neh 13,1–13,31 Durchsetzung der Bundesverpflichtungen

- 13,1-3: Allgemeiner Ausschluss von Nichtisraeliten
- 13,4-29: Einzelmaßnahmen
  - 13,4-14 Reinigung des Kultes von Korruption durch fremde Einflüsse
  - 13,15-22 Befolgung des Sabbats in der Stadt durch Abriegelung
  - 13,23-29 Missbilligung der Mischehen
- 13,30-31: Zusammenfassung und Schlussbitte Nehemias

Die Verflechtung der Strukturelemente »Wiederaufbau« und »Bundesverpflichtung« soll aufzeigen, wie eng verknüpft die äußere Neukonstituierung Israels (Tempel, heilige Stadt Jerusalem) mit der Verpflichtung auf den Bund ist. Daher liegt ein besonderes Schwergewicht auf der breit gestalteten Bundesschlussfeier in Neh 7–10. Der Wiederaufbau von Tempel und Stadtmauer sowie die geistige Erneuerung durch Esra sind die Voraussetzungen für eine neue Verpflichtung auf die Tora. Realisiert wird dies in einer Reihe von Einzelmaßnahmen in Neh 12–13. Auf dem Höhepunkt in Neh 7–10 und 11–12 agieren Esra und Nehemia gemeinsam und entsprechen so den in Hag und Sach 3–4 mit großen Würden ausgestatteten Jeschua und Serubbabel von Esra 1–6. Der vom persischen König für die Repatriierung eingesetzte »Obere von Juda« (*ha-naśī' li-Y*^{e}*hūdā*) namens Scheschbazzar (Esra 1,8.11; 5,14-16) spielt nur eine Nebenrolle.

3. Durchgehende Linien

Eine Reihe von gemeinsamen Themen verknüpft die Hauptabschnitte. Zuerst ist der *Tempel* zu nennen, dessen Wiederaufbau in Esra 1–6 im Vordergrund steht. Der Tempel als Wohnstätte Gottes ist aber auch Thema in Esra 7,15.27, in dessen Kontext die kultischen Geräte und der Tieropferbetrieb im Erlass des Königs Artaxerxes angesprochen werden. Die finanzielle Ausstattung des Tempels ist auch in Neh 10,33-40 geregelt und in 13,10-14 neu in die Tat umgesetzt. Die Brennholz-Lieferung wird von Nehemia in 13,31 nochmals eigens als wichtiges Element seiner Reformen betont. Nehemias »Tempelreinigung« (Neh 13,4-9) beseitigt bestimmte Fremdeinflüsse seitens der Ammoniter (Tobija steht nach 2,10 mit den Ammonitern in Verbindung), die durch Korruption und Vetternwirtschaft Teile des Tempels zweckentfremdeten.

Ein zweites gemeinsames Thema ist das *Laubhüttenfest*. Es wird nach der Wiedererrichtung des Altares und der Aufnahme des Opferbetriebes »wie vorgeschrieben« (*ka=katūb*) gefeiert (Esra 3,4), und genauso heißt es nach der Verlesung des Gesetzes in Neh 8,15. In ähnlicher Weise laufen die *Bußgebete* von Esra (Esra 9,5-15) und Nehemia (Neh 9,6-37) mit Geschichtsrückblicken und Bekenntnis der eigenen Schuld parallel. Eine eigenartige Verklammerung der Epochen um den Wiederaufbau des Tempels (Esra 1–6) und der Zeit von Esra und Nehemia stellt der *Briefwechsel mit Artaxerxes* in Esra 4,6-23 dar, der mitten in der Darstellung der Ereignisse um Kyrus und Darius I. (522–486) eine Korrespondenz aus der Zeit Artaxerxes' I. (465–425), die eigentlich erst in Esra 7–Neh 13 thematisiert ist, einschiebt. Dieser Briefwechsel stellt ein erhebliches Problem innerhalb der logischen Chronologie des Buches dar (s. u. und zur Stelle). Da es sich um eine Brieffiktion (siehe den Kommentar zur Stelle) handelt, stellt sich die Frage, warum für die Fiktion nicht der chronologisch »passende« Perserkönig (also hier Darius I.) gewählt wurde. Man kann nur spekulieren: Vielleicht stand dem Verfasser keine exakte »Zeitleiste« zur Verfügung, sondern stattdessen möglicherweise nur die vage Erinnerung an eine entsprechende Auseinandersetzung aus der Zeit des Artaxerxes I., die erzählerisch herangezogen und ausgestaltet werden konnte. Solche Ungereimtheiten schaffen eine virtuelle Gleichzeitigkeit, die keine historisch-chronologische, sondern eine theologische Botschaft vermitteln will: Mit Gottes Hilfe werden alle Hindernisse und Anfeindungen, zu welcher Zeit und unter welchen Herrschern auch immer, überwunden (vgl. z. B. Esra 3,3; 4ff; Neh 2,10.19–20; 3,33-37; 4,1 u. ö.) – nach Art eines Teleskops werden größere Zeiträume in eine Idealzeit der Wiederherstellung Israels, des Tempels und der Stadt Jerusalem zusammengeschoben und konzentriert. In ähnlicher Weise sind folgende *unchronologischen Vernetzungen* zu deuten: In Esra 6,14 wird wieder – gegen die logische Chronologie – neben Kyrus und Darius I. König Artaxerxes I. erwähnt, wohl um auf die Zeit Esras und Nehemias voraus zu verweisen. Umgekehrt werden in Neh 12,47 die Zeit Serubbabels (also die Epoche von Esra 1–6) und die Zeit Nehemias verknüpft, als wären sie identisch. Auch werden in Neh 13 Probleme behoben, die bereits in Esra 9–10 und Neh 10 auftauchten – auch dies dient zur Verklammerung der einzelnen Abschnitte des Buches.

Exakte Historiographie im modernen geschichtswissenschaftlichen Sinne ist also nicht das Anliegen der Verfasser von Esra-Nehemia. Wie sonst wäre es zu erklären, dass durch das ganze Buch hindurch immer wieder betont wird, dass die *persischen Könige im Dienst des göttlichen Planes für Juda* stehen (vgl. Esra 1,1-4; 6,14.22; 7,6; 7,11-28; Neh 1,11; 2,4.8)? Hier werden geschichtliche Abläufe massiv theologisch gedeutet und entsprechend »subjektiv« (d. h. aus der Perspektive des Subjekts »Israel«) erzählt. Dies wird auch aus der durchlaufenden Selbstkonstituierung als »heiliger Same« (Esra 9,2) in der »heiligen Stadt« (Neh 11,1.18) deutlich: Mehrfach wird betont, dass sich das neu konstituierte Gemeinwesen als wahres Israel nur durch die konsequente

Abgrenzung nach außen absichern kann (z.B. Esra 4,1-3; 6,21; 9–10; Neh 2,20; 9,2; 10,29; 13).

Durch die Parallelisierung und teilweise Verschmelzung bestimmter geschichtlicher Ereignisse, durch Vorausverweise und Wiederholungen ergibt sich bei aller Buntheit der Geschehnisse und Personen der Eindruck eines runden Ganzen. Dieser idealisierte Geschichtsverlauf, mehr Konstruktion als Rekonstruktion, scheint für den Gesamtaufbau leitend zu sein und wichtiger als eine streng chronologische Abfolge. Die aus einer Zeitspanne von über 100 Jahren ausgewählten Ereignisse werden durch Vor- und Rückgriffe in ein Gesamtbild der Reorganisation Israels nach dem Exil integriert *(G. Steins)*.

Die der Endkomposition von Esra-Nehemia möglicherweise zugrunde liegenden Materialien werden diesem Gesamt-Leitbild ein- und untergeordnet. Dazu dient auch der Wechsel von der hebräischen in die aramäische Sprache in Esra 4,8–6,18 und 7,12-26 (siehe den Kommentar zu den Stellen): Wie eigens vermerkt wird (Esra 4,7.11; 7,11), werden aramäische »Quellen« zitiert. Der Sprachenwechsel dient als literarisches Stilmittel, um den Eindruck von Authentizität zu vermitteln (s.u. zur Entstehung). Für die tatsächliche »Echtheit« der Dokumente ist damit leider nichts gewonnen. Die aramäischen »Briefe« folgen nicht dem aus außerbiblischen Belegen hinlänglich bekannten Kanzleistil der persischen Verwaltung der entsprechenden Epoche, sondern fügen sich in die unter theologischen Gesichtspunkten arrangierte »Geschichte« nahezu nahtlos ein, so dass auch das literarische Stilmittel des Wechsels ins Aramäische der generellen Aussageabsicht des Textes dient.

III. Zur Entstehung von Esra-Nehemia

1. Hermeneutische Grundposition

Die Rekonstruktion der Entstehungsgeschichte biblischer Texte ist aufgrund der erheblichen zeitlichen Distanzen und der Eigenart des Materials als religiöse Schriften von vorneherein problematisch. Man muss sich von der Idealvorstellung verabschieden, dass man genaue Bewusstseinsvorgänge im Kopf der Textproduzenten (die »Intention des Autors«) erhellen könne. Dazu ist die Entstehungszeit der Texte zu weit entfernt und der Überlieferungsprozess zu komplex. Was erreichbar ist, ist der Versuch, mögliche Vorstufen des Endtextes zu skizzieren und so eine relative Chronologie des Entstehens als Hypothese vorzustellen. Ferner ist es mit einiger Vorsicht möglich, wenn das betreffende Material genügend Anhaltspunkte gibt, die Vorstufen und die Entstehung des vorliegenden Textes einer bestimmten Epoche in der Geschichte Israels in biblischer Zeit zuzuordnen. Man versucht dabei zu bestimmen, vor welchem Zeitpunkt das Werk keinesfalls entstanden sein kann, weil etwa bestimmte geschichtliche Ereignisse vorausgesetzt oder angedeutet werden *(terminus a quo* oder *ante quem non)*, und ab welchem Zeitpunkt es sicher schon vorlag, etwa, weil andere datierbare Texte darauf zurückgreifen oder bestimmte wichtige Ereignisse oder geschichtliche Wendepunkte nicht mehr darin auftauchen *(terminus ad quem)*. Was in der Theorie plausibel klingt, erweist sich in der Praxis der chronologischen Einordnung von Bibeltexten oft als heiß umstrittene Problematik.

(Nicht nur) von daher erscheint es ratsam, die Interpretation nicht von Details der hypothetischen Entstehungsgeschichte abhängig zu machen. Insofern stehen zur Auslegung nicht die rekonstruierten Vorstufen an, sondern der vorliegende Text in seinem Gesamtzusammenhang und seiner Überlieferung innerhalb des Kanons heiliger Schriften. Es ist schließlich eine historische Tatsache, dass der vorliegende Text die längste Zeit seines Daseins nicht als Einzelwerk, sondern stets als Bestandteil eines größeren literarischen Zusammenhangs (Heilige Schrift, »Bibel«) überliefert wurde. Bei Esra-Nehemia ist es so, dass die Vorstufen und vielleicht auch die Endfassung (noch) nicht in dem Bewusstsein geschrieben wurden, einen Text für ein Korpus Heiliger Schriften (»Kanon«) zu verfassen, doch bestimmte Stellen setzen bereits ein solches Korpus aus autoritativen, inspirierten und mit göttlicher Autorität versehenen Schriften voraus (z.B. Esra 7,6.10–12.21). Das wird auch daran sichtbar, dass die wichtigste »Quelle« für Esra-Nehemia die älteren biblischen Bücher sind (s.u.). Die Kommentierung wird also eher selten auf Vorstufen und andere entstehungsgeschichtliche Fragestellungen zu sprechen kommen, sondern v. a. den Endtext und seine Vernetzung im Gesamtkontext eines (literaturwissenschaftlich aufgefassten) Kanons ins Auge fassen. Im Zuge eines leserorientierten und textzentrierten Zugangs wird methodisch verstärkt intertextuell gearbeitet, wobei als primärer Intertext, also als bevorzugter Kontextrahmen, das Alte Testament, der erste Teil der christlichen Bibel, als konkrete Kanonausprägung (»Bibel«) fungiert.

Es ist berechtigt und notwendig, nach der Entstehungsgeschichte von Esra-Nehemia zu fragen, auch wenn dies nicht die erste Voraussetzung oder alleinige Grundlage der Interpretation ist. Vielmehr ist ein Wissen um eine chronologische Einordnung insofern hilfreich, als für das tiefere Verstehen eines Textes stets die – wenn auch nur fragmentarisch erreichbare – Kenntnis der sozialen und sprachlichen »Enzyklopädie«, in der er entstanden ist, weiterführend ist. Unter Enzyklopädie werden hier die sozialen, gesellschaftlichen, politischen, geschichtlichen, kulturellen und auch sprachlichen Zusammenhänge verstanden, auf die der Text vermutlich aufbaut. Vieles davon kann im Falle von Esra-Nehemia auch nur aus dem Werk selbst hypothetisch rekonstruiert werden. Außerbiblische Quellen und nicht-textliche Evidenzen sind für den durch diese Literatur anvisierten Bereich von Zeit und Raum relativ spärlich.

Wenn unter entstehungsgeschichtlichem Blickwinkel bestimmte Aspekte im Esra-Nehemia-Buch als »fiktiv« oder »Fiktionen« zu bezeichnen sind und das in diesem Kommentar auch so ausgesprochen wird, dann ist damit nicht die alltagssprachlich übliche Abwertung als »falsch« oder »Betrug« verbunden. Der Wahrheitsbegriff im Umgang mit der Bibel darf nicht auf blanke historische Fakten reduziert werden, die es als solche in idealisierter »Reinkultur« gar nicht gibt. Auch in der Geschichtswissenschaft ist mittlerweile die Diskussion weitergegangen, und so hat es sich als naive Idee herausgestellt, man könne Geschichte rekonstruieren, »wie sie wirklich war«. Jede Geschichtsdarstellung, auch die, die höchsten wissenschaftlichen Ansprüchen genügt, stellt eine bestimmte Auswahl und Pointierung dar, deren subjektiver Standpunkt immer mit zu reflektieren ist – auch wenn jemand *sine ira et studio*, also ohne irgendein polemisches oder politisches Interesse, Geschichtsstudien betreibt, so hat er dennoch eine bestimmte Perspektive und einen soziohistorischen Standpunkt. Der biblische Text, näherhin Esra-Nehemia, verfolgt überhaupt nicht den Anspruch, *ohne* jegliches Interesse Geschichte zu vermitteln, sondern nimmt sehr wohl einen dezidierten Standpunkt ein und zeigt deutlich ein theologisches und paränetisches Interesse: Hier will eine theologische Botschaft vermittelt werden. Dazu wird Geschichte *erzählt* im besten Sinne des Wortes: Die »Fiktion« – und jede Erzählung ist Fiktion – dient der Vertiefung der Gesamtbotschaft. Dies zu verurteilen wäre Zeugnis eines naiv-fundamentalistischen Wirklichkeitsverständnisses, das vermeintlich »sichere« naturwissenschaftliche Erkenntnisse mit moderner Überheblichkeit gegenüber der Vergangenheit paart. Man verkennt die literarische und theologische Eigenart biblischer Texte (gerade auch der so genannten »Geschichtsbücher« wie Esra-Nehemia), wenn man sie entweder als absolut verlässliche Quellen der Geschichte, »wie es wirklich war«, auffasste oder als Märchenbücher abqualifizierte. Die Wahrheit der theologischen Botschaft ist nicht von der Frage der historiographischen »Richtigkeit« einzelner Details berührt. In Esra-Nehemia wird Geschichte – wie auch in anderen biblischen Büchern – reflektiert, rekonstruiert und zu einem guten Teil konstruiert, um eine bestimmte Botschaft von Gott zu verkünden, um zu ermahnen, zu ermutigen, zu warnen, zu verteidigen usw. Diese Bemühung ist als historisches Zeugnis jüdischer Glaubens- und Religionsgeschichte ernst zu nehmen und zu respektieren – und auch als Quelle für das Gottes- und Weltverständnis der »Vorfahren im Glauben an den einen Gott« auszuwerten. Viel wichtiger als die kaum mit hinlänglicher Sicherheit zu beantwortende Frage, was genau geschehen ist, ist es, danach zu suchen, warum dies gerade so und nicht anders wem und mit welcher Absicht erzählt wurde, und vor allem, an welchen Merkmalen des Textes das abgelesen werden kann, welche Strategien des Textes seinen Modellleser genau da hin führen, dass der Text angemessen verstanden wird. »Fiktionalität« ist hier nicht störend, sondern ein wertvolles Stilmittel, eine Textstrategie, die viel für die der Intention des Textes entsprechenden (und ihr nicht zuwiderlaufenden) Interpretationen austrägt.

2. Grundprobleme der Entstehungsgeschichte von Esra-Nehemia

Die Frage nach der Entstehungsgeschichte kann wesentliche Beiträge dazu liefern, Textstrategien der Leserlenkung aufzudecken, etwa, wenn klar wird, dass bestimmte Elemente nicht unbeteiligte Wiedergabe historischer Dokumente sind, sondern gestaltete Ausprägungen theologischer Konzepte. Zunächst ist nach den Ansatzpunkten zu fragen, bei denen die Suche nach Spuren der Entstehungsgeschichte von Esra-Nehemia beginnen kann.

(1) Schon die große Übereinstimmung im Wortlaut zwischen dem Ende von 1/2 Chr und dem Anfang von Esra-Nehemia (2 Chr 36,22-23/Esra 1,1-3) weist auf das komplexe Beziehungsverhältnis *zwischen den Chronikbüchern und Esra-Nehemia* hin. Lange Zeit ging die Forschung davon aus, dass diese Bücher ein so genanntes »chronistisches Geschichtswerk« (ChrG) bildeten. Diese Annahme beruhte auf zu optimistischen Spekulationen über Tradentenkreise am Jerusalemer Tempel, die große historiographische Entwürfe projektieren könnten. Neuere Arbeiten weisen jedoch nach, dass Esra-Nehemia gegenüber 1/2 Chr eine eigenständige Konzeption und Theologie aufweist und daher in seinem überlegten Aufbau (s. o.) für sich betrachtet werden sollte.

(2) Innerhalb von Esra-Nehemia ist das *Verhältnis von Neh 8–10 zur Esra-Erzählung Esra 7–10* nicht unproblematisch. Während Esra 7–10 vom Auftrag Esras, eine Rechtsordnung zu etablieren, von den mit Esra aus dem Exil Heimgekehrten und von Esras Aktion gegen die Mischehen zur Stabilisierung der Gruppenidentität nach innen berichten, legen Neh 8–10 das Schwergewicht auf die Verkündigung und Auslegung der Tora sowie der Bundesverpflichtung, die Weisung Gottes zu befolgen. Das sind zunächst deutlich unterschiedliche Akzente, wie der Aufbau der Gemeinde und die Findung der eigenen jüdischen Identität gelingen soll.

(3) Eine Doppelung stellt die *Heimkehrerliste* in Esra 2 und Neh 7 dar: Beide Listen stimmen weitgehend überein. Die Kommentierung wird zu fragen haben, wie diese Wiederholung zu interpretieren sei. Aus entstehungsgeschichtlicher Perspektive fragt man sich, ob die eine Liste die andere abschreibt oder ob es eine gemeinsame Quelle gibt. Am wahrscheinlichsten ist es, dass Neh 7 die Liste aus Esra 2 als Vorlage herangezogen hat. In Esra 2 ist die Liste gut im

Kontext verankert und scheint dort ihren natürlichen Ort zu haben, während Neh 7,5-72 (und Neh 8–10) den Zusammenhang der Besiedelung Jerusalems unterbricht (Neh 7,4 wird erst in Neh 11,1 fortgeführt). Vermutlich sollte die in Neh 8 so prominent herausgestellte Volksversammlung mit Gesetzesverlesung, Bundesschluss usw. durch eine vorgeschaltete »Teilnehmerliste« präzisiert werden, um zu zeigen, *wer genau* zu diesem Volk dazugehört (siehe die Kommentierung zur Stelle). Dazu verwendet die Erzählung einen – auch so markierten! (vgl. Neh 7,5) – Rückgriff auf eine »alte«, d.h. textlogisch bereits in Esra 2 genannte Tradition. Die »alte« Liste aus Esra 2 in Neh 7 und die »neue« Liste der Unterzeichner des Bundesdokuments in Neh 10 rahmen so die inhaltlich äußerst bedeutsamen Texte Neh 8–9.

(4) Der Ich-Bericht des Nehemia (ab Neh 1,1) wird gerne als »Nehemiamemoiren« (oder »Nehemia-Denkschrift«, so *S. Mowinckel*) bezeichnet und als ursprünglich eigenständiges Element angesehen. Dabei wird auch auf 3 Esra verwiesen, wo dieser Teiltext fehlt. Das muss aber nicht zwingend heißen, der Nehemiabericht sei ein eigenständiger Text gewesen, der später erst in Esra-Nehemia eingefügt wurde. *T. Reinmuth* widmet dem Ich-Bericht eine eigene Untersuchung und will darin eine Mauerbau-Erzählung und eine Nehemia-Denkschrift (über die Reformen Nehemias im hinteren Teil des Buches) – wobei aber beide Schriften von Nehemia selbst stammen sollen – literarkritisch unterscheiden.

3. Mögliche Quellen für Esra-Nehemia

Insgesamt macht Esra-Nehemia bei aller Geschlossenheit doch den Eindruck, dass vorgegebene Materialien komponiert wurden. Je nach der Ausprägung des Optimismus der Forschung sieht man dahinter authentische Quellen oder spätere stilistische Nachahmungen.

(1) Der Abschnitt Esra 4,8–6,18 ist in aramäischer Sprache gehalten. Darin werden Briefe aus der persischen Hofkorrespondenz angeführt. Man könnte nun annehmen, dass hier tatsächlich Dokumente aus den königlichen Archiven rezipiert wurden. Es lässt sich jedoch zeigen, dass diese aramäischen »Briefe« in wesentlichen Punkten nicht dem Kanzleistil, genauer: dem reichsaramäischen

Briefformular, entsprechen *(D. Schwiderski)*. Vielmehr zeigen sie Eigenheiten, die eher in die frühe hellenistische Epoche weisen. Für die gesamte Textgruppe der in Esra-Nehemia »zitierten« Briefe gilt daher als *terminus ante quem non* das dritte vorchristliche Jahrhundert. Damit hat man einen wichtigen Anhaltspunkt für die Gesamtdatierung von Esra-Nehemia erhalten. Zugleich – und das ist für die Interpretation nicht unerheblich – erweisen sich diese »Briefe« als Fiktionen, die somit nicht als Schreiben persischer Könige und Beamter aufzufassen sind, sondern als geschickte literarische Stilelemente, die eine bestimmte Sicht von Welt, Gott und Geschichte vermitteln wollen, mithin »Theologie treiben«.

(2) Aufgrund der Stilisierung als »Ich«-Bericht wird in Neh 1–7* und 11–13* eine aufgenommene »Nehemia-Quelle« (Nehemiamemoiren/Nehemia-Denkschrift) vermutet. Umstritten ist allerdings die genaue Abgrenzung und Intention des Dokuments. Auch ist fraglich, ob es sich um einen historisch authentischen Bericht des Statthalters Nehemia aus dem 5. Jh. v. Chr. handelt oder um eine legendarische Nachbildung, also um eine pseudepigraphische Schrift. *T. Reinmuth* vertritt die Verfasserschaft Nehemias, unterscheidet aber in der zeitlichen Entstehung eine frühere Mauerbau-Erzählung und eine (nach seinem offiziellen Wirken abgefasste) Rechtfertigung des eigenen Tuns in der Nehemia-Denkschrift.

(3) Bei der Annahme einer Esra-Quelle ist zu beachten, dass in Esra 7 ein Wechsel zwischen Er- und Ich-Stil vorkommt, so dass umstritten ist, ob ein authentischer Bericht vorliegt oder ob es sich um literarische Stilisierung handelt, die die Authentizität steigern soll. Ebenfalls unklar ist der Quellenwert des Beglaubigungsschreibens des persischen Königs Artaxerxes für Esra (Esra 7,12-26), das wieder in aramäischer Sprache gehalten ist. Die Tendenz der neueren Forschung geht dahin, hier eine literarische Bildung als Initialzündung der Esra-Erzählung anzunehmen. Esras Tun ist damit sowohl von Gott als auch vom persischen Großkönig her klar legitimiert und autorisiert. Ist dieser Eindruck erst einmal vermittelt, wirkt sich dies auf die Wahrnehmung des gesamten Esra-Nehemia-Buches aus.

(4) Zahlreiche Listen wecken den Eindruck, dass hier amtliches Material verarbeitet wurde – genau dieser Effekt dürfte beabsichtigt sein (siehe dazu die Kommentierungen zu den Stellen). Daher ist

nicht ohne weiteres davon auszugehen, dass es sich bei den Listen, insbesondere bei der »Basisliste« von Esra 2, um Primärquellen handelt. Bedenkt man den schriftgelehrten Rückgriff auf ältere, bereits vorliegende Teile der »Heiligen Schrift« sowie die legitimierende und beglaubigende Funktion dieser Listen, handelt es sich wahrscheinlich nicht um Auszüge aus dem »Jerusalemer Einwohnermeldeamt« des 5. Jh.s v. Chr., sondern um eine gezielte Erarbeitung dessen, was man als »das wahre Israel« abschließend, einschließend und damit auch andere ausschließend festlegen möchte.

(5) Die wichtigsten Quellen für das Esra-Nehemia-Buch sind die älteren biblischen Bücher, vor allem die erzählenden Teile des Buches Exodus, die Bücher Levitikus, Deuteronomium und Josua sowie die prophetischen Schriften Haggai und Sach 1–8.

4. Ein hypothetisches Entstehungsmodell

Wissen zu wollen, wie Esra-Nehemia im Einzelnen entstanden ist, wäre vermessen. Die Forschung legt hypothetische Modelle der Entstehung vor, die auf bestimmten Beobachtungen am Text beruhen und mehr oder weniger nachvollziehbar, nie aber sicher beweisbar sind. Solche Modelle sind z. B. die Annahme einer Abfassung von 1/2 Chr+Esra+Nehemia durch *eine* (»chronistische«) *Hand*; ein Wachstum in drei Stufen oder *Blöcken*; eine Komposition aus einer Vielzahl von Quellen; eine sukzessive *Ergänzung* oder *Fortschreibung* durch eine größere Anzahl von Bearbeitern. Die Tendenz der neueren Forschung geht dahin, ein schrittweises Textwachstum anzunehmen, daher wird hier im Anschluss an *G. Steins ein redaktionsgeschichtliches* Entstehungsmodell vorgeschlagen.

(1) In einem ersten großen Anlauf zur Schriftwerdung wurden möglicherweise ältere Materialien (eine Esra-Erzählung, eine Nehemia-Erzählung, vorgegebene Listen) in eine Esra-Nehemia-Großkomposition aufgenommen, die das Anliegen hat, die nachexilische Reorganisation Israels als »heiliger Same« in der »heiligen Stadt« (Esra 9,2; Neh 11,1.18) als Anknüpfung an die Gründungsgeschichte Israels in Exodus bis Josua darzustellen (Esra 1,1 – Neh 12,43*).

(2) Vielleicht sind Teile von Esra 7 und 8 erst als Reaktion auf den Nehemiabericht später formuliert worden.

(3) Der umfangreichste Nachtrag besteht aus Neh 7,5–10,40, denn hier werden die Esra- und die Nehemiageschichte miteinander verwoben – erst jetzt liegt Esra-Nehemia als einheitliches Buch vor. Die beiden Protagonisten Esra und Nehemia wirken zusammen, um ein wesentliches Anliegen zur Zentralbotschaft des Buches zu machen: den Gehorsam gegenüber der schriftlich vorliegenden Tora. Dazu wird eine große liturgische Szenerie entwickelt: ein »idealer Wortgottesdienst« mit Verlesung und Erläuterung der Tora, Freude und Feier, Bußgebet und Bundeserneuerung. Aus dem persischen Auftrag an Esra, auf der Basis des Gesetzes (7,14) eine kultische und politische Reorganisation Judas und Jerusalems durchzuführen, wird die idealisierte Vorstellung, dass Esra, der Schriftgelehrte par excellence, die Tora des Mose dem ganzen Volk, das mit der am Tempel versammelten Gemeinde identisch und in Listen präzise erfasst ist, vermittelt: *Das* ist das wahre Israel.

(4) Eine Reihe späterer Bearbeitungen in Esra 3*; 6*; 8*; Neh 8*–12* legt das Schwergewicht auf kultische Fragen und die Belange des Kultpersonals am Tempel (Leviten, Musiker, Torwächter).

(5) Die Berührungen zwischen Esra-Nehemia und den Chronikbüchern sind unverkennbar und lassen sich am besten durch die Vermutung erklären, dass zum einen der Chronist Esra-Neh als Quelle heranzog, zum anderen spätere Theologen beide Werke (also die vier Bücher 1/2 Chr, Esra, Neh) zusammen bearbeiteten.

5. Datierungshypothese

Eine ausdrückliche Datierung von Esra-Nehemia als Buch selbst ist nicht vorhanden, auch fehlen sonstige genauere Hinweise. Terminologie und Theologie des Buches passen am ehesten in die frühhellenistische Zeit (ab der zweiten Hälfte des 4. Jh.s v. Chr.). Dem entspricht auch die Erwähnung der griechischen Drachme in Esra 2,69 und Neh 7,70-71. Auch die »zitierten« Briefe stammen nicht aus persischer Zeit, weil sie dem damaligen Briefformular nicht folgen, sondern eher typisch für hellenistische Korrespondenzweisen sind (*D. Schwiderski*; s. o., S. 37), so dass von daher das 3. Jh. v. Chr. als Entstehungszeit plausibel wird. Der oder die Verfasster stand(en) dem Tempel und dem schriftgelehrten Milieu sehr nahe.

IV. Historische Fragen – Zeittafel

1. Chronologische Probleme

Eine Interpretation von Esra-Nehemia, die sich allein für den historischen Wert des Textes interessiert, missversteht dessen Aussagegehalt und steht in der Gefahr der Einseitigkeit. Trotzdem ist Esra-Nehemia für die nur spärlich mit Quellen belegte *Geschichte des Judentums der persischen Zeit* (ca. 520–332 v. Chr.) von großer Bedeutung. Im Mittelpunkt des Interesses steht dabei vor allem das historische Verhältnis zwischen den beiden Protagonisten Esra und Nehemia: So sind nach der Darstellung des Buches Esra und Nehemia einerseits offensichtlich Zeitgenossen (Neh 8,9; 12,36), andererseits nehmen sie in ihrer Tätigkeit keinerlei Bezug aufeinander (v. a. Esra 10 und Neh 13). Gesichert erscheint die historische Ansetzung der *Nehemia*-Mission ab 445 v. Chr. (20. Jahr des Artaxerxes I., Neh 1,1; 2,1), da Namen aus dem Umfeld des Nehemia am Ende des 5. Jh.s v. Chr. in den Papyri von Elephantine (Nilinsel bei Assuan mit einer jüdischen Militärkolonie; siehe auch S. 143f.) außerbiblisch belegt sind.

Die Belege in den Papyri aus Elephantine

Aus dem 17. Jahr des persischen Königs Darius II. (=408 v. Chr.) ist ein Brief erhalten (Cowley 30/31; Porten B19/B20), der zwei wichtige Belege beinhaltet: (1) Zu dieser Zeit war Johanan (Jehohanan) Hoherpriester in Jerusalem (Cowley 30,18; Porten B19,18). Dieser Johanan war nach Neh 12,10-11.22 ein Enkel Eljaschibs, der wiederum nach Neh 3,1 ein Zeitgenosse Nehemias war. Somit muss Nehemia vor der Regentschaft Darius' II. anzusetzen sein, also zur Zeit von Artaxerxes I. (465–425 v. Chr.), der vor Darius II. (424–404) regierte.

(2) In einem Addendum zu diesem Brief, der an Bagavahya, den Statthalter von Yehud (s. u., S. 45) gerichtet ist, wird erwähnt, dass der angesprochene Sachverhalt auch

an Delaja und Schelemja, die Söhne Sanballats, des Statthalters von Samaria, geschrieben wurde (Cowley 30,29; Porten B19,29). Sanballat war ebenfalls ein Zeitgenosse Nehemias, und dass seine Söhne angesprochen sind, lässt wohl darauf schließen, dass sie faktisch das Amt ausübten, und zwar in Stellvertretung ihres mittlerweile hoch betagten Vaters. Auch dies zeigt, dass Nehemia zur Zeit des Vorgängers von Darius II., also Artaxerxes I., agierte.

Literatur: *A. Cowley*, Aramaic Papyri of the Fifth Century B.C., 1923, Nachdruck Osnabrück 1967; *B. Porten*, The Elephantine Papyri in English, Leiden 1996; *K.D. Schunck*, Nehemia, BKAT 23/2, Lfg. 1, Neukirchen-Vluyn 1998, 16–17.

Von dem Zeitpunkt der Ankunft Nehemias 445 v.Chr. her ist die Datierung der Esra-Mission auf das siebte Jahr des Artaxerxes (458) in Esra 7,7 problematisch: Wenn Esras Mission im Jahr 458 begonnen hat, er aber das Gesetz erst nach der Ankunft Nehemias verlesen hat (Neh 8), liegt dazwischen ein Zeitraum von etwa 13 Jahren, von dem nicht klar ist, was Esra während dieser Zeit gemacht hat. Unplausibel ist die Vorstellung, Esra habe das Gesetz bei sich gehabt, aber erst nach dieser langen Zeit verlesen. Mehrere Lösungsvorschläge werden diskutiert:

(1) Die historische Rückfrage wird überflüssig, wenn man Esra als bloße literarische Fiktion ansieht. Gewiss ist zuzugestehen, dass die Abfassung des Buches in großem zeitlichen Abstand zu den geschilderten Ereignissen steht und dieses durchaus frei mit seinen älteren Materialien umzugehen weiß. Dennoch spricht viel dafür, dass Esra eine konkrete Gestalt der Geschichte Israels war.

(2) Eine andere Datierungsmöglichkeit setzt die Esra-Mission in das siebte Jahr *Artaxerxes' II.* (398 v.Chr.) an. Damit hätte Esra *nach* Nehemia gewirkt, ihre Zeitgenossenschaft wäre Fiktion. Eine andere Spätdatierung beruht auf Textänderungen, die nicht vom 7., sondern vom 37. Jahr *Artaxerxes' I.* (428) ausgehen wollen. Dann würde die Esra-Mission in den zweiten Aufenthalt Nehemias in Jerusalem fallen (Neh 5,14 in Verbindung mit 13,6-7).

(3) Aus einer Sicht, die nach der Textproduktion von Esra-Nehemia fragt, könnte eine redaktionsgeschichtliche Betrachtung plausibel sein, die die vorhandene Datierung (458) stehen lässt, jedoch die Textstellen über das Zusammenwirken von Esra und Nehemia (Neh 7–10; 12) sowie den zweiten Jerusalemaufenthalt Nehemias (Neh 13) einer späten, mehr an theologischen Konstruktionen als an historischen Rekonstruktionen interessierten Bearbeitungsschicht zuweist. Dann wäre das Nebeneinander von Esra und Nehemia nicht historisch, sondern eine theologische Idee.

(4) Ein gänzlich anderer Lösungsvorschlag besteht in der Annahme, Esra 4 (der Briefwechsel mit Artaxerxes I., die Unterbrechung des Tempelbaus und die Wiederaufnahme unter dem folgenden Darius, Esra 4,23-24, siehe die Kommentierung) entspreche der korrekten Abfolge der persischen Könige (Kyrus, Kambyses, Darius I., Xerxes, Artaxerxes I., Darius II., Artaxerxes II.). Dann wäre der Tempel jedoch erst unter Darius II. (424–404) fertig gestellt worden. Diese erhebliche Verzögerung von mehr als hundert Jahren ohne weitere Spuren in der Geschichte spricht aber gegen diese Hypothese. Artaxerxes I. wäre dann den Juden feindlich gesonnen gewesen, Artaxerxes II. dagegen freundlich, und in dessen Regierungszeit (404–359) wäre dann das gemeinsame Wirken von Esra und Nehemia anzusetzen.

Aus historischer Perspektive heraus lässt sich also die Frage nicht beantworten, wann genau das Wirken Esras im Verhältnis zum Wirken Nehemias anzusetzen ist. Wenn diese Frage nicht abschließend geklärt werden kann, könnte ein Perspektivenwechsel vielleicht näheren Aufschluss geben: Wie sieht die innere chronologische Logik des Buches Esra-Nehemia aus? Gibt es eine Verstehensmöglichkeit, die Daten und Datierungen des Textes in ihrer Reihenfolge zu belassen und aus den auftretenden Diskrepanzen als *Leser* des Textes eine Sinnmöglichkeit zu erschließen? Zunächst aber werden die Daten in einer Zeittafel mit dem größeren historischen Kontext zusammengefasst und die Tätigkeiten von Nehemia (dessen Datierung sicher ist) und Esra reflektiert.

2. Zeittafel

Persischer König	*Regierungszeit*	*Ereignisse*
Kyrus (II.)	559–530	538 *Kyrusedikt* (2 Chr 36,22–23/Esra 1,1-3)
Kambyses II.	530–522	
Darius I.	522–486	520–515 *Wiederaufbau des Tempels* (Esra 6,15)
Xerxes I.	486–465	
Artaxerxes I.	465–425	458 *Esra* (?) (7. Jahr des Artaxerxes; Esra 7,7) 445 *Nehemia* (20. Jahr des Artaxerxes: Neh 1,1; 2,1) (bis irgendwann vor dem Tod des Artaxerxes 425) 428 Esra ? (37. Jahr des Artaxerxes; Textänderung)
Darius II.	424–404	Tempelfertigstellung?
Artaxerxes II.	404–359	398 Esra ? (7. Jahr des Artaxerxes II.) 384 Nehemia ?
Artaxerxes III.	359–338	
Arses	338–336	
Darius III.	336–331	333 Sieg Alexanders über Darius III. bei Issos
Alexander der Große	336–323	323 Tod Alexanders in Babylon
321–281 Diadochenkriege (Aufteilung des Alexanderreiches)		306/305 Annahme des Königstitels durch die Diadochen; Syrien/Palästina (mit Yehud) unter ptolemäischer (ägyptischer) Vorherrschaft (Ptolemaios I. Soter: 323–283)

Hinweis: Die kleiner gedruckten Alternativen sind weniger wahrscheinlich.

Erläuterungen zur Zeittafel

Der persische König Kyrus II. (Sohn des Kambyses I.; Enkel von Kyrus I., einem persischen König, ca. 650–600 v. Chr.) war der Gründer des achämenidischen Großreiches, der durch die Eroberung des medischen Reiches und Kleinasiens ein »Weltreich« errichten konnte. Im Oktober 539 zog er in Babylon ein und beerbte das babylonische Reich. 538 gestattete er die Rückkehr der 587 vom babylonischen König Nebukadnezzar II. verschleppten Judäer nach Jerusalem. 525 konnte Kyrus' Sohn Kambyses II. Ägypten erobern. Darius I. (aus einer Nebenlinie des achämenidischen Geschlechts) ordnete das Reich neu in so genannte Satrapien (Verwaltungsgroßräume). Syrien/Palästina gehörte zur 5. Satrapie »Transeufrat« (von Persien aus gesehen »jenseits des Stromes«, aramäisch *'abar Nah^{a}rā*. Schon unter Darius I. begannen die Auseinandersetzungen mit den griechischen Stadtstaaten (»Perserkriege«; z. B. 490 Schlacht bei Marathon), die unter Xerxes I. weitergeführt wurden. In die Zeit seines Sohnes Artaxerxes I. fällt aller Wahrscheinlichkeit nach die Aktivität Nehemias, der Statthalter der von ihm aus dem Verwaltungsverbund (Hyparchie) mit Samaria/Galiläa herausgelösten Provinz Yehud (Juda/Jerusalem) wurde. Trotz mehrerer interner Thronwirren und Aufstände in den Satrapien gelang den achämenidischen Herrschern insgesamt eine Einigung und Befriedung des Alten Orients – von der letztlich Alexander der Große profitierte, da er dieses riesige Reich durch die Siege über Darius III. (333 bei Issos und 331 bei Gaugamela) »erbte«.

3. Nehemia

Nehemia ben Hachalja stammte von Exiljudäern in Babylonien ab, die nicht nach Palästina heimgekehrt waren. Er hatte Karriere am persischen Hof gemacht und es bis zum Mundschenk des Großkönigs gebracht (*mašqē la=mäläk*; Neh 1,11). So nutzte er sein Amt, um für den Wiederaufbau der Stadtmauer Jerusalems zu sorgen. Vom persischen König Artaxerxes I. wurde er mit Empfehlungsschreiben für die Provinzgouverneure sowie mit militärischem Begleitschutz ausgestattet. Er kam 445 v. Chr. als persischer Wiederaufbaukommissar in Jerusalem an. Der Text geht davon aus, dass es dort keinen eigenen Provinzgouverneur gab, denn ein solcher Beamter hätte etwa schon beim Tempelbau oder auch bei den Empfehlungsschreiben Nehemias eigens erwähnt werden müssen. Es ist anzunehmen, dass die Perser die von den Babyloniern gestalteten Verwaltungsgrenzen beibehielten. Vom archäologischen, epigraphischen (Inschriften) und numismatischen (Münzfunde) Befund her bildeten Juda und Jerusalem vermutlich eine separate Verwaltungseinheit. Ob diese den Status einer eigenen Provinz hatte oder in gewisser Abhängigkeit gegenüber der wirtschaftlich stärkeren Provinz Samaria im Norden stand, ist umstritten.

Das Esra-Nehemia-Buch vermittelt folgendes Bild: Die Konflikte zwischen Samaria und Jerusalem, die schon beim Tempelwiederaufbau erhebliche Schwierigkeiten machten, flammten beim Bau der Stadtmauer wieder auf, hörten dann jedoch auf. Das ist möglicherweise dadurch zu erklären, dass Nehemia Juda und Jerusalem von der Verwaltung in Samaria unabhängig machte. Auch wenn es nirgends ausdrücklich steht, ist wohl Nehemia die endgültige politische Festigung der persischen Provinz Yehud (aramäisch für Juda) zu verdanken. Nehemia bezeichnet sich zum ersten Mal als »Statthalter in Juda« (Neh 5,14: *päḥā b^{e}='äräṣ Y^{e}hūdā*; die in 5,15 erwähnten »Statthalter« vor Nehemia sind wohl die bisher auch für Juda zuständigen Gouverneure von Samaria). Das ihm zustehende Gehalt nimmt er jedoch nicht in Anspruch (5,18). Ab etwa 408 v. Chr. ist dann das Amt eines Gouverneurs von Juda in den Texten von Elephantine belegt (s. o., S. 40), außerdem finden sich ab der Mitte des 5. Jh.s v. Chr. Krughenkelaufschriften und Siegelabdrücke, etwas später auch Münzen mit dem Namen *Yehud* als Provinzbezeichnung.

Die Provinz Yehud
Die auf Albrecht Alt zurückgehende These der Errichtung einer teilautonomen Provinz Yehud erst unter Nehemia ist angesichts der Quellenlage nicht mehr als eine Vermutung. Sie wird in neuerer Zeit kritisch hinterfragt, indem die außerbiblischen Befunde anders interpretiert werden *(S. Grätz; M. Bernett)*. Es wäre auch denkbar, dass bei der Eroberung

Jerusalems durch die Babylonier der König einfach durch einen loyalen babylonischen Beamten ersetzt wurde, wie es üblich war. Dann hätte Juda als teilautonomes Gebiet, als Provinz mit einem Statthalter, unter babylonischer und dann unter persischer Oberherrschaft stets eine gewisse Selbstständigkeit behalten. Von Seiten des Esra-Nehemia-Textes würde dafür Esra 5,14 sprechen, wo Scheschbazzar als »Statthalter« *(päḥā)* bezeichnet wird (z.B. *C.E. Carter*).

Allerdings macht die Annahme einer von Anfang an teilautonomen Provinz Yehud in der Logik des Esra-Nehemia-Buches doch auch einige Schwierigkeiten: Wenn Juda schon immer selbständige Provinz gewesen wäre, bleibt es kaum zu erklären, weshalb sich die Statthalter der Nachbarprovinzen (v.a. Samaria) beim Bau des Tempels und der Stadtmauer derart massiv in die inneren Angelegenheiten der Provinz einmischen konnten. Auch wäre es fraglich, weshalb Nehemia bei einer »Provinz Yehud« mit keinem Wort erwähnt, wie sein Vorgänger seinen Platz räumte, damit Nehemia »Statthalter« werden konnte. Allerdings ist bei der Heranziehung des Esra-Nehemia-Buches als Quelle für historische Rekonstruktionen immer der zeitliche Abstand zu den tatsächlichen Ereignissen sowie das tendenziöse Anliegen des Buches, eine Neukonstituierung des Volkes Israel zu entwerfen, zu berücksichtigen. Die außerbiblische Evidenz (Münzen, Siegelabdrücke) bleibt mehrdeutig. Die Quellenlage erlaubt somit kein abschließendes Urteil über die Details des historischen Ablaufs. Es ist denkbar, dass es in der Rückerinnerung an das einstige Königreich Juda in Jerusalem Versuche gab, vom Anfang der persischen Oberherrschaft an eine politische Teilautonomie zu erlangen und schon unter Kyrus und Darius I. den Provinzstatus zu erstreben (Scheschbazzar, Serubbabel). Sie konnten sich aber gegenüber dem mächtigeren und wirtschaftlich potenteren Samaria nicht durchsetzen. Somit treffen Esra und Nehemia wohl auf eine undurchsichtige Situation, und es hat doch eine gewisse Wahrscheinlichkeit für sich, dass erst

Nehemia eine weitergehende Unabhängigkeit der Provinz erreicht hat. Für das *Buch* »Esra-Nehemia« als literarisches Produkt einer späteren Zeit ist die persische Provinz Yehud längst eine feste Gegebenheit *(T. Willi)*.

Denkbar wäre auch folgende Konstellation (nach *H.G.M. Williamson*), die auf der zeitlich unkorrekt in Esra 4,9-23 eingeordneten »Artaxerxes-Korrespondenz« beruht: Bei diesen Schreiben handelt es sich um eine Beschwerde lokaler Befehlshaber an den persischen König Artaxerxes I., dass in Jerusalem die Stadtmauer wieder aufgebaut wird. Das Antwortschreiben des Königs untersagt jegliche Bautätigkeit, »bis weitere Anordnungen von mir ergehen« (s. u.). Mit dieser Einschaltung illustriert das Esrabuch (freilich gegen die Chronologie), wie es zum Baustopp bei der Wiedererrichtung des Tempels kam. Zwar sind die aramäisch gehaltenen Texte keine unmittelbar »echten« Dokumente aus dem persischen Archiv (sie sind auch nicht datiert), vielleicht aber spiegeln sie doch vage Erinnerungen an historische Ereignisse wider. Es könnte also kurz vor dem Auftreten Nehemias in Jerusalem zum Versuch eines Wiederaufbaus der Mauern gekommen sein. Im Zuge der behördlichen Gegenmaßnahmen könnte dann auch eine womöglich schon selbstständige Provinz Yehud (wieder) der Verwaltungshoheit Samarias unterstellt worden sein. Sanballat, der Gouverneur von Samaria, könnte seinen »Knecht« Tobija (siehe Neh 2,10) als Kontrolleur der Lage nach Jerusalem geschickt haben. Als dann Nehemia den König Artaxerxes umstimmen konnte und die Erlaubnis zum Wiederaufbau der Mauern erhielt (das sind die »weiteren Anweisungen« von Esra 4,21!), musste er als neuer Provinzgouverneur von Yehud den expandierten Einflussbereich von Sanballat und Tobija zurückdrängen. Man kann sich vorstellen, dass beide die Schmälerung ihrer Machtbefugnis nicht ohne Widerstand hingenommen haben. Von den Konflikten zwischen Nehemia einerseits und Sanballat und Tobija andererseits berichtet das Nehemiabuch ausführlich.

Literatur: *M. Bernett*, Polis und Politeia. Zur politischen Organisation Jerusalems und Jehuds in der Perserzeit, in: *S. Alkier/M. Witte* (Hg.), Die Griechen und das antike Israel, OBO 201, Fribourg/Göttingen 2004, 73-129; *S. Grätz*, Das Edikt des Artaxerxes. Eine Untersuchung zum religionspolitischen und historischen Umfeld von Esra 7,12-26, BZAW 337, Berlin/New York 2004, 266–273; *T. Willi*, Juda – Jehud – Israel, Tübingen 1995; *H.G.M. Williamson*, Ezra, Nehemiah, WBC 16, Waco (TX) 1985.

Umfang und Bevölkerung Yehuds

C.E. Carter trägt in seiner Studie zusammen, was an außerbiblischen Hinweisen auf die Provinz Yehud in der Perserzeit zu finden ist (»external evidence«). Die Provinzgrenzen zieht er (gegen frühere Annahmen, die ein größeres Gebiet ansetzten) recht eng: vom Gebiet um Jericho am Südlauf des Jordans etwa 40 km nach Westen (über Bet-El), dann ca. 40–45 km nach Süden. Die Südgrenze läuft dann nördlich an Hebron vorbei Richtung Totes Meer (siehe auch die Karte S. 239). Vom Toten Meer her Richtung Westen ergeben sich vier Hauptlandschaften: die Wüste Juda (ca. 41 % der Fläche, weitgehend unbewohnt), der Wüstenrand, das zentrale Bergland mit Bet-Zur, Betlehem und Jerusalem sowie die westlichen Bergabhänge. Die fruchtbare Schefela gehört nicht mehr dazu. Die Gesamtfläche beträgt etwa 1900 km^2. Die Bevölkerungszahlen sind schwer zu schätzen. Aufgrund verschiedener archäologischer Surveys und von Hochrechnungen setzt *Carter* für die erste persische Zeit (538–450 v. Chr.) etwa 13.350 Einwohner, für den zweiten Zeitraum (450–332) etwa 20.650 Einwohner an. Diese relativ geringen Zahlen passen aber zu den Schätzungen für die vorausgehende Epoche (Eisen-II-Zeit), die für das Südreich Juda, das um einiges größer war als Yehud, in der späten Königszeit etwa 110.000 Einwohner (ohne Schefela und die Küstenebene: ca. 60.000 Einwohner; Jerusalem: ca. 7.500) annehmen. Der Rückgang der Bevölkerung im Gebiet von Yehud auf etwa ein Drittel der vorexilischen Zeit ist auf die Zerstörungen und Deportationen im Zuge der babylonischen Eroberungen und Besatzung zurückzuführen. Meist lebten die Menschen in kleinen Dörfern. In der gesamten persischen Epoche betrug die Einwohnerschaft Jerusalems, das die einzige größere Stadt war, höchstens 1.500. Diese Schätzungen erweisen die Zahlenangaben im Esra-Nehemia-Buch (z. B. bei den Heimkehrerlisten in Esra 2) als bei weitem zu hoch. Sie sind nicht als historische Daten aufzufassen, sondern haben die literarische Funktion, Exaktheit und Verlässlichkeit hinsichtlich der Überschaubarkeit und Registrierung des Volkes zu vermitteln (siehe die Kommentierung).

Literatur: *C.E. Carter*, The Emergence of Yehud in the Persian Period, Sheffield 1999; *A. Faust*, Judah in the Sixth Century B.C.E.: A Rural Perspective, in: Palestine Exploration Quarterly 135 (2003) 37–53.

Seine Hauptaufgabe sah Nehemia zunächst darin, die Stadtmauer wieder aufzubauen. Dabei ging er nach der Darstellung des Textes diplomatisch geschickt und sehr zielstrebig vor, so dass berichtet werden kann, dass in nur 52 Tagen die Mauer fertig gestellt war. Auch siedelte er dann zehn Prozent der Bewohner von Juda in der Stadt an, womit er weit über seine Kompetenzen als Wiederaufbaukommissar hinausging und wahrscheinlich schon als Provinzgouverneur handelte. Der archäologische Nachweis des nehemianischen Mauerbaus ist jedoch bis heute nicht gelungen, wahrscheinlich darf man sich diese Befestigung nicht allzu gewaltig vorstellen. Der Umfang des eingeschlossenen Areals war erheblich kleiner als das Gebiet, das die von den Babyloniern zerstörte Mauer aus der Eisen-II-Zeit umfasste.

Neben Mauerbau und Errichtung der Provinz als eigenständige Verwaltungseinheit betrieb Nehemia eine ganze Reihe von Reformen, die u. a. die krassen sozialen Gegensätze mildern und auf dem Gebiet der Religionsausübung mehr Ordnung und Strenge (insbesondere bei der Sabbateinhaltung) gewährleisten sollten.

Die Hochschätzung Nehemias

Eine ehrfürchtige Erinnerung an Nehemias Mauerbau bewahrt Sir 49,13 im großen Geschichtsrückblick von Ben Sira (ca. erstes Viertel des 2. Jh.s v. Chr.): »Nehemia, sein Andenken in Ehren! Er baute unsere Trümmer wieder auf und stellte das Zerstörte wieder her, Tore und Riegel setzte er ein.« Esra wird bei Ben Sira eigenartigerweise nicht erwähnt (siehe dazu auch die unten im Exkurs zur Hochschätzung Esras beschriebene Vermutung).

Keine nennenswerte Erwähnung findet Nehemia in 3 Esra (Esdras A'). Das könnte an der Gesamtkonzeption von 3 Esra liegen, die von vier Idealgestalten getragen wird. 3 Esra spannt sich von einem idealen davididischen König (Joschija) zu einem idealen Priester (Esra), die jeweils ein Pascha-Fest bzw. ein Laubhüttenfest feiern. Dazwischen werden als weitere Idealgestalten der Davidide Serubbabel und der Hohepriester Jeschua erwähnt, die ebenfalls ein Laubhüttenfest und ein Pascha-Fest feiern. Nehemia, der »Laie« ist und keine signifikante genealogische Abstammung besitzt (und noch dazu mit keinem liturgischen Fest ausdrücklich verbunden ist), passt in dieses Konzept einfach nicht hinein *(T.A. Bergren)*.

Nehemia findet dagegen eine legendarische Erwähnung in 2 Makk 1,10–2,18, dem zweiten »Brief« der Jerusalemer Juden an die Juden in Ägypten (vermutlich kurz nach 124 v. Chr. entstanden). In einem Geschichtsrückblick werden Ereignisse von der Errichtung und Einweihung des zweiten Tempels berichtet, die so, wie sie hier dargestellt werden, in keinem anderen Text zu finden sind. In 2 Makk 1,10–2,18 spielt Nehemia bei der Wiederaufnahme des Opferbetriebs und der Wiedereinweihung des Tempels eine entscheidende Rolle, doch er agiert nicht als Priester. Der Wiederaufbau der Stadtmauer wird nicht erwähnt. Sollten diese Erzählungen auf Nehemiaschriften zurückzuführen sein, die heute nicht mehr erhalten sind und die Nehemia-Geschichte anders skizzieren? 2 Makk 2,13 erwähnt solche Schriften, die sicher nicht mit Esra-Nehemia oder den in diesen kanonischen Büchern enthaltenen Quellen bzw. Vorstufen identisch sind. Eine andere, ebenso spekulative Erklärung wäre die Annahme, dass den Verfassern von 2 Makk 1,10–2,18 der genaue Wortlaut des Esra-Nehemia-Buches nicht vorlag, sondern nur eine vage Erinnerung an die wichtige Gestalt Nehemia, die eine entscheidende Rolle bei der Rekonstituierung der nachexilischen Gemeinde spielte. Wenn das Esra-Nehemia-Buch in dieser Zeit bereits als Einheit aufgefasst wurde, aber nicht »zum Nachlesen« bereitlag, könnte auch eine Vermischung der Protagonisten dieses Buches (Jeschua, Serubbabel, Esra, Nehemia) unter dem Leitnamen Nehemia erfolgt sein, was auch das Schweigen über Esra in Sir und 1/2 Makk erklären würde. In der späteren rabbinischen Tradition wird es möglich, dass Nehemia und derjenige, der nach Ausweis der Bücher Esra-Nehemia sowie Haggai und Sacharja die eigentliche tragende Rolle bei der Rekonstituierung von Kult und Tempel spielte, nämlich Serubbabel, identifiziert werden: Der hebräische Name Serubbabels sei Nehemia ben Hachalja gewesen (*bSan* 38a). Entscheidend sind hier nicht historische Fakten, sondern eine bestimmte Logik in der Textwelt, die nicht unbedingt einer strengen Chronologie folgt. Dass 2 Makk 1,10–2,18 historisch verwertbares Material über Nehemia enthält, ist eher zu bezweifeln, da die Tendenz und die Intention des Schreibens klar sind: Hier soll der unmissverständliche Eindruck erweckt werden, dass der zweite Tempel in Jerusalem in ungebrochener Kontinuität zum ersten, davidisch-salomonischen Tempel steht – und daher das einzig legitime jüdische Heiligtum ist, an dem auch die ägyptischen Juden ihre Gottesverehrung verrichten sollen (und nicht an dem »Tempel« in Leontopolis). Insofern wird hier »Geschichte« aus einem ganz bestimmten Blickwinkel, mit einem deutlichen Interesse »konstruiert«. Somit gehört die Nehemia-Überlieferung in 2 Makk in den Bereich der Legende. Eine weitere mögliche Deutung der Darstellung Nehemias in 2 Makk (nach *T.A. Bergren*) könnte darin bestehen, dass durch die Kombination der Briefe mit der Kurzfassung der Makkabäergeschichte eine Parallelisierung zwischen Nehemia und Judas Makkabäus entsteht – und dabei die religiöse Integrität und Frömmigkeit Nehemias auf Judas, der eher durch seine militärischen Erfolge bekannt ist, gleichsam »abfärben«. Eine politisch wie militärisch unbedarfte Figur wie Esra dagegen ist im Kontext von 2 Makk völlig fehl am Platz und könnte nicht zu propagandistischen Zwecken »pro Judas« (Makkabaios) eingesetzt werden. »Nicht der Zadokide Esra, sondern der priesterlich handelnde Statthalter Nehemia gibt das Vorbild für eine politisch selbständige Nation unter den hasmonäischen Priesterkönigen ab« (*U. Kellermann*, 124).

In der christlichen Ikonographie begegnet Nehemia erst im Mittelalter (in den Mosaiken des Baptisteriums von Florenz, 14. Jh.; Buchillustrationen ab dem 13. Jh.). Folgende Szenen werden am häufigsten dargestellt: die Bitte um Entsendung nach Jerusalem, wobei Nehemia dem König Artaxerxes den Becher (mit einem Trauergestus) reicht (Bible moralisée, gotische Handschrift aus dem 13. Jh.); Hanani berichtet Nehemia vom Unglück der Juden in Jerusalem (Illustrationen zur Lutherbibel von Hans Holbein d.J.); Bau und Verteidigung der Mauern Jerusalems (Merians Bilderbibel von 1630).

Literatur: *S. von Dobbeler*, Die Bücher 1/2 Makkabäer, NSK-AT 11, Stuttgart 1997; *J.A. Goldstein*, 2 Maccabees, Anchor Bible 41A, New York 1984; *U. Kellermann*, Nehemia, Berlin 1967.

4. Esra

Die Mission Esras ist anders gelagert als die Nehemias: Hier geht es um die Neuordnung der Kultusgemeinde. Zunächst erhielt Esra nach Esra 7,12–26 von König Artaxerxes (aller Wahrscheinlichkeit nach Artaxerxes I.) den Auftrag, das »Gesetz des Himmelsgottes« *(dat=ā' dī 'ălāh šᵉmayy=ā')* in Jerusalem und Juda in Kraft zu setzen, mithin der Gemeinde eine neue, schriftlich festgelegte Ordnung zu geben. Dazu bekam Esra, der Priester war und aus einer Exilsfamilie aus zadokidischem Geschlecht stammte, den Sonder-Titel »Schreiber des Gesetzes des Himmelsgottes« verliehen. »Schreiber« (*sāfar*) war ein persischer Beamtentitel.

Damit stellt sich die wichtige Frage, welches »Gesetz« hier gemeint war. Auf der Ebene des Esra-Nehemia-*Buches* ist ganz sicher der Pentateuch gemeint, die Tora des Mose (vgl. Esra 7,6.11). Wenn es Esra als historische Gestalt im 5. Jh. v. Chr. gegeben hat, dann hatte der historische Esra noch nicht den Pentateuch in Händen, sondern wahrscheinlich eine Vorfassung davon. Was das genau gewesen sein könnte, darüber gehen die Meinungen auseinander, und man kann allenfalls Spekulationen äußern.

Aus *historischer* Perspektive darf man nicht einfach die Tora und das »Gesetz des Himmelsgottes« aus dem Artaxerxes-Auftrag in eins setzen: *dat* ist zunächst nicht das aramäische Äquivalent zu *tōrā* im Hebräischen (*R. Rendtorff*). Insofern wäre es zu einfach, Esras Tätigkeit als Einführung der Tora als persisches Reichsrecht zu beschreiben. Esra erhält die Aufgabe der Aufrichtung einer Rechtsordnung mithilfe des »Gesetzes des Himmelsgottes«, das in seiner Hand ist (und dessen genauer Bestand heute nicht mehr rekonstruierbar ist). Die persische Zentralregierung hatte wohl kein Interesse daran, die »Tora« als solche mit Autorität zu versehen, wohl aber ratifizierte sie die Anwendung ihrer »Gebote und Satzungen« (Esra 7,11; vgl. auch 7,10) in der Rechtsordnung – das kann durchaus mit dem aramäischen Wort dat bezeichnet werden. Sicherlich war dieses »Gesetz des Himmelsgottes« (*dat=ā' dī 'ālāh šᵉmayy=ā'*) eine Vorstufe dessen, was später der Pentateuch wurde, und was schon im Volk bekannt war. Esras herausragende historische Leistung war es wohl, die Rechtsordnung in Jerusalem zu etablieren und dabei die Tora in bisher nicht gekannter Weise in den Mittelpunkt der Öffentlichkeit zu tragen und im Bewusstsein der jüdischen Rückkehrergemeinde zu verankern. Dies war ein grundlegender Beitrag zur Neuformulierung ihres Selbstverständnisses.

Auf der Ebene des *Buches* »Esra-Nehemia« erfolgt dann durch die Einleitung bzw. den Kontext des Artaxerxesbriefes in Esra 7 eine Verschmelzung der Begriffe und Konzepte, so dass die Leserinnen und Leser des vorliegenden Textes das, was Esra in der

Hand hat, mit dem identifizieren, was Esra in Neh 8,1-12 vorträgt: die Tora des Mose. Dabei ist der Eindruck, den der Text über diese literarische Größe »Tora des Mose« vermittelt, zwiespältig: Einerseits existiert in der biblischen Konzeption diese Tora von alters her in schriftlicher Form (verschriftet von Mose; vgl. Dtn 31,24) und steht auch im Esra-Nehemia-Buch von Anfang an zur Verfügung: Der Brandopferaltar wird nach der Vorschrift des Gesetzes des Mose von Jeschua und Serubbabel errichtet (Esra 3,2), die Priester und Leviten werden geordnet, wie es das Buch des Mose vorschreibt (Esra 6,18). Auch Laubhüttenfest (3,2–6) und Pascha (6,19-22) werden entsprechend gefeiert. Auf der anderen Seite scheint – insbesondere nach Neh 8 – vieles aus der Tora für das Volk neu zu sein, z. B. das Laubhüttenfest nach Neh 8,13–18. Und manches, was in engem Kontext zum Laubhüttenfest steht, z. B. der Versöhnungstag nach Lev 16; 23,26-32, wird in Neh 8 nicht erwähnt bzw. nicht begangen. Eine plausible Erklärung für dieses etwas widersprüchliche Bild könnte die Diskrepanz von Ideal und Wirklichkeit sein: In der »Theorie«, also im idealen Geschichtsbild des Autors von Esra-Nehemia, war die Tora längst bekannt und in Gebrauch – in der Wirklichkeit aber war der Pentateuch wohl eine literarische Größe, die erst in der Perserzeit ihre Letztgestalt bekam, so dass die Details der Vorschriften noch im Flusse waren. Zwar kann man es *historisch* nicht nachweisen, doch als Vermutung erscheint es nicht allzu abwegig, dass die Texte den Gedanken nicht völlig aus der Luft greifen, dass Esra als geschichtliche Gestalt an der Formation der Tora als Pentateuch erheblichen Anteil hatte.

Unter Esra wurde der Einfluss der babylonischen Exiljudäer noch stärker. Wenn hier mit Esra der Versuch unternommen wurde, dass die exilierten Judäer einen Priester aus Babylon mit persischer Vollmacht nach Jerusalem schicken, zeigt dies nicht nur ein tiefes Misstrauen der babylonischen Judäer gegenüber der bisherigen Tempeladministration in Jerusalem, sondern auch, dass wohl tatsächlich marode Zustände in Religion und Gesellschaft in Jerusalem herrschten. Vielleicht gibt das Maleachi-Buch ebenfalls Zeugnis von den Zerrüttungen dieser Zeit, da z. B. auch dort das Problem der Mischehen eine Rolle spielt (Mal 2,11), der Tempelbetrieb spirituell wie finanziell heruntergewirtschaftet ist (1,6-14;

2,1-9) und auch gesellschaftlich Gut und Böse nicht mehr unterscheidbar sind (3,14-15). Esra hatte den Auftrag, hier Ordnung zu schaffen, was auch im Sinne der persischen Zentralregierung war, die »unsichere Verhältnisse« weder in sozialer, noch in politischer oder religiöser Hinsicht gebrauchen konnte. Insofern ist es historisch sehr plausibel, dass sowohl Esra als auch Nehemia wirklich im Auftrag und mit Ausstattung der persischen Oberhoheit Reformen durchführten.

Esra brachte dazu freiwillige Rückkehrer mit, beschaffte Geld vom Großkönig für die Ausstattung des Tempels und erreichte Steuerfreiheit für das Kultpersonal. Ferner berichtet das Esra-Nehemia-Buch von einem radikalen Einschreiten gegen Mischehen zwischen Judäern und Nicht-Judäern, das bis hin zur Scheidung dieser Ehen ging (Esra 9–10; siehe die Kommentierung der Stelle). Die nächste größere Aktion Esras war die feierliche Verlesung der Tora (Neh 8) – wenn es historisch zutreffen sollte, dass dies erst nach der Ankunft Nehemias geschah, dann entsteht eine zeitliche Differenz von etwa 13 Jahren (458–445).

Zur Diskussion um die Problematik des »Gesetzes« Esras geben u.a. die beiden Beiträge von R. Rendtorff weiteren Aufschluss: *R. Rendtorff*, Esra und das »Gesetz«, in: ZAW 96 (1984) 165–184 sowie *ders.*, Noch einmal: Esra und das »Gesetz«, in: ZAW 111 (1999) 89–91; vgl. auch *L.L. Grabbe*, Ezra-Nehemiah, London/New York 1998, 143–150; *T. Willi*, Juda – Jehud – Israel, Tübingen 1995, 101–117.

Die Hochschätzung Esras

Die Hochschätzung Esras zeigt sich außerhalb von Esra-Nehemia schon in Esdras A' (= 3 Esra), wo Esra in 9,39–40.49 ausdrücklich als »Hoherpriester« (ἀρχιερεύς) bezeichnet wird. Aus dem »Schreiber« bzw. »Schriftgelehrten« von Esra 7,6//Esdras A' 8,3 (γραμματεύς) wird dann in Esdras A' 9,39 der »Vorleser« (ἀναγνώστης) als zweiter Titel Esras nach dem »Hohenpriester«. (Zur Hochschätzung Esras in der rabbinischen Literatur s. u., S. 63)

Betrachtet man die Darstellung Esras im Esra-Nehemia-Buch insgesamt, so erscheint Esra gleichsam als »zweiter Mose« und als beispielhaft frommer Beter – und diese Züge werden in der frühjüdischen Literatur ausgebaut, vor allem im vierten Esrabuch (4 Esra). Dort erhält Esra – wie einst Mose – den Auftrag zur Niederschrift der göttlichen Offenbarung (4 Esra 14). Die Wahrnehmung Esras als eine Idealgestalt ist im biblischen Esra-Nehemia-Buch schon grundgelegt: Esra hat eine makellose Abstammung vom Ur-Priester Aaron (Esra 7,1-5), sein Herzensanliegen ist es, die Tora Gottes zu erforschen und zu lehren (7,6.10), aus Gottvertrauen lehnt er die angebotene militärische Eskorte ab (8,22; gegen Neh 2,9), auch engagiert er sich für die Ausstattung des Tempels (7,27; 8,25-28).

Es liegt die Vermutung nahe, dass Esra als »Vorzeigegestalt« zu einer Idealfigur wird, die das Image bestimmter Kreise aufbessern soll bzw. für bestimmte Gruppen die Leit- und Orientierungsgestalt darstellt. Zum einen dürften es die Priesterkreise gewesen sein, die den »Priester Esra« zu ihrem Leitbild erkoren haben: Damit signalisieren sie der Öffentlichkeit, woran sie sich orientieren und dass die Missstände in der Priesterschaft, die das Esra-Nehemia-Buch beklagen muss (insbesondere die Mischehen mit nicht-jüdischen Frauen), überwunden sind. Auch ist es denkbar, dass die Priesterkreise mit der literarischen Gestalt des idealen Esra, mit der sie sich identifizieren, ihre eigene Position untermauern wollen.

Zum anderen wird bei Esra in Esra 9,4 und 10,3 ein bestimmter Personenkreis erwähnt, der wohl außerhalb der Priesterschaft anzusiedeln ist: Es sind diejenigen, die das Gebot Gottesfürchten (wörtlich: die »Zitternden«, *ha=ḥaredīm*). Dass es sich hier tatsächlich um einen ganz bestimmten Personenkreis handeln könnte, wird vielleicht durch Jes 66,1-5 bestätigt, wo denen, die vor dem Wort Gottes »zittern«, die besondere Aufmerksamkeit und Zuwendung Gottes zugesprochen wird. Darüber, ob es sich um eine spezifische Gruppenbezeichnung handelt oder eher um einen allgemeinen Ausdruck für alle, die sich zur strengen Befolgung der Tora verpflichtet haben, lässt sich keine Sicherheit mehr gewinnen. Es scheint durchaus denkbar, dass in der Wendung von den »Zitternden« bestimmte Kreise einen Identifikationspunkt gefunden haben und von daher auch eine besondere Nähe zur Gestalt Esras haben. Esra wäre dann für diese Leute eine Idealgestalt, die für die konsequente Befolgung der Tora und gegen »liberalere« Einstellungen auch in den führenden Schichten (Priester, Leviten, Beamte: vgl. Esra 9,1-2) öffentlich eingetreten ist. Wie Jes 66,5 zeigt, waren die »Zitternden« innerhalb der jüdischen Gemeinde nicht unumstritten, eher verachtet (»euere Brüder, die euch hassen, die euch … verstoßen«). Sie hegten offensichtlich eine eschatologische Hoffnung auf ein Gericht Gottes zu ihren Gunsten, an dem sie ihre »Freude« hätten und bei dem ihre Gegner beschämt würden.

Wenn man so weit gehen will und in den genannten Wendungen von Esra 9,4; 10,3 und Jes 66,1-5 verschlüsselte Anspielungen auf (eine) bestimmte Gruppe(n) im Jerusalem der spätpersischen bzw. der hellenistischen Zeit sehen will, dann könnte hier auch eine – zugegeben spekulative – Erklärung für die fehlende Erwähnung Esras im »Lob der Väter« im Sirachbuch liegen: Wahrscheinlich gehörte Ben Sira Kreisen an, die sich von den Einstellungen der *ḥaredīm* eher distanzierten – das Übergehen Esras im »Lob der Väter« könnte so eine versteckte Kritik an dieser Gruppe sein und würde sich dann gleichsam »tagespolitischen« Ursachen verdanken (z.B. *R.J. Coggins*). Es ist ja auch eigenartig, dass es insgesamt vier deuterokanonische bzw. apokryphe Werke sind, die direkt Esra oder Nehemia erwähnen, aber eben nur jeweils einen der beiden: 3 Esra (Esdras A') und 4 Esra idealisieren Esra ungemein, schweigen aber über Nehemia – während Ben Sira (Sirach) und 2 Makk genau das Gegenteil tun. Gerade das Fehlen Esras im »Lob der Väter« bei Jesus Sirach (Ben Sira) ist äußerst auffällig und rätselhaft: Im entsprechenden Kontext sind drei der vier Hauptprotagonisten des Esra-Nehemia-Buches erwähnt: Serubbabel, Jeschua, Nehemia (Sir 49,11-13). Nur Esra fehlt. Neben den bereits angeführten möglichen Spannungen zwischen unterschiedlichen jüdischen Gruppierungen sind unter den ernster zu nehmenden spekulativen Vorschlägen als mögliche Gründe zu nennen (*T.A. Bergren*): (1) Ben Sira habe eine breitere Vorstellung eines »Schriftgelehrten« vertreten als sie der »gesetzeskundige Schreiber« Esra repräsentierte, d.h. Ben Sira sei es auch um die freie Reflexion der Weisheitstraditionen gegangen, nicht nur um die Tora. (2) Ben Sira habe als Vorbild für den amtierenden Hohenpriester, Onias III., keinen politischen Quietisten wie Esra, sondern eher eine politisch aktive Figur wie Nehemia darstellen wollen (*W.T. In der Smitten; U. Kellermann*). (3) Die levitischen Züge Esras seien dem offensichtlich antilevitisch eingestellten Ben Sira zuwider gewesen (vgl. speziell dazu *P. Höffken*). (4) Vielleicht auch habe Ben Sira klar auf den Höhepunkt seines »Lobes der Väter« in Simeon ben Onias (Simeon II., 218–192 v.Chr.; Sir 50,1-21) zusteuern wollen – und Esra wäre hier in seiner vorbildlichen Frömmigkeit eine eher ablenkende Gestalt gewesen. (5) Ein weiterer Grund könnte auch darin bestehen, dass Esra zwar eine priesterliche Abstammung hat, aber eigentlich keine spezifisch priesterlichen Tätigkeiten durchführt – das könnte Ben Sira gestört und veranlasst haben, Esra nicht zu erwähnen.

Eine bildliche Darstellung Esras könnte sich in der Synagoge von Dura Europos (Syrien) befinden: Auf der Wandmalerei (Westwand) ist eine Figur dargestellt, die eine geöffnete Schriftrolle in der Hand hält und vermutlich daraus vorliest. Eine genaue Identifikation der Gestalt ist schwierig, da es keinerlei Anhaltspunkte gibt. Es wäre möglich, nicht Mose zu vermuten, der an anderen Stellen auftaucht und wohl eher als Schreibender abgebildet worden wäre, sondern in Verbindung mit Neh 8 an Esra als Vorleser der Tora zu denken. Das Bild ist im Internet zu finden (Datum des letzten Aufrufs: 16. Mai 2005), gemeint ist das rechte untere Panel:

http://academic.reed.edu/humanities/Hum110/dura_images04/Images/034228.jpg

Literatur: *K.-F. Pohlmann*, Esra als Identifikationsfigur im Frühjudentum. Beobachtungen und Erwägungen zu Esra 9, in: *F.-L. Hossfeld/L. Schwienhorst-Schönberger* (Hg.), Das Manna fällt auch heute noch. Beiträge zur Geschichte und Theologie des Alten, Ersten Testaments. Festschrift für Erich Zenger, HBS 44; Freiburg/Basel/Wien 2004, 486-498; *R.J. Coggins*, Sirach, Guides to Apocrypha and Pseudepigrapha, Sheffield 1998, 80; *P. Höffken*, Warum schwieg Jesus Sirach über Esra?, in: ZAW 87 (1975) 184–201.

Angeführt sei noch ein Hinweis zu den »Zitternden« von Esra 9,4 und 10,3: Im heutigen Judentum wird der Begriff *ḥaredīm* für so genannte »ultra-orthodoxe« Gruppierungen verwendet, die sich in strenger Auslegung der Tora gegen jegliche Zugeständnisse an die modernen Lebensverhältnisse wenden und sich in Kleidung und Sprache, Schulbildung und Beziehungsverhalten scharf von ihrer jüdischen und nicht-jüdischen Umwelt abgrenzen. Nicht selten versuchen sie, ihre Jahrhunderte alte Halacha, ihre an einer besonderen Auslegung der Tora orientierte Lebensweise, im politischen Alltag (v.a. in Israel und den USA) durchzusetzen. Eine besondere Bezugnahme auf »Esra« spielt bei den heutigen *ḥaredīm* jedoch keine ausdrückliche Rolle.

Literatur: *S.C. Heilman*, Art. Haredim, in: Encyclopaedia Judaica, CD-ROM edition 1997.

Die Esra-Gestalt in der frühen Kirche

Die Gestalt Esras ist in der frühen Kirche nicht sehr hervorgehoben worden. Im Neuen Testament und in den Apostolischen Vätern taucht der Name nicht auf. Bei Irenäus findet sich bei dessen Behandlung der Entstehungslegende der Septuaginta eine interessante Nebenbemerkung (adv. haer. 3,21,2). Irenäus hält es gar nicht für verwunderlich, dass Gott bei der Übersetzung der Tora ins Griechische inspirierend eingriff: »Als nämlich während der Gefangenschaft des Volkes unter Nebukadnezzar (vgl. 2 Kön 25,1) die (biblischen) Bücher vernichtet worden waren und die Juden nach siebzig Jahren in ihr Land zurückkehrten, da hat er [Gott], zur Zeit des Perserkönigs Artaxerxes, auch den Priester Esra aus dem Stamm Levi inspiriert, alle Worte der Propheten aus früheren Zeiten noch einmal aufzuschreiben und dem Volk das mosaische Gesetz wiederherzustellen« (vgl. auch Eusebius, h.e. 5,8,15; von Irenäus abhängig ist Clemens von Alexandrien, strom. 1,22,149). Irenäus ist hier sicher von jüdischer Tradition abhängig, denn im Grunde kombiniert er die Legende im Aristeas-Brief mit 4 Esra 14. Damit gibt er die Richtung vor, in der Esra in der frühchristlichen Literatur beschrieben wird: Er ist Erneuerer des Gesetzes. Origenes erwähnt Esra als Zeitangabe für die Wiederherstellung des Tempels (Johanneskommentar 6,1; 10,22). Bemerkenswert ist eine Stelle bei Hieronymus (Gegen Helvidius 7), wo er Mose den Autor und Esra den »instaurator« des Pentateuch nennt. In den Apostolischen Konstitutionen (ca. 400 n. Chr.) ist ein Ordinationsgebet für Lektoren erhalten, in dem es unter anderem heißt: »Der du Esra, deinen Diener, unterrichtet hast, deinem Volk deine Gesetze zu verlesen …« (Const. Apost. 8,22,4).

In der christlichen Ikonographie begegnen Esra-Darstellungen selten. Esra wird z. B. als Gelehrter in seiner Bibliothek abgebildet (Codex Amiatinus, 6./7. Jh.) oder als Redner mit Zuhörern (Farfabibel, Initiale am Beginn des Buches Esra, 11. Jh.). Das Bild aus dem Codex Amiatinus gibt es im Internet:

http://ccat.sas.upenn.edu/jod/Picts/Ezra2.gif oder
http://www.ib.hu-berlin.de/~pz/big/salvat/codamin1.htm (16. 05. 2005)

Literatur: *W. Schneemelcher*, Art. Esra, in: Reallexikon für Antike und Christentum 6 (1966) 595-612, hier besonders 608-610; *Irenäus von Lyon*, Adversus Haereses. Gegen die Häresien, übersetzt und eingeleitet von N. Brox, Fontes Christiani 8/3, Freiburg i.Br. u.a. 1995; *Saint Jerome* [Hieronymus], Dogmatic and Polemical Works, The Fathers of the Church 53, Washington, D.C. 1965 [Against Helvidius: pp. 11–43]; http://www.newadvent.org/fathers/ (Kirchenvätertexte in englischer Sprache); *R.A. Kraft*, ‚Ezra' Materials in Judaism and Christianity, in: *W. Haase* (Hg.), Principat 19.1. Religion (Judentum: Allgemeines, Palästinisches Judentum), ANRW II.19.1, Berlin 1979, 119–136.

5. Die innere »Chrono-Logik« des Esra-Nehemia-Buches

Das Verhältnis von Esras und Nehemias Tun ist eines der Hauptprobleme des Esra-Nehemia-Buches. Die Art und Weise, wie diese Frage nun gestellt wird, bezieht sich nicht auf historische Fakten, sondern auf die innere zeitliche Logik des Esra-Nehemia-Buches, wie es vorliegt. Damit wird hier ein möglicher Leseprozess vorgeschlagen und reflektiert. Zunächst stellt ein Leser die Abfolge Esra – Nehemia fest, wobei Esra im 7. Jahr (Esra 7,7) und Nehemia im 20. Jahr des Perserkönigs Artaxerxes (Neh 1,1) zu wirken beginnt. Mit dieser Differenz von 13 Jahren im Kopf stößt man auf die Bemerkung, dass bei der feierlichen Verlesung des Buches mit dem Gesetz des Mose (*sefär tōrāt Mošäh*) sowohl der Statthalter Nehemia als auch der Priester und Schriftgelehrte Esra anwesend waren (Neh 8,9). Will man die chronologische Differenz von 13 Jahren nicht völlig ignorieren oder für einen Unfall bei der Redaktion des Buches halten, so stellt sich die Frage für den Interpreten des Textes, weshalb zwischen dem Beginn der Mission Esras und der Verlesung der Tora so eine lange Zeit verstreicht.

Man wird so von Neh 8 zwangsläufig an den Anfang der Esra-Mission zurückverwiesen, um zu vergleichen, wie der Auftrag Esras ursprünglich lautete und was Esra dann tatsächlich tat. Nach Esra 7,6.10 ist Esra ein *sofer*, »Schreiber«, kundig im Gesetz des Mose, das JHWH Israel gegeben hatte. Esras Herzensanliegen ist es, diese

Tora JHWHs zu erforschen *(DRŠ)*, zu tun *(ʿŚY)* und sie Israel als Satzung *(ḥōq)* und Recht *(mišpāt)* zu lehren *(LMD* pi*)*. Esra wird in 7,11 nochmals als Priester *(ha=kohen)* und Schreiber *(ha=sofer)* vorgestellt, der schriftkundig ist in den Angelegenheiten der Gebote JHWHs *(miṣwot JHWH)* und seiner Satzungen *(ḥuqqāy=w)*. Mit dieser Terminologie ist klar die Tora als Pentateuch umzirkelt (vgl. z. B. den Tora-Psalm 119). Ab 7,12, dem Beginn des königlichen Beauftragungsschreibens für Esra, wechselt der Text ins Aramäische, und zugleich ändert sich die Terminologie, um die »Außenperspektive« des persischen Königs plausibel zu machen. Esra ist nun der Beauftragte des Gesetzes des Gottes des Himmels *(sāfar dat=ā' dī 'ĕlāh šᵉmayy=ā')*. Dieses Gesetz ist in Esras Hand, und Esra soll es als Kriterium heranziehen, um eine Untersuchung *(BQR pael)* in Jerusalem und Juda *(Yᵉhūd)* anzustellen (7,14). Das ist ein nicht unerheblicher Unterschied gegenüber dem, was vorher als Herzensanliegen Esras dargestellt ist. Der weitere königliche Text befasst sich ausführlich mit finanziellen Regelungen und Ausstattungen für den Tempelbetrieb. In 7,25 wird vom König nochmals der juristische Charakter des Gesetzes betont: Esra soll dementsprechend Rechtskundige und Richter einsetzen, die für alle in der Satrapie Transeufrat zuständig sind, die das Gesetz kennen, und denen, die es kennen sollten, soll es gelehrt werden. In 7,26 werden das Gesetz Gottes und das Gesetz des Königs (das persische Reichsrecht) parallel gesetzt. Dadurch scheidet einerseits die These aus, Esra sollte nur das persische Reichsrecht umsetzen, andererseits aber wird das Gesetz in der Hand Esras vom persischen Großkönig ratifiziert.

Der königliche Erlass und damit der ursprüngliche Auftrag Esras betrifft somit die Aufrichtung einer äußeren Rechtsordnung – vom schriftgelehrten Erforschen der Weisung Gottes und dem Leben nach dieser Weisung ist (noch) nicht die Rede. Zudem gewinnt man sowohl aus der Vorstellung Esras mit seinem Herzensanliegen als auch aus dem königlichen Erlass den Eindruck, dass am Anfang der Esra-Mission in Esra 7 ein Programm formuliert wird, das nicht in wenigen Wochen umzusetzen ist. Die Implementierung einer neuen Rechtsordnung in einer von Krieg und Bürgerkrieg gebeutelten und wirtschaftlich daniederliegenden Region dürfte zu allen Zeiten ein langwieriges Unterfangen sein. Somit wäre es eine sehr naive Annahme, Esra wäre 13 Jahre lang untätig gewesen, bis

Nehemia gekommen sei, und dann erst sei die Tora verlesen worden. Vielmehr gewinnt man aus der genaueren Betrachtung des Anfangs der Esra-Mission (Esra 7) den Eindruck eines ungeheueren Projekts, das für seine Umsetzung eine erhebliche Zeitspanne in Anspruch genommen haben dürfte.

Zudem ist im königlichen Erlass des Artaxerxes vom Gesetz des Himmelsgottes in der Hand Esras die Rede – das war weder historisch noch in der Logik des Buches schon die fertige Tora. Auch der Begriff *sofer* sollte nicht vorschnell mit »Schriftgelehrter« wiedergegeben werden. Setzt man hier »Schreiber« an, so liegt die plausible Vermutung nahe, das Gesetz des Himmelsgottes liegt noch in der Schreiber*hand* Esras (7,14.25), ist also noch nicht vollständig ausgefertigt. Esra sei in persischem Reichsauftrag dafür zuständig, dieses Gesetz zu verschriftlichen – so könnte man als Leser schlussfolgern. Dass dies nicht ganz abwegig ist, zeigt die pseudepigraphische Schrift 4 Esra 14,18-47, wo die Vorstellung erzählt wird, Esra habe, vom Geist Gottes inspiriert, fünf Schreibern in vierzig Tagen 94 Bücher diktiert, von denen 24 zur Veröffentlichung, 70 aber für die Weisen bestimmt seien. Hier handelt es sich um eine Legende über die Entstehung der Hebräischen Bibel sowie die Bedeutung und das hohe Alter geheimer (esoterischer bzw. apokrypher) Schriften und apokalyptischer Traditionen. Diese Legende wurde u.a. von Elias Levita (1538) und Baruch Spinoza (1670) aufgegriffen. Sie zeigt, dass die zeitliche Distanz zwischen dem Beginn des Auftretens Esras und der feierlichen Tora-Verlesung unter Nehemia Raum gab für Spekulationen über eine nicht ausdrücklich erwähnte schriftstellerische Tätigkeit Esras.

Esra als »zweiter Mose« im Babylonischen Talmud

Die enge Verbindung zwischen Esra und der Tora bzw. Mose macht auch die hohe Meinung deutlich, mit der der Babylonische Talmud (*bSan* 21b) von Esras Bedeutung spricht und die ihn als »zweiten Mose« erscheinen lässt: »Es wird gelehrt: R. Jose sagte: Ezra war würdig, daß die Tora durch ihn gegeben werde, wäre ihm Moše nicht zuvorgekommen. Von Moše heißt es: und Moše stieg zu Gott hinauf [Ex 19,3], und von Ezra heißt es: eben der Ezra, der aus Babylonien hinaufstieg [Esra 7,6]; wie jenes Hinaufsteigen [zum Empfange] der Tora geschah, ebenso dieses Hinaufsteigen [zum Empfange] der Tora. Bei Moše heißt es: *mir aber befahl damals der Herr, euch Satzungen und Rechte zu lehren* [Dtn 4,14], und bei Ezra heißt es: *denn Ezra hatte seinen Sinn darauf gerichtet, im Gesetze des Herrn zu forschen und es zu erfüllen und Jisraél Satzung und Recht zu lehren* [Esra 7,10]«.

Übersetzung: L. Goldschmidt, Der Babylonische Talmud, Band VIII, Frankfurt a.M. 1996, 541.

Die rabbinische Literatur sieht die Heimkehr aus Babylon unter Esra als den Übergang von der biblischen zur rabbinischen Zeit an. Esra steht als Idealfigur in beiden Welten. Auch wenn Esra nicht so groß wie »Mose unser Rabbi« ist, so ist er neben Mose die einzige biblische Figur, die sowohl mit der schriftlichen wie mit der mündlichen Tora verknüpft ist. Auch ist Esra in den Augen der Rabbinen die einzige Gestalt, die zur *Tora*, zum *Tempel* und zum *Land* – drei entscheidende Mythologeme der rabbinischen Diskussionen – in Beziehung steht. Eine besondere Nähe sehen die Rabbinen zum Propheten Maleachi: Gerade Mal 2,11 in Verbindung mit dem Eintreten Esras gegen die Mischehen führte in rabbinischer Zeit zu einer Identifizierung von Maleachi und Esra (vgl. *bMeg* 15a und im Targum zu Mal 1,1).

In ihrem Selbstverständnis knüpfen die Rabbinen stark an Esra an: Sie wissen, dass sich in seiner Zeit viel verändert hat, doch sie sehen diese Veränderungen als den natürlichen Verlauf des göttlichen Planes an, nicht als Bruch in der Geschichte. Die Rabbinen sehen sich in direkter Beziehung zur Tora, die Esra abschrieb, erklärte und überlieferte – mit ihm rechtfertigen sie ihre eigenen Aktivitäten und Innovationen, denn er, der lange nach Mose lebte, überarbeitete und adaptierte die Tora, wie es die Rabbinen tun. Esra änderte ihrer Meinung nach nicht nur die Schrift der Tora (gemeint ist zur »aramäischen« Quadratschrift), sondern machte die

Tora vor allem verständlich für die Leute. In dieser Nachfolge sehen sich die Rabbinen.

Literatur: *G.G. Porton*, Ezra in Rabbinic Literature, in: *J.M. Scott* (ed.), Restoration. Old Testament, Jewish, and Christian Perspectives, SJSJ 72, Leiden 2001, 305–333.

Vergegenwärtigt man sich als Leser die innere zeitliche Abfolge der Ereignisse im Esra-Nehemia-Buch, so stellt man fest, dass nicht alles mit erzählter Zeit angefüllt ist. Vielmehr sind die Lesenden zur konstruktiven Mitarbeit aufgefordert, um sich die detaillierte Realisierung des Programms von Esra 7 selbst auszumalen. Esra 8–10 liefern nur punktuelle Ereignisse, aus Esra 7 muss man annehmen, dass wesentlich mehr von Esra geleistet wurde. Was dem inneren Aufbau der Gemeinde in ihrer Rechts- und Kultusordnung korrespondiert, aber noch fehlt, ist der nach außen sichtbare und notwendige Schutz durch eine Stadtmauer. Insofern erscheint Nehemias Bauprojekt als die in Stein umgesetzte Verlängerung der Mission Esras, die nach außen (auch für die Außenstehenden in Samaria und im Ostjordanland!) sichtbar macht, was im Inneren der Gemeinde an (geistlicher) Aufbauarbeit von Esra geleistet wurde.

Die feierliche Verlesung des Buches des Gesetzes des Mose (Neh 8,1) ist dann nicht etwa der Anfangspunkt, sondern der krönende Schlusspunkt der Aufbauarbeiten von Esra und Nehemia. Es ist sicher nicht die allererste Verlesung dieses Gesetzes, auch nicht erst die In-Kraft-Setzung (Promulgation), als habe es vorher nicht gegolten. Vielmehr sind jetzt erst, nach innerer Aufbauarbeit (»Lehre«) Esras und äußerer Stabilisierung durch den Stadtmauerbau Nehemias, die Voraussetzungen geschaffen, zum Gipfelpunkt vorzustoßen, auf den alles zuläuft: die Weisung Gottes in öffentlicher Verkündigung. Hier wird das theologische Konzept der End-Redaktion des Esra-Nehemia-Buches deutlich, nämlich die Tora Gottes über alles zu stellen und zur Grundlage für jeglichen Lebensvollzug zu machen.

Aus dem Gesetz des Himmelsgottes in der Schreiber*hand* des Esra ist mittlerweile ein Buch *(sefär tōrāt Mošāh)* geworden. Von einem Buch war bei der Vorstellung Esras in 7,6 noch nicht die Rede! Der Schreiber *(sofer)* Esra hat seine Tätigkeit beendet, das Produkt *(sefär)* liegt nun vor. Das Buch, das in Neh 8 plötzlich zum Leitwort wird (8,1.3.5.8.18; 9,3 – der Begriff taucht vorher nur in Neh 7,5 als Geschlechtsregister auf), bildet die Grundlage für den idealen und paradigmatischen Wortgottesdienst, das anschließende Fest, das Laubhüttenfest, das Bußgebet (Neh 9) und die Bundeserneuerung (Neh 10).

Die Gemeinde, die vorher »nur« einen Tempel hatte, hat nun eine schriftlich fixierte und im Alltag bereits implementierte Rechtsordnung, eine etablierte Kultordnung für den Gottesdienst im Tempel, einen finanziell abgesicherten Opferbetrieb, eine geistige Identität, die Festigkeit nach innen verleiht, eine Stadtmauer, die Schutz nach außen darstellt und nicht zuletzt ein *Buch* mit dem Gesetz des Mose, das JHWH für Israel gegeben hat – für etwa 13 Jahre Aufbauarbeit, hauptsächlich durch Esra, am Ende auch durch die Rührigkeit Nehemias, ist das eine beachtliche Leistung. Mit diesem Lese- und Verstehensvorschlag der inneren Logik der Esra-Nehemia-Chronologie erscheinen die Datierungen in Esra 7,7 und Neh 1,1 sowie Neh 8,9 (Nehemia und Esra gemeinsam bei der Tora-Verlesung) gar nicht mehr so abwegig. Zugleich unterstellt man dann, dass das Esra-Nehemia-Buch suggeriert, Esra habe in der Zeit zwischen seiner Beauftragung durch König Artaxerxes 458 und der Ankunft Nehemias bzw. der feierlichen öffentlichen Verlesung der Tora eben dieses *Buch* der Tora des Mose (oder JHWHs) schriftlich fixiert.

Ob damit der Gedankengang der End-Redaktion des Esra-Nehemia-Buches getroffen wird, bleibt natürlich ebenso reine Spekulation wie die Annahme, dies könnte auch eine historisch plausible Abfolge der Ereignisse, einschließlich der End-Redaktion der Tora, gewesen sein. Doch dass sie eine Lesemöglichkeit des Esra-Nehemia-Buches darstellt, die eine aktive Beteiligung der Lesenden an der Ausfaltung der Sinnmöglichkeiten des Textes einschließt, bleibt so lange plausibel, bis nachgewiesen wird, dass diese Deutung die Grenzen der Interpretation des Textes übersteigt und bestimmte Passagen sich im Text dagegen sperren.

6. Zusammenfassung zur historischen Verortung

Im Zentrum der Darstellung des Esra-Nehemia-Buches steht die *Neuordnung Jerusalems und Judas* gleichsam »von außen«. Dafür gibt es historisch bestätigte Grunddaten. Dabei spielen die persische Zentralregierung und die in Babel im Exil lebenden Judäer in einem kaum mehr im Detail rekonstruierbaren Zueinander die entscheidenden Rollen. Historischer Hintergrund sind vermutlich die Bemühungen der persischen Zentralregierung zur Stabilisierung der strategisch wichtigen wie politisch sensiblen Region um Samaria und Jerusalem. Die religions- und gesellschaftspolitische Strategie der persischen Oberherrschaft bestand darin, aus den im Exil in Babylon lebenden Juden eine loyale Elite für die Administration Jerusalems zu bilden und mit dem wiedererrichteten Tempel ein kontrollierbares religiöses Zentrum zu haben. In der so entstehenden »halbautonomen Tempelgemeinde« mit starkem inneren Zusammenhalt haben sich unter dem erheblichen Einfluss der Rückkehrer neue soziale Strukturen gebildet, die wohl denen in der Diaspora entsprachen.

V. *Fragen der Auslegung des Esra-Nehemia-Buches*

1. Zur Eigenart des Buches Esra-Nehemia

Die *Eigenart* des Esra-Nehemia-Buches könnte man in folgende Formel fassen: »Rekonstruktion und Konstruktion der Geschichte aus theologischer Perspektive«. Das Buch gibt sich selbst einen deutlich historiographischen Charakter, indem immer wieder dokumentarische Materialien eingestreut werden: Listen, königliche Erlasse oder Zitate aus der Korrespondenz zwischen Provinzleitungen und dem persischen Hof, z. T. in aramäischer Sprache, die die damalige Amts- und Diplomatensprache des westlichen Perserreiches war. Diese mitunter fast bürokratisch anmutende Darstellungsweise lässt das Werk weniger wie eine geschlossene Erzählung als vielmehr wie eine Collage aus verschiedenen amtlichen und memoirenhaften Elementen erscheinen.

Diese Eigenart des Esra-Nehemia-Buches, dass in ihm *schriftliche Dokumente* eine so zentrale Rolle spielen, ist auch theologisch auswertbar. Das *schriftliche* Wort, in Buchform, als Brief, als königliches Edikt, ist wirksam und bedeutsam in dieser Welt. Damit wechselt das Gewicht der Bedeutung von der »heiligen« Rede eines Propheten hin zum »heiligen« *schriftlich* vorliegenden Text. Die Notsituation, dass es keinen Propheten mehr gibt, wie Ps 74,9 beklagt, ist in gewisser Weise überwunden, denn jetzt findet man Gottes Wort in einem Buch: So findet z. B. das Volk, repräsentiert in den Familienoberhäuptern, den Priestern und Leviten, unter der Anleitung Esras in Neh 8,13-14 heraus, wie das Laubhüttenfest zu feiern sei. Der Text ersetzt den charismatischen Führer. Und die Führungsgestalt ist dann am besten, wenn sie wie Esra dazu verhilft, das schriftliche Dokument der Tora, der Offenbarung und Weisung Gottes, in den Alltag umzusetzen. Durch die Schriftlichkeit ist Gottes Wort nun eine öffentlich zugängliche Quelle der Kraft und des Wissens, an der Männer und Frauen, alle, die des Verstehens mächtig sind (Neh 8,2), teilhaben können – und nicht mehr nur die Privatoffenbarung an einen Propheten. Das Leben wird damit zur Aktualisierung und Verwirklichung der »Heiligen Schrift« – ein Paradigmenwechsel, der für die religionsgeschichtliche Entwicklung der so genannten »Buchreligionen« von entscheidender Bedeutung ist. Für die (Neu-)Konstituierung der jüdischen Identität als Gemeinde heißt dies letztlich, dass nicht mehr ein davidischer König als Held im Zentrum steht, sondern das Buch, das Buch der Tora – um dieses Buch schart sich die Gemeinde, und in der Konzentration auf dieses Buch wird jüdisches Leben zu allen Zeiten an allen Orten möglich, letztlich auch nach der Zerstörung des zweiten bzw. des herodianischen Tempels 70 n. Chr.

In der Kommentierung des Esra-Nehemia-Buches muss immer wieder darauf hingewiesen werden, dass bestimmte Züge der Darstellung nicht der historischen Realität entsprechen können und dass insbesondere die angeblich als authentische Dokumente zitierten Briefe und Urkunden literarische Gestaltungen der Verfasser sind. Diese Feststellung legt aber nicht den Umkehrschluss nahe, alles sei blanke Fiktion oder gar Geschichtsklitterung. Die Kerndaten wie die Einrichtung der jüdischen Rechts- und Religionsgemeinschaft in und um Jerusalem mit gewissen Vergünstigungen durch die persische Oberhoheit haben vielmehr ihren Ursprung in historischen Tatsachen (s. o.), doch es ist nicht Ziel des Textes, diese Tatsachen in allen Details aufzuarbeiten. Sie waren auch den Verfassern und Bearbeitern von Esra-Nehemia wahrscheinlich nicht vollständig zugänglich. Vielmehr geht es dem Werk um die theologische Aufarbeitung der Neukonstituierung des jüdischen Volkes und seiner Religion nach dem Exil, um für seine Zeit und sein Publikum die eigene Identität aus der »Geschichte« herzuleiten. Hierin zeigt sich die Kompetenz dieser Theologen und die Kraft der israelitisch-jüdischen Religion in der Bewältigung der Krisen des Exils und der folgenden wechselnden Fremdherrschaften.

2. Theologische Aspekte

Die oben mit einiger Wahrscheinlichkeit ermittelte grobe Skizze der historischen Gegebenheiten bindet das Buch Esra-Nehemia in ein umfassendes *theologisches Konzept* ein. Esra-Nehemia geht es um die Interpretation der Wiederherstellung Jerusalems und seines Tempels als des Zentrums nachexilischen Judentums. Der Neuanfang wird als Anknüpfung an die Zeit des ersten (salomonischen) Tempels, dessen Übereinstimmung mit dem neuen Bau unterstrichen wird (vgl. 1 Kön 5,15–8,66), verstanden. Auch der wieder aufgenommene Kult entspricht den Bestimmungen der Tora. Dadurch wird gerade der Tempel zu einem Symbol heilsgeschichtlicher Kontinuität stilisiert.

Die andere Linie führt über die immer wieder eingestreuten Verzeichnisse (z. B. Esra 2//Neh 7; ferner Esra 8,3-14; 10,25-43; Neh 10,15-28) und Genealogien (Esra 7,1-5; Neh 11,4-17; 12,1-26): Über diese entsteht eine Kontinuität zwischen dem vorexilischen Israel, den Exilanten und denen, die aus dem Exil heimkehren bzw. sich den Heimkehrern angeschlossen haben. Diesem »wahren Israel« dient neben dem Tempel (Israel als »Altargemeinschaft«) vor allem die Tora zur Stiftung von Identität. Darüber hinaus spielen intertextuelle Bezugnahmen auf ältere Texte, die vermutlich bereits den Charakter »Heiliger Schrift« hatten, insbesondere auf das Buch Exodus oder prophetische Literatur (v. a. Hag; Sach 1–8), eine wichtige Rolle für die Darstellung der Ereignisse: Dem Leser wird klargemacht, dass die Epoche der Neugründung einerseits als Wiederholung der Gründungsereignisse Israels (befreiender Exodus aus der Gefangenschaft; Einzug ins Land; Pessach; Errichtung des Heiligtums und Verkündung des Gesetzes; Landverteilung) sowie andererseits als Erfüllung (Esra 1,1a) prophetischer Verheißungen zu verstehen ist. Die theo-logische Konsequenz all dessen ist: *Der Gott Israels hat an einem Rest seines Volkes festgehalten, er bleibt seinen Zusagen treu.*

3. Aktualität und Relevanz

Die in den heutigen Bibelausgaben vorliegenden Bücher Esra und Nehemia gehören sicher nicht zu den bekanntesten und beliebtesten Texten des Alten Testaments. Das fehlende Interesse an dieser Literatur geht wohl zu einem großen Teil auf ein unterschwellig immer noch wirkendes Vorurteil zurück, das auch an dem Begriff *Spät*judentum fest gemacht werden kann. In dieser Bezeichnung, die aufgrund der damit implizierten negativen Unterstellungen nicht mehr verwendet werden sollte, summiert sich die irrige Vorstellung, dass das nachexilische Judentum sich in einer Stufe wachsender, von geistloser Gesetzesfrömmigkeit geprägter Dekadenz befunden habe, aus der es erst durch Jesus von Nazaret befreit worden sei. Dieses Zerrbild wurde in der Wissenschaft der letzten Jahrzehnte zu Recht mehr und mehr dahingehend überwunden, dass das Judentum der persischen und hellenistisch-römischen Epoche als eine äußerst lebendige, differenzierte Religion angesehen wird, deren tieferes Verständnis von höchstem theologischen wie religionsgeschichtlichen Interesse ist.

Von daher ist auch Esra-Nehemia zeitlos relevant: Das Werk ist zum einen Zeugnis für »das Ringen einer politisch abhängigen Gemeinschaft um eine toragemäße Gestalt des religiösen *und* sozialen Lebens (vgl. Esra 10; Neh 5), das Bewusstsein für die historische und theologische Tiefendimension der Gegenwart« *(G. Steins)*, zum anderen ein Vorbild für den schöpferischen Umgang mit der Tradition (zu der auch die »Heilige Schrift« zählt) zur Bewältigung der drängenden Aufgaben und Probleme der Gegenwart.

ZWEITER TEIL

Kommentar

Das Buch Esra

I. Der Aufbau des Tempels gegen Widerstände (Esra 1,1 – 6,22)

Bei einer an den inhaltlichen Themen orientierten Gliederung des Werkes Esra-Nehemia in Großabschnitte (vgl. die Einleitung, S. 27f) umfasst der erste Teil Esra 1,1–6,22: Sein Hauptthema ist der Wiederaufbau des *Tempels* gegen die Widerstände von außen, deren Überwindung die Gemeinde nach innen stärkt. Seine Analogie findet der Abschnitt in Neh 1,1–7,4, wo es um den Wiederaufbau der *Stadtmauer* geht, sowie in Neh 11,1–12,47: der *Abschluss der Reorganisation* durch die Besiedelung der Stadt, die Installation des Kultpersonals und die Einweihung der Stadtmauer.

Ein Nebenthema im ersten Großabschnitt ist die Rückkehr aus dem Exil nach Jerusalem, wobei der Rückgabe der Tempelgeräte durch den Perserkönig Kyrus ein fast ebenso großer Stellenwert eingeräumt wird wie der Heimkehr der Bevölkerung. Daran sieht man, dass im Zentrum wirklich der *Tempel* als Identifikationspunkt der Gemeinde steht. Zentral im ersten Unterabschnitt ist die so genannte Heimkehrerliste von Esra 2: Hier wird die Identität der Gemeinde festgeschrieben, das Volk Gottes wird »Buch«.

1. Die Rückkehr (Esra 1,1–2,70)

a) Die Kyrus-Proklamation: Erlaubnis zur Heimkehr und zum Tempelbau (Esra 1,1-4)

Schon der erste Satz des Esra-Nehemia-Werkes, der unmissverständlich aus judäischer Perspektive formuliert ist und so die Proklamation des Perserkönigs Kyrus einleitet, macht deutlich, dass es um theologisch gedeutete Geschichte geht: Triebkraft des Geschehens ist ein Wort Gottes durch den Propheten Jeremia (Jer 25,11-12; 29,10) sowie eine direkte Intervention Gottes, der den Geist des Perserkönigs Kyrus erweckt (vgl. auch Jes 41,2–3.25; 44,28; 45,1–4.13). Kyrus erscheint wie bei Deuterojesaja als Werkzeug des »Gottes des Himmels« (V. 2; eine universale Gottesbezeichnung aus spätalttestamentlicher Zeit, s. u. S. 76), und mehr noch: Der Buchanfang lässt Kyrus die prophetische Botenformel, die sonst zur Einleitung einer Gottesrede verwendet wird (»so spricht JHWH/der Herr«: z. B. 2 Kön 20,1; Jes 29,22; 30,15; 43,1; ca. 293 Belege), sprechen und macht ihn so zum Boten und Künder des Auftrages und Willens JHWHs! Der Verfasser setzt die prophetischen Bücher bereits als Schriften mit göttlicher Autorität voraus. Das »erste Jahr« bezieht sich auf die Königsherrschaft des Kyrus in Babylon, wo er im Jahre 539 v. Chr. als Sieger eingezogen ist.

Kyrus, König von Babel

In den biblischen Texten erscheint der Perserkönig Kyrus als Werkzeug des göttlichen Heilsplanes (Esra 1,1; Jes 44,28; 45, 1-4). Hierbei zeigt sich klar eine Binnenperspektive, die in keiner Weise etwas mit dem Selbstverständnis der persischen Könige zu tun hat. Um das Zeugnis der Bibel mit einem außerbiblischen Beleg zu kontrastieren, sei hier kurz der Tonzylinder erwähnt, den Kyrus nach seinem triumphalen Einzug in Babylon in akkadischer Sprache anfertigen ließ (Z. 20–35):

»Ich, Kyrus, der König des Weltreichs, der große und mächtige König, der König von Babel, der König von Sumer und Akkad …, dessen Regierung *Bēl* und *Nabû* lieb gewannen und dessen Königtum sie zur Erfreuung ihres Herzens wünschten – als ich friedlich in Babel eingezogen war, schlug ich unter Jubel und Freude im Palast des Herrschers den Herrschersitz auf. … Über meine [guten] Taten freute sich *Marduk*, der große Herr. Mich, Kyrus, den König, der ihn verehrt, und Kambyses, meinen leiblichen Sohn, sowie alle meine Truppen segnete er gnädig. In Wohlergehen [wandeln] wir freudig vor ihm. ... Die Götter von Sumer und Akkad, die Nabonid zum Zorn des Herrn der Götter nach Babel hineingebracht hatte, ließ ich auf Befehl *Marduks*, des großen Herrn, in Wohlergehen in ihren Heiligtümern einen Wohnsitz der Herzensfreude beziehen. Alle Götter, die ich in ihre Städte hineingebracht hatte, mögen Tag für Tag vor *Bēl* und *Nabû* Verlängerung meiner Lebenszeit befürworten, Worte zu meinen Gunsten äußern und zu meinem Herrn *Marduk* sprechen: Für Kyrus, den König, der dich verehrt, und seinen Sohn Kambyses ...« (nach *H. Donner*, 392).

An diesem Selbstzeugnis des Kyrus wird sowohl sein umfassender Machtanspruch (»Weltreich«) deutlich, als auch sein Verständnis von Religion. Kyrus sieht sich als Götterliebling (*Bēl* und *Nabû* sind Götternamen), der selbst wiederum alle Götter verehrt, deren Völker er erobert hat. Insbesondere stellt er sich als Verehrer des Stadtgottes von Babel, *Marduk*, dar. Kyrus knüpft also an die lokalen religiösen Traditionen an und vereinnahmt sie, statt ihnen seine eigene Götterwelt überzustülpen. Anders noch hatten es die Assyrer gemacht, deren Götterbilder auch im Jerusalemer Tempel aufgestellt wurden (unter König Manasse, 2 Kön 21,1-18), oder Babylons König Nabonid, der auch Götterbilder aus Sumer und Akkad deportierte, die Kyrus wiederum an ihren angestammten Platz bringen ließ. Wie schon aus dem Kyrus-Zylinder deutlich wird, beruhte diese »religiöse Toleranz« der Perserherrscher jedoch auf Kalkül: Wenn man den Völkern ihre ursprüngliche Religion beließ, konnte man sie leichter beherrschen. In einem solchen Klima ist es durchaus denkbar, dass Kyrus die Heimkehr der exilierten Judäer und den Wiederaufbau des Jerusalemer Tempels verfügte und mit finanzierte – auch wenn die »Proklamationen« im Esra-Nehemia-Buch (Esra 1 und 6) keine Originaltexte sind. Das wird auch im Vergleich dieser Texte mit dem oben zitierten Kyrus-Zylinder deutlich: Kyrus, der König des Weltreichs, würde wohl selbst nie behaupten, seine Herrschaft von dem Gott erhalten zu haben, der in Jerusalem wohnt!

Literatur: *H. Donner*, Geschichte des Volkes Israels und seiner Nachbarn in Grundzügen 2, ATD Ergänzungsreihe 4/2, 1986, 392; *R.L. Braun*, Cyrus in Second and Third Isaiah, Chronicles, Ezra and Nehemiah, in: *M.P. Graham* (ed.), The Chronicler as Theologian. Essays in Honor of Ralph W. Klein, JSOT.S 371, London/New York 2003, 146–164; Foto, Beschreibung, Transkription und englische Übersetzung des Kyrus-Zylinders: http://www.kchanson.com/ANCDOCS/meso/cyrus.html.

Der Kyrus-Zylinder aus Ton mit akkadischer Keilschrift (23 x 11 cm; 538 v. Chr.)

Dass die königliche Proklamation des Kyrus »mündlich« und »schriftlich« ergeht (Esra 1,1), verstärkt das Gewicht der folgenden Botschaft: Auch die, die nicht lesen können, müssen sie zur Kenntnis nehmen, und die Schriftlichkeit kündigt bereits die enorme Bedeutung aktenkundlicher Dokumentierung an, die im Gesamtwerk immer wieder betont wird.

Der folgende Wortlaut der Proklamation ist in hebräischer Sprache geschrieben, während in 6,1–6 das gleiche Edikt in aramäischer Fassung angeblich aus alten Akten hervorgesucht wird (zu den Unterschieden vgl. die Kommentierung der Stelle, S. 114). Die wesentlichen Inhalte sind: (1) Kyrus ist der Herrscher der Welt – in JHWHs Auftrag (!); (2) JHWH hat Kyrus beauftragt, ihm einen Tempel in Jerusalem zu bauen; (3) die Angehörigen des JHWH-Volkes sollen dieses Haus aufbauen; (4) die Nachbarn der exilierten und rückkehrbereiten Judäer sollen diese mit finanziellen Mitteln unterstützen. Das erinnert an den Auszug aus Ägypten (Ex 3,21-22; 11,2; 12,35-36) und zeigt, dass ein »biblischer Theologe« am Werk ist.

Esra 1,1-3 entspricht fast wörtlich dem Schluss der Chronikbücher (2 Chr 36,22-23). In 2 Chr, das mit dem Untergang des Reiches Juda, der Zerstörung des Tempels und Jerusalems, mit Deportation und Exil endet, fungiert das Kyrus-Edikt als Silberstreif am Horizont, als Ausblick in eine neue Zukunft. Zugleich endet so der jüdische Tanach in der heute üblichen Ausprägung: »jeder soll (nach Jerusalem) hinaufziehen« – Worte, die in ihrem jetzigen Kontext (als Schluss der jüdischen Bibel) geradezu programmatisch wirken und auch als Aufforderung an alle Jüdinnen und Juden zu allen Zeiten gedeutet werden können, »nach Jerusalem« hinaufzuziehen, also nach Israel zu emigrieren.

Für Esra-Nehemia dagegen ist das Kyrus-Edikt amtlicher Startpunkt des Wiederbeginns unter göttlicher *und* persischer Weisung. Das Zusammengehen von göttlichem Plan und amtlichen Erlässen der persischen Zentralregierung ist ein beherrschender Grundtenor im Esra-Nehemia-Buch. Auch die Stadtmauer des Nehemia wird mit Billigung und im Auftrag des Perserkönigs errichtet. In der Auseinandersetzung der Rückkehrer mit den Widerständen der einflussreichen Nachbarn und lokalen Machthaber spielen diese »Papiere« eine wichtige Rolle. Bedeutender noch als ihre Funktion für den weiteren Verlauf der Erzählung ist die Wirkung dieser Edikte und amtlichen Korrespondenzen auf den Leser: So wird konsequent der Eindruck aufgebaut, dass das Tun der Rückkehrenden, später das Tun von Esra und Nehemia absolut korrekt und legitim ist. Es wird von vornherein klargestellt, wer auf der Seite von Recht und Gesetz steht und zugleich nach dem Willen Gottes handelt. Wenn dann Widerstände seitens der ansässigen Bevölkerung und der Nachbarn (s. u.) auftreten werden, ist der Leser bereits soweit »informiert« (oder gelenkt), dass er weiß, dass diese Einwände im Grunde illegitim sind, nur von vorübergehender Dauer sein werden und den Plan Gottes nicht aufhalten können. Die im Esra-Nehemia-Buch immer wieder betonte »Korrektheit«, was das persische Reichsrecht betrifft, unterstreicht umso mehr die Glaubwürdigkeit und Zuverlässigkeit der auf der Seite der Judäer handelnden Personen, insbesondere natürlich Esras und Nehemias, die somit auch, was den Willen und den Plan Gottes betrifft, »korrekt« handeln. In pragmatischer Hinsicht stärkt dies nach innen die eigene Identität, die sich ja auf die Konstituierungen und Reformen durch Esra und Nehemia stützt, und nach außen wird der »fremden« Oberherrschaft signalisiert, dass die Tempelgemeinde in Jerusalem eben keine aufrührerische Quertreiberin ist, sondern loyal und zuverlässig zu den politischen Machthabern steht, solange man ihren Tempelkult respektiert und die freie Ausübung der jüdischen Religion gewährleistet.

Dass jedoch die Kyrus-Proklamation, wie sie hier in hebräischer Sprache vorliegt, in dieser Form nicht authentisch sein kann, zeigt sich an »theologischen« Einträgen: Kyrus, der persische Großkönig, würde sich nie vom Gott Israels, JHWH, einen Auftrag geben lassen. So würde die persische Kanzlei des Königs niemals formulieren, da die absolute Autorität des Großkönigs durch nichts in Zweifel zu ziehen ist. Hier hat vielmehr ein jüdischer Theologe »Geschichte« geschrieben.

Die Gottesbezeichnung in 1,2 (»Gott des Himmels«) für JHWH (»der Herr«) ist eng verwandt mit einer im aramäischen Sprachraum üblichen Bezeichnung für eine oder die höchste Gottheit (Ba'alschamem, griechisch: höchster Zeus). Der aus jüdischer Perspektive einzige und unvergleichliche Gott JHWH wird so in einer international verständlichen Weise dargestellt, die dem hier fiktiv angenommen persischen Blickwinkel entspricht. Ba'alschamem wird in hellenistisch-römischer Zeit im syrisch-palästinischen Raum in vielen Regionen als höchster Gott verehrt.

Ba'alschamem

Der Titel »Herr der Himmel« war zunächst die Bezeichnung für verschiedene Hochgötter im syrisch-palästinischen, anatolischen und mesopotamischen Raum des zweiten Jahrtausends vor Christus und wurde zum Namen einer bestimmten Gottheit der semitischen Welt im ersten Jahrtausend vor bis etwa ins vierte Jahrhundert nach Christus.

Der Titel bzw. Name ist vielfach bezeugt. Die früheste phönizische Inschrift stammt aus dem 10. Jh. v. Chr.: Ba'al Schamem (noch nicht in der zusammengezogenen Form des Eigennamens, sondern noch getrennt als »Ba'al des Himmels«) ist in dieser Bauinschrift des Königs Jeḥīmilk von Byblos (KAI 4) der oberste Gott des lokalen Pantheons (neben dem »*Ba'al* von Byblos«). In der Karatepe-Inschrift (Anatolien) aus dem Ende des 8. Jh.s v. Chr. (KAI 26) wird er noch vor El, dem Schöpfer der Erde, genannt. Es handelt sich um eine zweisprachige Inschrift in phönizisch (Übersetzung) und hieroglyphenluwisch (Vorlage). In der Vorlage wird der *Ba'al* des Himmels als »Wettergott des Himmels« apostrophiert.

Eine besondere Verehrung erfuhr *Ba'alschamem* im aramäischen Königreich Hamat in Nordsyrien: Die Inschrift des Königs Zakkur von Hamat und Lu'aš (ca. 800 v. Chr.; KAI 202) bezeichnet *Ba'alschamem* (aramäisch: *b'lšmyn*, jetzt zum Eigennamen zusammengezogen: *Ba'alschamin*) als Staatsgottheit des von Zakkur eroberten Königreiches Lu'aš und Schutzgott des Königs. Der persönliche Gott des Königs, dem Zakkur die Steleninschrift errichtet, ist Iluwer. An dieser Inschrift zeigt sich, dass die Verehrung des Ba'alschamem aus dem phönizischen Raum stammte und dann in das syrische Binnenland vordrang.

In der Inschrift von Gözne (Anatolien, ca. 5.–4. Jh. v. Chr., KAI 259) erscheint *Ba'alschamem* als Spitze des Pantheons, noch vor Göttern wie *Šaḥr* (Mondgott) und *Šamš* (Sonnengott), was zeigt, dass *Ba'alschamems* Funktion nicht auf den Wetter- oder Sonnengott begeschränkt ist.

Auf der Nilinsel Elephantine (s. S. 143f.) gab es im 6. und 5. Jh. v. Chr. eine judäo-aramäische Gemeinde, die aus dem Nordreich Israel stammte. In deren Korrespondenz ist bisweilen in Gruß- und Schlussformeln für den Gott Jahu (entspricht JHWH) das Epitheton *'lh šmy'* »der Gott des Himmels« belegt. Bei näherer Betrachtung der Texte und ihrer Umstände zeigt sich, dass hier der Gott Jahu/JHWH den Gottesnamen Ba'alschamin als Gottesepitheton (als »Titel«) zur näheren Qualifizierung als »Herr des Himmels« übernommen hat. Die Verwendung der Phrase »der Gott des Himmels« als JHWH-Titel begegnet auch in Esra 1,2, ferner in Neh 1,4.5; 2,4.20. Die aus den Elephantine-Papyri bekannte aramäische Form *'lh šmy'* findet sich auch in den aramäischen Partien der Bücher Daniel (Dan 2,18.19.37.44) und Esra (Esra 5,11.12; 6,9.10; 7,12.21.23), wiederum als Gottesepitheton. Im aramäischen Danielbuch treten ferner auch die Titel *mr' šmy'* »Herr des Himmels« (Dan 5,23) und *mlk šmy'* »König des Himmels« (4,34) auf. Sie haben eine Entsprechung in den griechischen Wendungen ὁ θεὸς τοῦ οὐρανοῦ und ὁ κύριος τοῦ οὐρανοῦ in Tobit und Judit. Auch ist zu beobachten, dass die Septuaginta den Gottestitel *šadday* bisweilen als ὁ θεὸς τοῦ οὐρανοῦ bzw. als ὁ ἐπουράνιος (z. B. Ps 68,15 = 67,15LXX) übersetzt und so zeigt, dass der Übersetzer hinter *šadday* die Gestalt des Himmelsgottes sah und den hebräischen Titel universalisierte. In Palmyra ist der in korinthischem Stil erbaute und im Jahre 130/131 n. Chr. eingeweihte Tempel des *Ba'alschamem* heute noch gut sichtbar. Der Gott *Ba'alschamem* trug in Palmyra den Titel »Herr der Welt« *(māre 'almā')*. Er bildete zusammen mit Aglibol, dem Mondgott, und Malakbel, dem Sonnengott, eine himmlische Triade. In griechischen Inschriften aus Palmyra wird *Ba'alschamem* als Zeus *hypstistos kai epēkoos*, »der höchste und erhörende Zeus« und als *Zeus megistos keraunios*, »der größte, Blitze schleudernde Zeus« angerufen. In Damaskus fand man eine griechische Inschrift mit der Widmung Θεῷ οὐρανιῷ, »dem himmlischen Gott«, das ist die griechische Übersetzung von Ba'alschamin.

Über Dura-Europos am syrischen Eufrat, wo die Verehrung des Gottes *Ba'alschamin* ebenfalls bezeugt ist, kam sie nach Nordmesopotamien (Hatra). Für das zweite und dritte Jahrhundert n. Chr. ist der Kult des *Ba'alschamin* dort belegt. Der Gott trägt die Titel *mlk'* »König« oder *rwb'* »der Große« oder *mrb't'* »Herr des Tempels« und steht mit den lokalen Gottheiten in Verbindung. Der Titel *qny dy r'h* »Schöpfer der Erde«, der in älterer Literatur immer wieder genannt wird (KAI 244:3), ist aufgrund einer neueren Lesung der entsprechenden Inschrift nicht belegt (*H. Niehr*, 174). Als Zeichen der persönlichen Frömmigkeit ist zu werten, dass auch mehrere Personennamen einen Bezug zu *Ba'alschamem* beinhalten: *brb'(l)šmyn*, »Sohn des *Ba'a(l)schamin*« oder *'bdb'šmyn*, »Diener des *Ba'aššamin*« (Aussprache- und Schreibvarianten).

Weitere Regionen, in denen der Gottesname Ba'alschamin begegnet, sind der Hauran, die Harra und die Dekapolis. Bei den Nabatäern (Königreich im Hauran, heutiges Jordanien) wurde Ba'alschamin z.B. in Altar- und Tempelinschriften erwähnt. Auch in Altnordarabien war der Gott *Ba'alschamin* bekannt, von wo aus er über den Stamm der *'Amīr* nach Altsüdarabien gelangte. Dort wurde er zum Stammesgott und in der Gestalt des *Ḏū-Samāwī* (»Herr des Himmels«) angerufen.

Aus dem 4. Jh. n. Chr. ist eine Verehrung von *Ba'alschamin* durch Ephraem den Syrer in Nisibis bezeugt. Im 5. Jh. erwähnt Isaak von Antiochien, dass *Ba'alschamin* dort als »Haupt der Götter« herumgetragen worden sei. Der Kult kam von Harran her, wo Jakob von Serug (451–521 n. Chr.) den Gott *Ba'alschamin* erwähnt. Jakob wie auch die anderen syrischen Kirchenväter stehen diesen Kulten naturgemäß abwertend gegenüber.

Der Blick auf die Geschichte zeigt einen mehrfachen Wandel der Gottesvorstellung hinsichtlich Charakter und Verehrungsweise des Ba'alschamem – vom ursprünglichen Wettergott über die himmlische Triade mit Mondgott und Sonnengott macht er eine steile Karriere an die Spitze der Götterwelt, doch es kommt auch wieder zu seinem Verschwinden, bis er schließlich in der manichäischen Tradition als »Bal-samos« (Kölner Mani-Codex aus Oxyrhynchos/Oberägypten, 4./5. Jh. n. Chr.) »nur noch« der höchste Engel des Lichtes ist.

In Israel wie in Juda ist ein expliziter Kult des Gottes Ba'alschamem nicht belegt. Wie aber die oben genannten Belege aus Elephantine zeigen, ist es deutlich, dass JHWH sowohl Züge des Sonnen-, als auch des Wettergottes und Himmelsherrn in sich aufgenommen hat. Vor allem in den

Psalmen wird JHWH immer wieder als solarisierter Himmelsgott angesprochen.

In den Texten der Bibel taucht *Ba'alschamem* nicht direkt auf. Es ist nicht unplausibel, dass der Baal der Isebel in 1 Kön 18 *Ba'alschamem* sein könnte. Ob es Anspielungen im Buch Daniel gibt (»Gräuel der Verwüstung«: *ha=päša' šomem* Dan 8,13; *šiqqūṣīm m^{e}šomem* Dan 9,27), ist umstritten: Aber immerhin bezieht sich der in der EÜ mit »Gräuel der Verwüstung« wiedergegebene Gegenstand im Jerusalemer Tempel auf die »Weihe« (in jüdischen Augen: die Profanierung) des Tempels auf *Zeus Olympios* (=Ba'alschamem) durch Antiochus IV. Epiphanes 168 v. Chr.

Literatur: *J. Day*, Art. Baal (Deity), in: Anchor Bible Dictionary 1 (1992) 545–549; *H. Niehr*, Ba'alsamem. Studien zu Herkunft, Geschichte und Rezeptionsgeschichte eines phönizischen Gottes, Leuven 2003; *W. Röllig*, Art. Baal-Shamem, in: Dictionary of Deities and Demons in the Bible (21999), 149–151. KAI: *H. Donner/W. Röllig*, Kanaanäische und aramäische Inschriften I–III, Wiesbaden $^{3-4}$ 1973–1979.

b) Heimkehr und Rückführung der Tempelgeräte (Esra 1,5-11)

In idealisierter Weise wird die Umsetzung der Kyrus-Proklamation zusammenfassend dargestellt. Die Bezeichnungen für die Heimkehrenden verdienen jedoch genauere Beachtung: Das Volk »Israel« erscheint dezimiert auf »Juda und Benjamin« (4,1; 10,9). Diese aus der alten Stämmeorganisation Israels stammende Bezeichnung wechselt mit »Juda und Jerusalem« (5,1; 10,7) und »Jerusalem und Juda« (2,1) ab. Organisiert ist das Volk Gottes nicht mehr in Stämmen, sondern in Familien: Die »Familienoberhäupter« stehen stellvertretend für die gesamten Familien – diese Sichtweise wird sich in der folgenden Liste der Heimkehrer (Esra 2,1-35) fortsetzen. Neben den Familienoberhäuptern stehen die »Priester und Leviten«, so dass sich hier eine Zweigliedrigkeit der Gesellschaft abzeichnet. Bei aller Vorsicht mit den anachronistischen Begriffen könnte man von Laien und Klerus sprechen.

Es entsteht zunächst der Eindruck, als ob *alle* exilierten Judäer (hebräisch: *ha=gōlā*, »die Weggeführten«), Priester und Nicht-Priester, nach Anweisung des Großkönigs Kyrus nach Hause (nach Juda und Jerusalem) zurückkehren. Dass bei weitem nicht alle, die sich in der Fremde (in Babylonien) niedergelassen hatten, heimkehrten, zeigt selbst das Esra-Buch, wenn der Schreiber Esra eine ganze Anzahl von »Israeliten« und Kultpersonal im siebten Jahr des Perserkönigs Artaxerxes I. (458 v. Chr.), also achtzig Jahre nach der Kyrus-Proklamation, mit nach Jerusalem nehmen kann (Esra 7,7). Das Esra-Nehemia-Buch bewertet allerdings den Aufbruch der Heimkehrenden sehr positiv: Es sind die, deren Geist Gott erweckte – d. h. sie sind das wahre Israel. Bereits hier wird die Tendenz des Buches deutlich, nur diejenigen in Juda/Jerusalem als wahre Israeliten anzuerkennen, die aus dem Exil heimgekehrt sind.

Eine große Rolle spielen in allen als amtliche persische Dokumente gestalteten Rückkehrbestimmungen die heiligen Geräte des Tempels (1,7-11). Sie stehen als Symbol sowohl für den Neuanfang als auch für die Kontinuität mit dem ersten, salomonischen Tempel. König Kyrus wird wieder besonders positiv gewertet, da er – im Gegensatz zum als Räuber dargestellten Babylonierkönig Nebukadnezzar – die heiligen Geräte des Tempels wieder zurückgibt. Es läuft alles korrekt über den »Dienstweg« der zuständigen Stellen: Der König weist seinen Schatzmeister Mitredat an, die Geräte dem für die Repatriierung zuständigen Oberen von Juda, Scheschbazzar, auszuhändigen. Die Erwähnung der Namen vermittelt den Eindruck der Authentizität und Zuverlässigkeit. Scheschbazzars Herkunft ist ungewiss, da der Name des Vaters nicht genannt ist. Vielleicht geht der Name auf den akkadischen Personennamen *šamaš-ab-uṣur* (»*Šamaš* [der Sonnengott], beschütze den Vater«) zurück. Er wird in Esra 1,8 als »Oberer«, »Fürst« *(nāśī')*, in Esra 5,14 als »Statthalter« *(päḥā)* bezeichnet – bei beiden Titeln ist nicht genau nachvollziehbar, welche offizielle Tätigkeit ihnen zugeschrieben wird. Vom Kontext her erscheint Scheschbazzar als der für die Rückführung der Exilierten und der Tempelgeräte sowie für die Repatriierung und den Tempelaufbau (5,16) zuständige Abgesandte des persischen Königs. Er verschwindet jedoch schnell wieder aus der Geschichtsperspektive von Esra-Nehemia.

Die Zahlen der zurückgegebenen Tempelgeräte aus Edelmetall sind historisch nicht verifizierbar, da außerbiblische Quellen fehlen. Die Gesamtzahl übersteigt die Summe der Einzelposten, die vermutlich nur als herausragende Beispiele zu verstehen sind. Worin liegt der Sinn der genauen Inventur? Die in Esra-Nehemia immer wieder aufgelisteten Zahlen unterstellen Exaktheit und Amtlichkeit, damit aber auch die Verlässlichkeit der Botschaft.

c) Das Verzeichnis der heimkehrenden Laien (Esra 2,1-35)

Esra 2 enthält lange Listen mit Namen und Zahlen. Nach der Einleitung in 2,1 sind es die Einwohner des Distrikts, die vom babylonischen König Nebukadnezzar nach Babel verschleppt wurden (hebr. *GLY* hif., daher das Wort »Gola« für die Exilierten). Im hebräischen Text ist »Juda« zunächst nicht genannt und muss aus dem Versende erschlossen werden – vielleicht unterstellt der Text, dass es die »Provinz« (EÜ) Juda noch nicht gab (zur Provinz Yehud siehe die Einleitung, S. 45). Juda/Jerusalem war möglicherweise ein Unterdistrikt der Verwaltungseinheit (»Provinz«) Samarien; diese Zuordnung übernahmen die Perser zunächst von den Babyloniern. Beim Tempelbau wird diese Konstellation noch Schwierigkeiten bereiten.

Was die Inventur der Tempelgeräte in 1,9-11 schon andeutete, wird nun mit den Menschen fortgesetzt. Der theologische Sinn der Liste besteht darin, die Neukonstituierung des Volkes amtlich zu dokumentieren: Das Volk existiert wieder, namentlich erfasst und auf dem Territorium der Heimat. Die Zahlenangaben, die in der Parallelliste von Neh 7,6-38 oft abweichen, suggerieren, dass das Volk insgesamt überschaubar ist, dass klar erkennbar ist, wer dazugehört und vor allem, wer nicht dazugehört. Das Volk ist eine geschlossene, genau abgezählte Größe mit klar definierter Identität. Jeder, der dazugehören will, muss sich genealogisch-familiär in dieses Verzeichnis einordnen können! Insofern hat die Liste auch ausschließenden Charakter, was in 2,59-63 noch deutlich werden wird.

Die Bezeichnung »Männer des Volkes Israel« in 2,2 dient zur Abgrenzung von den in 2,36-43 genannten Priestern und Leviten. Der fiktive Zeitpunkt dieser Heimkehr ist das Jahr 538 v. Chr. Die

Namen kehren z. T. in anderen Zusammenhängen wieder, vor allem in Listen: die Heimkehrer, die Esra begleitet haben (8,3-14); die von den Mischehen Betroffenen (10,25-43); die Unterzeichner der Urkunde der Bundeserneuerung unter Nehemia (Neh 10,15-28). Damit wird die Liste von Esra 2 zur Ausgangs- und Basisliste des Esra-Nehemia-Buches, auf die immer wieder zurückgegriffen werden kann. So vermittelt der Text den Eindruck innerer Geschlossenheit und Überschaubarkeit.
Diese Liste könnte, wenn sie nicht eigens konstruiert wurde, aus einer Registrierung der Angehörigen der Religions- und Rechtsgemeinschaft in der Provinz Yehud zur Zeit Esras (Mitte 5. Jh. v. Chr.) entstanden sein. Dann wäre ihre Grundlage ein amtliches Dokument der persischen Zentralregierung. Der Verfasser von Esra-Nehemia hätte dann daraus ein »Heimkehrerverzeichnis« zur Grundlegung des »wahren Israel« gemacht.

d) Das Verzeichnis der heimkehrenden Priester und Leviten (Esra 2,36-63)

Das Kultpersonal wird mit differenzierten Berufsbezeichnungen von der Liste der »Männer Israels« (2,2) abgehoben. In der Parallelliste in Neh 7,39-65 gibt es einige Unterschiede hinsichtlich der Namen, die z. T. in Esra-Nehemia in anderen Zusammenhängen wiederkehren. Folgende Berufsbezeichnungen werden unterschieden: Priester, Leviten, Sänger, Torwächter, Tempeldiener, Knechte Salomos.

Priester und Leviten
Priester und Leviten gelten als von JHWH Erwählte (Dtn 18,5; 21,5; Num 16,5, 17,20; 1 Chr 15,2; 2 Chr 29,11), sie sind Werkzeuge des Handelns Gottes an seinem erwählten Volk. Gott hat ihre Bestellung und Weihe zu diesem Dienst angeordnet (Ex 28–29; 39–40; Lev 8; Num 3; 8).

Eine detaillierte Geschichte des Priestertums zu alttestamentlicher Zeit ist kaum zu erheben, da spätere Entwicklungen in ältere Texte eingetragen werden und so die Spuren älterer Ausprägungen des Priesterdienstes verwischen. Zudem ist die Datierung vieler Stellen, insbesondere im Pentateuch, umstritten. Einige skizzenhafte Bemerkungen müssen genügen. Zudem ist unbedingt zu beachten, den alttestamentlichen Befund deutlich von *heutigen* Vorstellungen über das Priesteramt (etwa in der römisch-katholischen Kirche) abzugrenzen.

Unzweifelhaft ist es, dass das AT zu jeder Epoche nur männliche Priester kennt. Wenn 1 Sam 2,27-36 Verhältnisse aus der Zeit vor den Königen wiedergibt, gab es ein erbliches Priesteramt: Eli und seine Söhne fungieren als Hüter der Lade. Ähnliches wird in Ri 17–18 erzählt: Ein gewisser Micha hat ein Gotteshaus mit einem Gottesbild eingerichtet und einen Leviten aus Juda als Priester angestellt (wörtlich: er hat ihm die Hand [mit Gaben] gefüllt – ein auch in der Umwelt Israels belegter Akt der Installation eines Priesters; siehe z.B. Ex 28,41; 29,9.29.33.35; Lev 8,33). Eine der Hauptaufgaben neben der Behütung von Lade, Gottesbild und Gotteshaus ist die Befragung Gottes, d.h. der Priester erteilt einen Gottesbescheid anlässlich einer konkreten Anfrage (z.B. Num 27,21; Ri 18,5; 1 Sam 22,15). Eine weitere Funktion ist die Belehrung in JHWHs Recht, die Vermittlung des göttlichen Willens (z.B. Dtn 31,9; 33,10; Mal 2,7; die prophetische Kritik beklagt, dass die Priester in dieser Aufgabe versagt haben, z.B. Hos 4,4-10; Mi 3,11). Der Opferdienst dagegen gewinnt erst in der Königszeit an Bedeutung und wird in der nachexilischen Zeit ausgebaut. Unter den Königen sind die Priester königliche Beamte, die einem Oberpriester unterstehen (z.B. 2 Kön 25,18). Dieses Priesteramt ist erblich.

Das Priestertum Elis wird im AT mittels einer Ankündigung des Gerichtes Gottes durch das Jerusalemer Priestergeschlecht der *Zadokiden* abgelöst (1 Sam 2,27-36; 1 Kön 2,26-35). Vermutlich war Zadok ursprünglich ein jebusitischer Priester in Jerusalem, den David in seinen Dienst übernommen hatte. In späteren Texten wurde Zadok in die Abstammung von Aaron eingereiht. Aaron und seine Söhne werden im Pentateuch (z.B. Ex 28,1.4.43; 29,44; Lev 6,12-16; 8; Num 3,10; 6,22-27 [Segen]) als die Priester schlechthin eingesetzt, was darauf schließen lässt, dass die nach Jos 21,4.9-19 und Ri 20,27-28 im judäisch-benjaminitischen Gebiet anzutreffenden Nachkommen Aarons *(Aaroniden)* als Priester erheblichen Einfluss, vor allem im und nach dem Exil, gewonnen hatten. Auch die geschichtliche Herkunft der *Leviten* ist nicht sicher zu erheben. Der Name kann als »Geweihter für« oder »Anhänger von« gedeutet werden, was auf eine religiöse Spezialisierung bzw. eine bestimmte Zunft hindeutet – vielleicht war daher »Levi« nie ein eigener Stamm als ethnische Gruppe, da die Leviten grundsätzlich ohne Landbesitz sind (Dtn 10,8-9). Dies wurde dann später als Anordnung Gottes dargestellt. Ex 32,25-29 zeigen die Leviten als besonders treu gegenüber JHWH (vgl. auch Dtn 33,9). Leviten dienen kultisch vor JHWH (z.B. mit Weihrauchopfern) und lehren das Volk Gottes Weisung (Dtn 33,8-11).

Die Kultreform von König Joschija von Juda (2 Kön 22–23) bewirkte eine Konzentration der Heiligtümer und Opferstätten (vgl. Dtn 12), so dass eine genauere Zuordnung der drei mit dem Priestertum verbundenen Gruppen, Zadokiden, Aaroniden und Leviten, nötig wurde. Die Idealkonzeption der Ordnung des priesterlichen Dienstes wird in Dtn 18,1-8 formuliert: Die Nachkommen des Stammes Levi haben keinen Landanteil (Erbbesitz), dafür sollen sie alle als Priester dienen (»levitische Priester«) und für ihren Lebensunterhalt Anteil an den Opfergaben erhalten. In der Theorie des Dtn sollen alle *Leviten* Priester sein, die gleichen Zugangsrechte zum zentralen Heiligtum in Jerusalem und damit auch die gleichen Einkünfte haben. Um dieser Konzeption Rechung zu tragen, wurden im genealogischen System Mose, Aaron und auch Zadok zu Nachkommen Levis gemacht (z.B. Ex 2,1; 4,14; Ez 40,46; 1 Chr 5,27-41; 6,35-38).

Doch schon das Dtn zeigt, dass diese Idealkonzeption (alle Leviten sind Priester; Dtn 18,6-8) nie in die Praxis umgesetzt wurde: Der Levit aus den Landstädten wird zum Sozialfall, er gehört zu den *personae miserae* (u.a. die Witwen und Waisen; die Fremden), für die man sorgen soll (Dtn 14,27-29; 16,11.14; 26,12). In der Realität haben sich wohl schon in spätvorexilischer Zeit, vor allem aber nach dem Exil als Priester am Zentralheiligtum die *Aaroniden* bzw. *Zadokiden* durchgesetzt: Nach Num 17,5 müssen alle Priester *Aaroniden* sein (vgl. auch Ex 28–29; Lev 8–10). Im genealogischen System wird Aaron zum Bruder des Mose; beide sind Leviten. Die *Zadokiden* werden über den Aaronsohn Eleasar (Ex 6,23) und den Aaronenkel Pinhas (Ex 6,25; Num 25,11) mit den Aaroniden verknüpft (Esra 8,2; 1 Chr 5,30-34; 6,35-38). In diesen innerbiblischen Kombinationsbemühungen spiegeln sich lange Auseinandersetzungen und Arrangements zwischen den Priestergruppierungen wider, die kaum im Einzelnen rekonstruiert werden können. Wenn z.B. in Num 25,10–13 von einem Friedensbund und einem Bund des ewigen Priestertums für den Aaronenkel Pinhas die Rede ist, zeigen diese Texte, wie bestimmte Priestergruppen ihre Ansprüche absicherten.

In nachexilischer Zeit bildet sich das Amt des *Hohenpriesters* heraus (z.B. Hag 1,1.12.14; 2,2.4; Sach 3,1.8; 6,11), das – aus dem nicht mehr praktizierbaren Königsritual – die Salbung und Elemente der königlichen Kleidung übernimmt. Diese Konzeption wird dann auf Aaron rückprojiziert (Ex 29,4-7; Lev 8,6-12). In der Genealogie Esras (Esra 7,1-5), der sowohl als Zadokide als auch als Aaronide betont vorgestellt wird, erscheint Aaron als erster Hoherpriester. Damit ist klar, dass es legitimes Priestertum nur unter der Chiffre »Aaron« gibt – und der samaritanische Kultus, der über keinen Aaroniden als Priester verfügt, gilt entsprechend in den Chronikbüchern als illegitim (2 Chr 13,9-11; vgl. auch 11,13-17). Diese Ablehnung aller Kulthandlungen, die nicht in Jerusalem verankert sind, aus judäischer Perspektive findet sich z.B. in Esra 4,3.

Für die *nicht-aaronidischen Leviten* bleiben aufgrund des in der Tora verankerten aaronidischen Ausschließlichkeitsanspruchs nur noch »niedere« Kultdienste übrig, wie es der »Verfassungsentwurf« im Ezechielbuch vorsieht (Ez 44,6-14; die Opferpriester sind nur die Zadokiden, die als »levitische Priester« bezeichnet werden: 44,15). Weitere der nachexilischen Zeit zuzurechnende Texte unterstreichen die Zuweisung der (nicht-aaronidischen) Leviten zu niederen Kultdiensten (Num 1,47-53; 3,9-10; 4,15.49; 8,19.24-26; 18,2-7). Auf nicht unerhebliche Rivalitäten könnte die Geschichte des Aufstands von Korach, Datan und Abiram (Num 16,1–17,28; wieder rückprojiziert in die Wüstenzeit Israels) einen Hinweis geben. Die nicht-aaronidischen Leviten bleiben letztlich unterlegen. Aufgrund dieser Herabstufung bestand unter den Leviten keine Begeisterung, ins Land Israel zurückzukehren (vgl. Esra 2,40//Neh 7,43 [man beachte die auffallend niedrige Zahl!]; 8,15-20). Vermutlich weil die Realität des Levitendaseins und die theoretische Konzeption (alle Leviten sind Priester) so weit auseinanderklafften, finden sich in spätnachexilischen Texten Tendenzen, die Leviten theologisch aufzuwerten: Die Leviten sind aus Israel als besonderes Eigentum JHWHs ausgesondert (Num 8,14.16; 18,6), sie sind Diener der Lade (1 Chr 16,4; 2 Chr 35,3), sie lehren (2 Chr 17,8-9; 35,3; Neh 8,7-9). Manche Texte sprechen sogar von einem Bund Gottes mit »Levi« (Jer 33,19–22 [in Verbindung mit dem Bund mit David]; Neh 13,28-29; Mal 2,4-9) in Analogie zu Noach, Abraham, David und (dem Aaronenkel!) Pinhas (Num 25,10–13).

Die Leviten sind in den Chronikbüchern auch Sänger im Tempelgottesdienst (1 Chr 25,1-31; 2 Chr 23,18; 29,30) und Torhüter (1 Chr 26,1-19; 2 Chr 35,15). Hier zeigt sich eine Weiterentwicklung gegenüber Esra-Nehemia, wo die Leviten noch getrennt von den Torwächtern und Sängern genannt werden (Esra 2,40-42; Esra 8,20 verweist auf die Zuweisung der Tempeldiener als Untergebene der Leviten) – ein kleiner Hinweis darauf, dass Esra-Nehemia vor und unabhängig von der Chronik entstanden ist. Die Chronikbücher holen die Leviten stärker in den gottesdienstlichen Vollzug herein, doch die Texte halten an der strengen Trennung zwischen Priestern und Leviten fest: Nur die Priester dürfen das Innere des Tempels reinigen (2 Chr 29,16), nur sie dürfen die Lade ins Allerheiligste tragen (2 Chr 5,7).

Für das Verhältnis von Priestern und Leviten bleibt eine eigentümliche Ambivalenz in den alttestamentlichen Texten festzuhalten: Einerseits prägt sich eine klare Hierarchie unter den Priestergruppierungen aus, die auf einen Alleinanspruch der Aaroniden auf das Priesteramt und später noch auf das zadokidische Hohepriesteramt hinausläuft und für die nicht-aaronidischen Leviten als von den Priestern deutlich unterschiedener Stand nur untergeordnete Kultdienste vorsah. Die entsprechenden Ansprüche der Aaroniden und Zadokiden werden im genealogischen System sowie in entsprechenden Rückprojektionen auf die Wüstenzeit im Pentateuch verankert. Andererseits besteht zugleich das Ideal eines einheitlichen Priesterdienstes mit levitischer Abkunft: Der Stamm Levi, der keinen Landbesitz hat, gilt insgesamt als Priesterstamm; mehrfach werden Leviten und Priester gleichsam synonym genannt; ihre Aufgabenbereiche überschneiden sich weitgehend; Dtn 18,6-8 versucht den Anspruch der Leviten auf priesterlichen Dienst am Zentralheiligtum zu sichern; die Priestergruppen der Aaroniden und Zadokiden führen ihre Abkunft im genealogischen System auf Levi zurück. Der komplexe Textbefund dürfte einer spannungsvollen und heute kaum mehr rekonstruierbaren Realität entsprechen, in der menschliche Rivalitäten, die letztlich Fakten schafften, und ein Ideal der Harmonie und Einheit, das göttlicher Weisung entsprach und nie ganz vergessen wurde, miteinander rangen.

Literatur: *H.D. Preuß*, Theologie des Alten Testaments 2: Israels Weg mit Gott, Stuttgart u.a. 1992; *W. Werner*, Art. Levi(t), in: Neues Bibel-Lexikon 2 (1995) 623–625; *B.M. Zapff*, Art. Priester, in: Neues Bibel-Lexikon 3 (2001) 165–167.

Die Tempeldiener gehen nach Esra 8,20 auf eine Einrichtung Davids zurück, der sie als Diener der Leviten eingesetzt hatte. Die »Knechte Salomos« dürften auf die in 1 Kön 9,20-21 genannten nicht-israelitischen »Reste« der Bevölkerung Kanaans zurückgehen, die Salomo als Fronarbeiter integriert hatte.

V. 55 (und Neh 7,57) nennt in der EÜ die »Nachkommen Soferets« (*ha=sōfärät* in Esra 2,55; *sōfärät* in Neh 7,57). Normalerweise wird dieses Wort aufgrund der im Kontext dominierenden Männernamen als ein weiterer Eigenname oder als »Schreibergilde« aufgefasst. Doch das hebräische Wort könnte auch als feminine Nominalform aufgefasst werden: »die Schreiberin«. Dann müsste man hier eine Großfamilie annehmen, die sich nicht über ihren Patriarchen, sondern über ihre Matriarchin (bzw. deren Amt) definiert. In ähnlicher Weise übernimmt ein Priester in V. 61 (und Neh 7,63) den Vatersnamen seiner Frau: »die Nachkommen Barsillais; dieser hatte eine von den Töchtern Barsillais aus Gilead geheiratet und dessen Namen angenommen.« Allerdings führt dies dazu, dass er nicht nur seinen eigenen Vatersnamen aufgibt, sondern damit auch seine Zugehörigkeit zum Volk und zum Priesterstand verliert, da sein Name nicht in den Geschlechtsregistern verifiziert werden kann. Diese kleinen Abweichungen vom üblichen androzentrischen, patriarchalen Muster zeigen, dass Frauen vielleicht eine bedeutsamere Rolle spielten als ihnen die Texte zugestehen wollen und man gemeinhin annimmt.

In Esra 2,59–63 zeigt sich das Problem der Zugehörigkeit und Nicht-Zugehörigkeit, die über Geschlechterverzeichnisse geregelt wird. Die klar dokumentierte israelitische Abstammung ist das alles entscheidende Kriterium (vgl. dazu auch 1 Chr 1–9). Der Preis der »dokumentierten« Identität ist der Ausschluss bestimmter Gruppen vom Kultdienst, die keinen lupenreinen Stammbaum nachweisen können. Allerdings ist der Ausschluss nicht umfassend, da es im Unterschied zum »Hochheiligen« (vgl. Lev 2,3; 6,9-11; 7,6-10) auch das »Heilige« (Lev 22,10-16) gibt, und er geschieht vorbehaltlich eines priesterlichen Losorakels (vgl. Ex 28,30), das aber offenbar nicht mehr zur Verfügung steht und auch als Institution nicht mehr eingeführt wird. Im Talmud wird diese Wendung als Verweis auf eine sehr ferne Zukunft, analog zur Auferstehung der Toten und der Ankunft des Messias, gedeutet (vgl. *bSot* 48b).

Urim und Tummim
Hier handelt es sich um Gegenstände, die mehrheitlich im Kontext von Angaben zur levitisch-priesterlichen Ausstattung und Funktion begegnen. Nach Ex 28,30 werden sie in einem Behälter (EÜ: Lostasche) aufbewahrt, der zum Ornat des Hohenpriesters Aaron gehört und »am Herzen« (als eine Art Pektoral) getragen wird. Unklar ist sowohl, worum es sich genau handelte (Edelsteine?), als auch, was die Wörter bedeuten: Es könnte um die Weisheit und Weisungsbefugnis des Hohenpriesters gehen, wenn Urim eine Anspielung auf das Licht *('ōr)* und Tummim auf Vollkommenheit *(tamm)* wäre. Wenn es sich um Orakelinstrumente handelt, müsste man eher eine antonyme Bedeutung (z.B. »verflucht – schuldlos«) annehmen.

Die Ortsnamen in Esra 2,59 betreffen Orte in Babylonien, aus denen die Exilierten kamen. Barsillai in 2,61 spielt auf den aus Gilead (Ostjordanland) stammenden Barsillai an, der sich David gegenüber sehr loyal verhalten hat und den David mit dem Privileg der Residenz in Jerusalem belohnen wollte. Barsillai lehnte wegen seines vorgerückten Alters jedoch ab und schickte seinen Sohn (2 Sam 17,27-29; 19,32-40). Derjenige nun aus priesterlicher Abstammung, der eine Frau aus dem nichtpriesterlichen Hause Barsillais geheiratet und den angesehenen Namen für sich übernommen hatte, hat damit seine genealogische Absicherung des Priesterstatus verloren. In der Esra 2,61 entsprechenden Stelle in 1 Esdras 5,38 (griechisch) wird als ursprünglicher Name der betreffenden Person »Jaddus« (nur B: Codex Vaticanus) bzw. »Joddus« und als Name der Frau »Augia« erwähnt.

e) Die Volkszählung (Esra 2,64-70)

Als Abschluss der Basisliste von Esra 2 wird in einer Art Volkszählung ein Summenstrich gezogen. Der Paralleltext dazu findet sich in Neh 7,66-72. Der Hintergrund der genannten Zahlen ist unsicher, ob es realistische Werte sind, ist eher zweifelhaft (siehe die Einleitung zu

Umfang und Bevölkerung der Provinz Yehud, S. 45ff). Das Problem dabei ist, dass die Angabe hier von der Summe der Einzelangaben vorher differiert. Diese Abweichung ist schwer zu erklären, vielleicht liegen Fehler in den Handschriften (Textverderbnisse) vor. Auch die Funktion der (vermutlich profanen) Sänger und Sängerinnen ist unklar. Der inventarisierte Viehbestand umfasst nur die Karawanentiere, lässt also Rinder und Schafe weg, vermutlich weil hier aufgrund von stetigem Verzehr und fortwährender Nachzucht Zahlenangaben unsinnig wären.

Esra 2,68-69 erwähnt großzügige Spenden einiger Familienoberhäupter – diese unscheinbare Notiz lässt vermuten, dass die exilierten Judäer in Babylon nicht am Hungertuche nagten, sondern durchaus auch zu Wohlstand und Reichtum kommen konnten. Die Karriere Nehemias zum Mundschenk des persischen Königs ist damit nicht die große Ausnahme. Bei den »Golddariken« hier und in Neh 7,70-71 handelt es sich aufgrund der Schreibweise um die griechische Drachme, was als ein Hinweis auf die frühhellenistische Entstehungszeit des Textes gelten kann (hebr. *darkmōnīm* von griech. δραχμαί). In alttestamentlicher Zeit wurde Edelmetall als Zahlungsmittel gewöhnlich nach Gewicht bemessen, die Münzprägung mit Bild und Inschrift setzte sich erst spät durch. Die frühesten Münzen in Palästina waren griechischen Ursprungs (ca. 5. Jh. v. Chr.). In Esra 8,27 dagegen handelt es sich (aufgrund der anderen Schreibweise: hebr. *'adarkonīm*) um die *persische Darike* (benannt nach dem König Darius). Münzen aus achämenidischer (persischer) Zeit sind jedoch in Palästina nur sehr vereinzelt gefunden worden, so dass es in 8,27 wohl nicht um die Münze an sich, sondern um den Wert bzw. das Gewicht als Maßstab geht. Da die griechischen Golddrachmen in Palästina ebenfalls kaum im Umlauf waren, ist wohl auch in Esra 2,69 und Neh 7,70-71 an den Gegenwert (Gewicht), nicht an tatsächliche Münzstücke gedacht.

Abschließend macht 2,70 eine knappe Siedlungsnotiz, bei der die vorher genannten Berufsbezeichnungen fast alle wieder auftauchen. Nach der Fiktion des Textes scheinen die wiederbesiedelten Städte leer gewesen zu sein – die Auseinandersetzungen zwischen rückkehrenden Flüchtlingen und Exilierten mit der Bevölkerung, die sich in der Zwischenzeit angesiedelt hat, werden zunächst nicht thematisiert, tauchen aber später (Esra 9–10) unter dem Stichwort der »Mischehen« auf.

2. Der Tempelbau (Esra 3,1–6,22)

Der zweite Unterabschnitt des ersten Hauptabschnitts (Esra 1,1–6,22) konzentriert sich auf die Wiedereinrichtung des Kults und den Wiederaufbau des Tempels gegen allerlei Widerstände. Herausragende Persönlichkeiten sind die auch bei den Propheten Haggai und Sacharja eine wichtige Rolle spielenden Jeschua (der Hohepriester; religiöse Ebene) und Serubbabel (der Davidide; politische Ebene). Die Widerstände gegen den Tempelbau unter den »Nachbarvölkern« entstehen durch starke Abgrenzungstendenzen in der Jerusalemer Gemeinde der Heimgekehrten gegenüber den Nachkommen des untergegangenen Nordreiches, die später Samaritaner genannt werden. Auffälligerweise werden aber die Konflikte nicht gewaltsam ausgetragen, sondern in Form von Korrespondenzen mit der persischen Zentralgewalt. Dabei wird – um das Milieu getreu wiederzugeben – auch die aramäische Sprache eingesetzt. Zunächst wird der Tempelbau verboten, und es kommt zu einer längeren Unterbrechung. Als auf Intervention der Propheten Haggai und Sacharja die Bautätigkeit wieder aufgenommen wird, kommt es zu einer erneuten Korrespondenz mit der persischen Oberherrschaft. Dabei wird das Edikt des Kyrus wieder »ausgegraben«, was nicht nur die Leistungsfähigkeit der persischen Archivare zeigen, sondern vor allem den Wiederaufbau des Tempels als absolut legitimes Tun charakterisieren soll, das im Einklang mit dem göttlichen Willen und der Anordnung des persischen Großkönigs steht. Schlussendlich wird der Tempel feierlich eingeweiht, womit ein großer Abschnitt im Esra-Nehemia-Buch zu seinem Ende kommt.

a) Der Beginn des Kults und des Tempelbaus (Esra 3,1-13)

Am Beginn von Kapitel 3 vermittelt die idealtypische Versammlung des ganzen Volkes in Jerusalem den Eindruck innerer Geschlossenheit und einheitlicher Identität. Die Idealvorstellung, die immer wieder wachgerufen wird, ist die geschlossene Heimkehr des gesamten Volkes Israel in sein Land, das vorher leer war.

Der Mythos des leeren Landes

Nicht nur das Esra-Nehemia-Buch, sondern auch andere biblische Texte gehen von der Vorstellung aus, dass die Babylonier im Jahre 587 v. Chr. bei der Eroberung Jerusalems und der Zerstörung des Tempels *alle* noch lebenden Einwohner Jerusalems und Judas nach Babylon deportiert hätten. So heißt es z. B. in 2 Kön 25,11-12: »Den Rest der Bevölkerung, der noch in der Stadt geblieben war, sowie alle, die zum König von Babel übergelaufen waren, und den Rest der Handwerker schleppte Nebusaradan, der Kommandant der Leibwache, in die Verbannung. [12] Nur von den armen Leuten im Land ließ der Kommandant der Leibwache einen Teil als Wein- und Ackerbauern zurück.« Und die Parallelstelle in 2 Chr 36,17-21 führt noch eine Jeremia-Stelle (27,7) als Beleg dafür an: »[20] Alle, die dem Schwert entgangen waren, führte Nebukadnezzar in die Verbannung nach Babel. Dort mussten sie ihm und seinen Söhnen als Sklaven dienen, bis das Reich der Perser zur Herrschaft kam. [21] Da ging das Wort in Erfüllung, das der Herr durch den Mund Jeremias verkündet hatte. Das Land bekam seine Sabbate ersetzt, es lag brach während der ganzen Zeit der Verwüstung, bis siebzig Jahre voll waren« (vgl. ferner auch Jer 44,22; Lev 26,34–35.43).

Diese Idealvorstellung wird in der Forschung »der Mythos des leeren Landes« genannt. Sie entspricht nicht ganz der historischen Wirklichkeit. Tatsächlich wurde wohl nur eine Minderheit der Stadtbewohner deportiert, mithin die religiöse und kulturelle Elite. In Jer 52,28-30 wird als runde Zahl der nach Babel Deportierten 4600 angegeben. Diese Größenordnung scheint plausibel zu sein. Selbst wenn man in dieser Zahl nur die männlichen Familienoberhäupter gezählt wissen will, kommt man auf eine Zahl von höchstens 20.000 Deportierten. Nach archäologischen Schätzungen lebten am Ende des 7. Jahrhunderts in Juda und Jerusalem jedoch etwa 75.000 Menschen – mithin wäre nur etwa ein Viertel der Bevölkerung deportiert worden. Archäologische

Befunde ergeben, dass das Land nördlich und südlich von Jerusalem zwar ununterbrochen bewohnt war, dass jedoch zugleich auch mit einem erheblichen Bevölkerungsrückgang im Zuge der kriegerischen Ereignisse zu rechnen ist.

Allerdings ist es in der Welt der biblischen Texte dann die nach Babylon deportierte Elite, die – im und nach dem Exil – definiert, wer das wahre Israel ist: Nur die Deportierten (und deren Nachfahren), die in den Jahrzehnten nach dem Kyrus-Edikt »heimgekehrt« sind, gehören dazu. Was immer sich noch an Bevölkerungselementen im angeblich »leeren Land« befunden haben mag, wird in dieser Perspektive als die nicht-jüdischen »Völker der Länder« (*'ammē ha='arāṣōt*; EÜ: »Bevölkerung des Landes«; Esra 9,1), die »Gräueltaten« begehen, abqualifiziert. (Ein literarischer Gegenentwurf zur religiös-kultischen Abqualifizierung von Ausländern, insbesondere der »fremden Frauen«, ist das Buch Rut, das zeigt, dass die Ausländerin Rut, eine Moabiterin, als Urgroßmutter Davids einen prominenten Platz in der Geschichte Israels erlangen kann.)

An dem Widerspruch, dass das »leere Land« gar nicht ganz leer war, sondern von Leuten bewohnt war, von denen man sich scharf abgrenzen musste, zeigt sich, dass in der nachexilischen Zeit eines der größten Probleme darin bestand, die religiöse und ethnische Identität Israels zu definieren. Auch wenn die langen Listen in Esra-Nehemia keine unmittelbaren historischen Dokumente aus dieser Zeit sind, so zeigen sie doch an, wie die Definition der Identität gelang: mittels eines an Namen und Abstammungsverhältnissen orientierten genealogischen Systems, das den Eindruck eines geschlossenen, deutlich abgegrenzten Ganzen erweckte, mit dem man sich religiös, kulturell, politisch, sozial und ideologisch identifizieren konnte – bis hin zur Rede vom »heiligen Samen« in Esra 9,2.

Literatur: *H.M. Barstad*, The Myth of the Empty Land, Oslo 1996; *K. Bieberstein*, Geschichten ziehen Grenzen. Esra, Nehemia und Rut im Streit, in: *M. Küchler/P. Reinl* (Hg.), Randfiguren in der Mitte.

Hermann-Josef Venetz zu Ehren, Luzern/Freiburg, CH 2003, 33–47; *A. Faust*, Judah in the Sixth Century B.C.E.: A Rural Perspective, in: Palestine Exploration Quarterly 135 (2003) 37–53; *I. Finkelstein/N.A. Silberman*, Keine Posaunen vor Jericho. Die archäologische Wahrheit über die Bibel, München [4]2003, 327–329.

Nun versammelt sich dieses »wahre Israel« geschlossen in Jerusalem, um die nächste Aufgabe, den Wiederaufbau des Tempels, anzugehen. Aus dem Volk treten zwei führende Personen hervor: Der Davidide Serubbabel und der Priester Jeschua sind die großen Gestalten des Wiederaufbaus des Tempels (vgl. 2,2; 3,8; 4,3; 5,2; Neh 12,1; Hag 1,1 u.ö., auch Sir 49,11-12). Die Darstellung der Leitung des Volkes mit einer Doppelspitze scheint ein wesentliches Grundelement der Gesamtkonzeption des Esra-Nehemia-Buches zu sein, denn später werden auch Esra und Nehemia gemeinsam bei Führungsaufgaben handeln.

Dem Propheten Sacharja gelten Serubbabel und Jeschua als messianische Figuren (vgl. Sach 3–4, siehe auch den Exkurs S. 104). *Jeschua ben Jozadak* ist durch Hag 1,1 als Hoherpriester identifiziert – seine genaue Genealogie findet sich in 1 Chr 5,27-41: Die Abstammung Jozadaks, des letzten Priesters, der in die Verbannung geführt wurde, wird bis auf Zadok, Aaron und Levi zurückverfolgt. Jeschua ist von daher in jeglicher Hinsicht qualifiziert und legitimiert, als Hoherpriester zu amtieren. Der Name ist eine Kurzform des Namens *Jehoschua*, der in EÜ als Josua wiedergegeben wird (Bedeutung: »JHWH ist Rettung«, griechische Form: Jesus).

Die Genealogie *Serubbabels* wird in 1 Chr 3,1-19 auf David zurückgeführt. Eine kleine Unstimmigkeit ist zu notieren: Nach 1 Chr 3,19 gilt Serubbabel als Sohn Pedajas, doch nach allen anderen biblischen Belegen (Esra 3,2.8; 5,2; Neh 12,1; Hag 1,1.12.14; 2,2.23; Mt 1,12) ist er der Sohn Schealtiëls, der ein Bruder Pedajas ist. Beide sind Söhne des Königs Jojachin, der als letzter »richtiger« König davidischer Abstammung gilt und 597 in die Verbannung geführt wurde. Schealtiël scheint der Erstgeborene zu sein, vielleicht kommt daher die Bemühung, Serubbabel mit dem *Erstgeborenen* des Königshauses zu verbinden. Der Name Serubbabel ist eine Hebraisierung des akkadischen Eigennamens *Zēr-Bābili*, »Sproß Babels«.

Es wird betont, dass der Wiederaufbau des Altares gemäß der Tora (EÜ: Gesetz) des Mose durchgeführt wird (vgl. Ex 27,1-8). Der erste Schritt ist die Wiedererrichtung des Altars und die Wiederaufnahme des Opferbetriebs, noch bevor die Fundamente des Tempels gelegt sind. Der Hinweis in 3,3 auf die Widerstände der »Völker der Nachbarländer« (vgl. Esra 9,1) ist eine versteckte Vorankündigung der bevorstehenden Schwierigkeiten mit dem Tempel- und Stadtmauerbau. Zusammenfassend wird vorweggenommen, dass die Ausübung der jüdischen Religion stets gefährdet war und unter den Anfeindungen von Gegnern stand – eine Erfahrung, die sich in der hellenistisch-römischen Zeit zum stehenden Motiv ausweitet (vgl. die Makkabäerbücher). Umso tapferer erscheinen hier Jeschua, Serubbabel und die anderen Pioniere des Wiederaufbaus, die allen Schrecken trotzen und gemäß der Tora den Opferbetrieb wieder etablieren.

Das immerwährende Brandopfer *('olat tāmīd)* am Morgen und am Abend ist in Ex 29,38-42; Num 28,3-6 vorgeschrieben und wird in Esra 3,3-5 neu eingerichtet. Die Vorschrift für die Abhaltung des Laubhüttenfestes in 3,4 findet sich in Lev 23,33-36. Die Erwähnung des »siebten Monats« in Esra 3,1 ist ein Rückverweis auf die Vorschriften für den siebten Monat von Num 29, der große Festmonat im Herbst, in dem Neujahrsfest, Versöhnungstag und Laubhüttenfest mit zahlreichen Opferfeiern eng beieinander liegen. Entsprechend betont Esra 3,6, dass am ersten Tag des siebten Monats die ersten Brandopfer dargebracht werden konnten. Das Laubhüttenfest beginnt am 15. Tag des Monats und ist das Fest mit der höchsten Anzahl von Opfertieren (siehe den Exkurs S. 201). Esra 3,4 betont nur, dass alle Opfer in der korrekten Anzahl dargebracht wurden, »wie es für die einzelnen Tage festgesetzt ist«. Diese Wendung zwingt gleichsam dazu, in der Tora nachzuschlagen (Num 29,12-38) – obwohl sonst in Esra-Nehemia eine Vorliebe für Listen und Zahlen vorliegt, begnügt man sich hier mit dem Rückverweis auf Numeri.

Zwar gibt es nun schon einen Brandopferaltar, jedoch noch keinen Tempel. Doch auch dieses Projekt wird in Angriff genommen. Was in 3,7 wie eine kluge Bauplanung aussieht, hat doch seinen Ursprung in 1 Kön 5,20-32: Ganz so, wie einst Salomo mit in Dienst genommenen Steinhauern und Zimmerleuten sowie im Libanon gekauftem und über das Meer geflößtem Zedernholz seinen Tempel errichten ließ, wird auch hier vorgegangen. In versteckter Anspielung an den Text von 1 Kön wird eine subtile Parallelisierung des zweiten Tempels mit dem salomonischen Tempel vorbereitet – ein Trend, der sich noch mehrfach zeigen wird. Neben der Kontinuität mit dem ersten Tempel wird die Rechtmäßigkeit betont: Die Erlaubnis des Perserkönigs unterstreicht die Legitimität des Vorhabens auch im Sinne der politischen Oberhoheit.

Esra 3,8 betont, dass die Bauenden mit den in Esra 1–2 genannten Heimkehrern identisch sind. *Sie* sind das wahre Israel, das nun auch seinen Tempel baut. Die Leviten als für den äußeren Kultbetrieb zuständige Gruppe werden mit der Leitung der Arbeiten betraut. Das Mindestalter der Leviten wird unterschiedlich angegeben (20 Jahre: 1 Chr 23,24.27; 2 Chr 31,17; 25 Jahre: Num 8,24; 30 Jahre: Num 4,3; 1 Chr 23,3). Dass hier das niedrigste Alter steht, könnte ein Hinweis darauf sein, dass der volle Einsatz aller verfügbaren Kräfte benötigt wird. Der in 3,9 genannte Jeschua ist nicht Jeschua, Sohn des Jozadak (V. 8), der *Aaronide* (der von Aaron abstammende Hohepriester) ist, sondern der *levitische* Ahnherr von 2,40.

Die Errichtung der Fundamente des Tempels wird durch eine liturgische Feier abgeschlossen. Dazu erscheinen die Priester und die Leviten sowie die Nachkommen Asafs als Tempelsänger nach der Ordnung Davids. Ihre Einrichtung ist in 1 Chr 25 nachzulesen. Die liturgischen Vorgänge werden in vielfacher Hinsicht parallel zu den Berichten in den Königs- und Chronikbüchern geschildert (z. B. 2 Chr 5,13). Das in 3,11 zitierte Loblied ist weit verbreitet (vgl. Ps 106,1; 107,1; 118,1; 136,1; 1 Chr 16,41; 2 Chr 5,13; 20,21). Das Weinen derer, die sich an die äußere Pracht des salomonischen Tempels erinnern (vgl. Hag 2,3) wird übertönt vom Jubel des Volkes über den neuen Tempel, der trotz seiner Defizite ein Zeichen der Nähe Gottes ist und damit in Kontinuität zum vorexilischen Gotteshaus steht.

b) Die Unterbrechung beim Wiederaufbau des Tempels (Esra 4,1-22)

Wie es sich schon beim Altarbau (3,3) angedeutet hatte, stoßen die Wiederaufbauarbeiten auf Widerstände seitens der »Nachbarn«. Als Selbstbezeichnung der Gemeinde begegnet hier wieder (wie schon in 1,5) »Juda und Benjamin« sowie »die Heimkehrer«, wörtlich: »die Söhne der Deportation« *(b^e^nē ha=gōlā)*. Erneut wird deutlich, dass das wahre Israel die aus dem babylonischen Exil heimgekehrten Judäer sind – und niemand sonst. Diese Tendenz der Ausgrenzung kommt nun an dem aufkeimenden Konflikt voll zum Tragen.

Die von vorneherein polemisch als »Feinde von Juda und Benjamin« abqualifizierten Leute sind JHWH-Verehrer aus dem Gebiet des ehemaligen Nordreiches, die vermutlich erst durch die brüske Zurückweisung durch Serubbabel eine feindliche Haltung gegenüber der Rückkehrergemeinde in Jerusalem eingenommen haben. Unter anderem aus dieser Gruppierung speist sich ein religiöser Entwicklungsstrom, der in den folgenden Jahrhunderten zur Religionsgemeinschaft der Samaritaner führte.

Die Ursprünge liegen im Untergang des Nordreiches Israel 722 v. Chr.: Nicht alle (Nord-)Israeliten wurden von den Assyrern deportiert, ein Teil blieb im Land und verband sich mit den von den Assyrern (u. a. unter Asarhaddon 681–669 v. Chr., V. 2; unter Assurbanipal = Asenappar zwischen 669 und 627; Esra 4,10) neu angesiedelten Bevölkerungsgruppen. In ihrer eigenen Sichtweise sind sie Israeliten, doch nach der Vorstellung des Chronisten (1/2 Chr) und des Verfassers von Esra-Nehemia, die die Deportationen von 722/721 und 587/586 jeweils als total ansehen, haben sie mit Israel nichts zu tun. Auch die Darstellung des Untergangs des Nordreiches und der Neuansiedlung anderer Bevölkerungselemente durch die Assyrer in 2 Kön 17,24-41 ist entsprechend tendenziös und gegen die Gruppen gerichtet, die später »Samaritaner« genannt werden. JHWH, der »Gott Israels« (V. 1), ist für den Verfasser von Esra-Nehemia ausschließlich der Gott der Heimkehrer: »unser Gott« (V. 3). Es geht also erneut um das Problem von »in« und »out«, um die Identität der Gemeinde, wer dazugehört und wer nicht. Die führenden Leute, Serubbabel und Jeschua, grenzen sich kategorisch ab. Eine Begründung wird nicht angeführt, sondern nur das »wir allein« betont sowie auf die Erlaubnis bzw. den Auftrag durch den Perserkönig Kyrus verwiesen – ein »Argument«, das noch mehrfach eine Rolle spielen wird.

Nach der Grundsatzaussage von V. 3 wird die Darstellung der Interventionen der »Feinde« intensiviert. Esra-Nehemia erhält so eine Erklärung dafür, dass das so brennend herbeigesehnte und von König Kyrus erlaubte Vorhaben des Wiederaufbaus bis in die Zeit von Darius I. (522–486) verschleppt und erst 520–515 verwirklicht wurde (zur alternativen Chronologie vgl. die Einleitung, S. 42). Dass auch das Volk selbst sehr nachlässig war, wie aus Hag 1,1-11 hervorgeht, wird hier nicht erwähnt. Die wirtschaftliche Krise der unmittelbaren Nachexilszeit wird zwar selten direkt thematisiert, doch man kann sich ausmalen, dass das Land durch die vielen kriegerischen Ereignisse landwirtschaftlich am Boden ist. Ein aufwändiger Tempelneubau scheint da über alle Kräfte zu gehen. Doch der Prophet Haggai dreht in seiner Argumentation den Spieß um und deutet die wirtschaftliche Krise als Folge der Vernachlässigung des Tempelbaus, genauer: als göttliche Strafe. Gott bringt Dürre und Missernten, weil jeder nur an sich und sein Haus, nicht aber an das Haus Gottes denkt.

Diese Argumentationsweise taucht in Esra-Nehemia überhaupt nicht auf, vielmehr verhindern feindliche Einflüsse von außen den Weiterbau des Tempels. Um die Zeit zu überbrücken und den Stillstand der kurz nach 536 (3,8) begonnenen Bauarbeiten zu begründen, wird ein chronologischer Widerspruch in Kauf genommen: Die in 4,6-23 thematisierten Ereignisse gehören nach eigener Angabe zu den Königen Xerxes I. (486–465) und Artaxerxes I. (465–425), werden aber in der Darstellung in die Zeit zwischen Kyrus und Darius I. eingeschoben, so dass der Text in 4,24 im zweiten Jahr der Herrschaft Darius' I. (520) ankommt. Diese Unebenheit fällt vielleicht nur auf, wenn man mit modernem geschichtswissenschaftlichen Denken und chronologischen Tabellen an den Text herangeht – doch der Text ist weit weniger lineargeschichtlich-diachron als vielmehr thematisch-synchron angelegt. Die Anfeindungen von außen fanden gewissermaßen ständig statt, und um dies zu illustrieren, können auch Beispiele aus einer späteren Epoche eingeschoben werden.

Ab Esra 4,6 ist von mehreren Protestbriefen die Rede, von denen nur einer wörtlich zitiert wird. 4,6 erwähnt ein Schreiben der nicht näher genannten Gegner zur Zeit des Königs Xerxes I. (486–465 v. Chr.), das nicht weiter ausgeführt wird. Einige Zeit später, unter Artaxerxes I. (465–425), verfassen Bischlam, Mitredat und Tabeel einen Beschwerdebrief an den König (4,7). Vermutlich handelt es sich – auch wegen der erwähnten reichsaramäischen Sprache – um persische Beamte, die auf lokale Spannungen reagieren. Die Namen sind historisch nicht zu verifizieren. Schließlich wird der Brief des Befehlshabers Rehum und des Schreibers Schimschai (4,8) auch wirklich zitiert (»Artaxerxes-Korrespondenz«). Vermutlich angestoßen von der Erwähnung der aramäischen Sprache wechselt der Text ab 4,8 vom Hebräischen ins Aramäische (bis 6,18), das die offizielle Amtssprache des persischen Weltreiches für den »westlichen« Bereich war.

Der Verfasser, dem beide Sprachen geläufig waren, wie es für die damalige Bildungsschicht üblich war, unterstreicht diesen Wechsel in V. 7b und erreicht dadurch den Eindruck, dass hier authentische Dokumente aus der Korrespondenz des Perserreiches zitiert werden. Diese aramäischen Briefe entsprechen jedoch in wesentlichen Punkten nicht dem reichsaramäischen Briefformular mit seiner Formelsprache, wie es sich aus vielen außerbiblischen Textfunden rekonstruieren lässt. Daher handelt es sich um fiktive, für den Kontext des Esra-Nehemia-Buches geschaffene Texte, die aufgrund der Nähe zu den literarischen und inschriftlichen Briefzeugnissen aus der hellenistischen Zeit etwa ins 3. Jh. v. Chr. zu datieren sind.

Die Absenderangabe des Briefes in 4,9-10 wirkt zudem historisch unglaubwürdig, weil sie implizit abwertend wirkt: Es entsteht der Eindruck, hier schreibt ein aus mehreren ethnischen Elementen bunt zusammengewürfelter Volkshaufen, der durch die Umsiedelungsaktionen des »großen Asenappar« (das ist der assyrische König Assurbanipal) entstanden ist. Den genannten Eindruck eines gemischten Volkes ohne jeden Bezug zu »Israel« will der Verfasser von Esra-Nehemia auch vermitteln. Es liegt in seiner Konzeption, die Völker der Nachbarländer als vom wahren Israel völlig verschieden darzustellen, um eine klare Abtrennung der eigenen Gemeinde zur Wahrung ihrer Identität zu gewährleisten. Dass diese Gestaltung der Absenderangabe der auch an anderen Stellen zu beobachtenden Tendenz des Verfassers entgegenkommt, unterstützt die Annahme einer Brieffiktion, die jedoch nicht leicht in Gang kommt, da in V. 11 nochmals die Abschrift erwähnt wird und dann erst der eigentliche Brieftext beginnt.

Jenseits des Stroms

Die Ortsangabe »jenseits des Stroms« für das Gebiet westlich des Eufrat entspricht der persischen Perspektive, die diese westlichen Provinzen als Satrapie »Transeufrat« *(ʿabar Nah^{a}rā)* bezeichnete. Nach Herodot III, 91, 1 ist dies die »fünfte Provinz« *(nomos pemptos)* der Einteilung nach König Darius I. (522–486). Gegen Herodots Datierung ist diese Neuorganisation vermutlich etwas später anzusetzen (unter Xerxes I., 486–465). Die Satrapie Transeufrat liegt zwischen der Stadt Posideion an der syrischen Nordgrenze und Ägypten und umfasst Phönikien, Palästina und Zypern.

Die Wendung »jenseits des Stroms« wird hier fünf Mal wiederholt (4,10.11.16.17.20). Dabei ist zu beobachten, dass einerseits eine geographische Realität im Spiel ist, andererseits »*ʿabar Nah^{a}rā*« in der literarischen Welt des Esra-Nehemia-Buches mehr bedeutet. Zum einen handelt es sich um eine geopolitische Einheit, die schon auf die assyrische Vorherrschaft zurückgeht: Der Assyrerkönig Asarhaddon listet 22 Könige und Regionen in *Ebir nari* (akkadisch für *ʿabar Nah^{a}rā)* auf, von Tyrus bis Gaza, einschließlich Zypern. Neubabylonier und Perser übernehmen diese regionale Umgrenzung.

Im innerbiblischen Sprachgebrauch begegnet die Wendung in Jos 24,2.3.14.15, wo die Gegend eher negativ konnotiert ist: Es ist das Land, wo einst die Väter (Terach etc.) den anderen Göttern gedient hatten. Positiv hingegen und in enger Verknüpfung zu Esra-Nehemia steht in 1 Kön 5,4 die Territorialbezeichnung bei König Salomo: »Denn er herrschte über das ganze Gebiet diesseits des Stromes, von Tifsach bis Gaza, über alle Könige diesseits des Stromes. Er hatte Frieden ringsum nach allen Seiten.« Diese stolze Behauptung entsprach nie der historischen Wirklichkeit – man muss eher annehmen, dass hier ein Einfluss von Esra-Nehemia her vorliegt, so dass 1 Kön 5,4 den Hintergrund für Esra 4,20 bereitstellt: »Mächtige Könige geboten über Jerusalem und herrschten über das ganze Gebiet jenseits des Stroms, und ihnen entrichtete man Steuern, Abgaben und Zölle.« Schon dieser Bezug zeigt, dass die Wendung »jenseits des Stroms« auch ideologische Konnotationen hat. In Esra-Nehemia erscheinen die Perserkönige als idealisierte Herrscher, die die Einführung und Geltung der »Tora« (des »Gesetzes«) in *ʿabar Nah^{a}rā* garantieren und sich selbst daran halten: Kyrus autorisiert die Wiedererrichtung des Jerusalemer Tempels, und Darius hält diese Weisung aufrecht in seinem Dekret an Tattenai, den Gouverneur von *ʿabar Nah^{a}rā*. Während in der Korrespondenz zwischen Rehum und Artaxerxes I. das Territorium *ʿabar Nah^{a}rā* eher politische Konnotationen hat, wechselt die Perspektive bei der Verortung der Mission Esras (7,25) wieder ins Religiöse: Das einst von rebellischen judäischen Königen beherrschte Gebiet (4,19-20) wird nun vom jüdischen religiösen Gesetz regiert. Artaxerxes hat seine Meinung geändert, und dies bereitet dann auch den Weg für die Sendung Nehemias zum Wiederaufbau der Stadtmauer. Mit anderen Worten: *ʿabar Nah^{a}rā* symbolisiert in der Konzeption von Esra-Nehemia eine neue Weltordnung, in der das Gesetz den Monarchen ersetzt, wobei das religiöse Gesetzbuch, die Tora des Mose, selbst ein Produkt dieser neuen Weltordnung ist, die durch das persische Gesetz gewährleistet wird. Geographie, Geopolitik und Religion verschmelzen einmal mehr. Im Grunde tut das in gleicher Weise Herodot, für den auch Geographie und Geopolitik ein Ausgangspunkt sind, um den Charakter der persischen Monarchen zu evaluieren – nur dass Herodot die Herrscher als eroberungsgierig und gesetzlos beschreibt, ganz anders als in Esra-Nehemia, wo sie als korrekt, bürokratisch präzise und das Gesetz streng befolgend dargestellt werden. In beiden Fällen wird geographische Realität ideologisch ausgewertet.

Literatur: *T.B. Dozeman*, Geography and History in Herodotus and in Ezra-Nehemiah, in: JBL 122 (2003) 449–466.

Mit Verweisen auf die Vergangenheit sprechen in 4,12–16 feindselige Nachbarn über Jerusalem und sein Schicksal. Es wird auf die Ereignisse von 701, 601–597 und 588–586 v. Chr. zurückgeblickt, wie sie in 2 Kön 18,13–19,36; 24,1–25,21 geschildert werden. Die Erwähnung des Wiederaufbaus der Stadtmauern in V. 12 ist Vorgriff auf Neh 2ff. Die Rede vom »Salz« in V. 14 ist Symbol für die enge Verbundenheit der Ankläger mit dem persischen Königshof. Auch setzt das Schreiben voraus, dass es königliche Annalen und Chroniken gibt, in denen nachgeforscht werden kann (V. 15). Dies wurde nach V. 19–20 auch getan und brachte als Ergebnis die Herrschaft »mächtiger Könige« in Jerusalem zu Tage (wahrscheinlich ist in der Fiktion des Verfassers an David und Salomo und deren – vermutlich ebenfalls fiktive – Herrschaft über das Eufratgebiet gedacht, vgl. z. B. 1 Kön 5,1). Das Motiv des Nachforschens in den Annalen wird später noch benötigt, damit dort die Kyrus-Proklamation aufgefunden werden kann. Am Ende ihres Schreibens (V. 16) sehen die Verfasser mit dem Aufbau Jerusalems gleich die Herrschaft des persischen Königs in Transeufrat in Gefahr: Hier handelt es sich um literarische Übertreibung.

Das königliche Antwortschreiben des Artaxerxes in 4,17-22 entspricht genau der Anklageschrift, was als ein weiterer Hinweis auf die fiktive Gestaltung gedeutet werden kann. Der Verfasser hat damit einen amtlichen Bescheid geschaffen, der die Verschleppung und Suspendierung der Bautätigkeit am zweiten Tempel erklärt. Die Wendung in V. 21, »bis weitere Anordnungen von mir ergehen«, lässt eine Hintertüre offen, die der Verfasser später braucht, weil ja Nehemia die Stadtmauern Jerusalems im persischen Auftrag wieder aufbaut. Ansonsten erscheinen nämlich nach Dan 6,9.13.16; Est 1,19; 8,8 die königlichen Dekrete als unabänderlich.

Zwar wird durch das Aufeinandertreffen von V. 23 und 24 gegen die historische Abfolge Artaxerxes vor Darius I. eingeordnet, doch diese chronologische Unstimmigkeit wird – wie gesagt – in Kauf genommen. In gleichsam »zeitloser« Sicht werden die Heimkehr von Esra 1–3, die von Esra 7–8, der Tempelbau und der Wiederaufbau der Stadtmauer unter Nehemia als der »eine« Vorgang der Restauration den Widerständen der »Feinde« gegenübergestellt.

c) Die Wiederaufnahme der Bauarbeiten (Esra 5,1-17)

Der Text ist nach 4,24 mit »damals« (so EÜ; im aramäischen Text steht ein einfaches »und«) im Jahre 520, dem zweiten Jahr der Regierung des Perserkönigs Darius I., angelangt. Er greift jetzt auf die Bücher der Propheten Haggai und Sacharja zurück. Das sieht man auch daran, dass er in V. 1 genau die Titel der Bücher übernimmt: »der Prophet Haggai« (ohne Vaterangabe wie Hag 1,1) und »Sacharja, der Sohn Iddos« (wie Sach 1,1, wobei dort Sacharja Enkel des Iddo ist – solche Kurzformen der Herkunftsangabe sind jedoch üblich). Die Rolle der Propheten, die vielleicht größere politische Ambitionen in Richtung einer Restauration des davidischen Königshauses hatten, wird hier ganz auf den Ansporn zum Wiederaufbau des Tempels beschränkt. Die Botschaft der Propheten wird nicht wörtlich aufgenommen, lediglich die Wirkung ihres Auftretens wird berichtet: Serubbabel und Jeschua nehmen die Arbeit am Bau des Tempels wieder auf.

Serubbabel und Jeschua bei Haggai und Sacharja

Serubbabel begegnet nur einmal in den Chronikbüchern (1 Chr 3,19 in einer Genealogie), ansonsten ausschließlich in Esra-Nehemia sowie Haggai und Sacharja. In der Überschrift bzw. Einleitung zum Haggai-Buch übernimmt der Perserkönig Darius I. die Funktion der Zeitangabe – bei den »klassischen« Propheten wie Jesaja oder Amos stehen an dieser Stelle die Könige von Juda bzw. Israel. Als Adressaten der Haggai-Prophetie werden Serubbabel als Statthalter von Juda (*päḥāt Yᵉhūdā*, zur Problematik siehe den Exkurs S. 110) sowie Jeschua als Hoherpriester *(ha=kohen ha=gādōl)* genannt. Statt Jeschua steht in Hag 1,1 (wie bei Sach 3,1) eigentlich die vollere Namensform Jehoschua *(Yᵉhōšua')*, die EÜ gleicht an die Kurzform in Esra-Nehemia an. Für den Propheten Haggai sind nicht die kritischen wirtschaftlichen Verhältnisse an der Verzögerung der Bauarbeiten am Tempel schuld, sondern die Trägheit und der Egoismus des Volkes: Jeder baut an seinem eigenen Haus, aber für das Haus Gottes sind keine Mittel da. Die schlechten Verhältnisse und die geringen Erträge sind eine Strafe Gottes. Hag 1,12 berichtet parallel zu Esra 5,2, dass Serubbabel und Jeschua auf die Stimme Gottes und die Worte Haggais hörten und die Arbeit am Tempel wieder aufnahmen (Hag 1,14). Was Esra 5,2 sehr nüchtern formuliert, verbindet Hag 1,12-14 mit einer feierlichen Beistandszusage Gottes und einer Erweckung des Geistes in Serubbabel und Jeschua. Die Beistandszusage Gottes (»ich bin bei euch«) wird in einem zweiten Prophetenwort Haggais bekräftigt: Wohl waren die Anfänge des Tempelbaus sehr bescheiden und entmutigend (»wie ein Nichts«, Hag 2,3), doch Gott erinnert durch den Propheten Haggai an den Bund (wörtlich: das Wort, *dābār*) beim Auszug aus Ägypten und sagt die Gegenwart seines Geistes *(rūḥ=ī)* zu. Daran schließt sich eine Vision über die kommende Pracht des Jerusalemer Heiligtums an, die durch die Gaben vieler Nationen vermehrt wird. Ein drittes vom Propheten vermitteltes Gotteswort verstärkt den Druck auf die Arbeiten: Es wird an die wirtschaftliche Krise und die Ernteausfälle vor dem Beginn der Arbeiten am Tempel erinnert und zugleich die Zusage gegeben, dass nach der Aufnahme der Arbeiten der landwirtschaftliche Segen nicht ausbleiben wird. Das letzte Wort des Propheten Haggai ergeht über Serubbabel: Nach dem Gericht Gottes über die Könige der Völker wird Gott Serubbabel als »Siegelring« erwählen. So wird in Jer 22,24 König Jojachin, der Großvater Serubbabels (1 Chr 3,17-19), in einem Gerichtswort bezeichnet. In Hag 2,23 erscheint Serubbabel ganz in einem positiven und messianischen Licht: Als Siegelring ist er der Stellvertreter Gottes. Im Buch Haggai wird eine politisch ambitionierte Prophetie greifbar, die konkrete Visionen für eine politische Zukunft des Davididen Serubbabel entwirft. Das prophetische Wort blieb im biblischen Text stehen, doch die Realität kam anders.

Gleichsam als eine Entfaltung von Hag 2,21-23 können die »Nachtgesichte«, die in einer Nacht an den Propheten Sacharja ergangenen acht Visionen, gelesen werden (Sach 1,7-6,15). In der vierten Vision (Sach 3) treten in einer himmlischen Gerichtsszene der Satan als Ankläger und ein in schmutzige Kleider gehüllter Jeschua als Angeklagter auf. Durch einen Fürsprache leistenden Engel wird der Hohepriester Jeschua von der Schuld, die zum Exil geführt hat, entsühnt. Er erhält die Zusage, dass er bei Befolgung der Weisung Gottes das Haus Gottes regieren wird. In der fünften Vision (Sach 4) sieht Sacharja einen besonderen Leuchter und zwei Ölbäume – die beiden Ölbäume werden auf die beiden Gesalbten (wörtlich: die Öl-Söhne) gedeutet, die vom Kontext her nur Jeschua und Serubbabel sein können. In einer eingeschobenen Kommentierung (Sach 4,6–10a) wird eine ermutigende Zusage an Serubbabel gegeben, dass er, der das Fundament des Tempels gelegt hat, auch den Abschluss des Baus erleben und den »Berg« von Schwierigkeiten (wie sie ja im Buch Esra thematisiert werden!) überwinden wird. Doch wieder sieht die Realität anders aus: Zwar wird der Tempelbau vollendet, doch in dem entsprechenden Bericht in Esra 6,13-22 taucht Serubbabel nicht mehr auf – sein Schicksal ist unklar, über sein Ende muss man wohl spekulieren. Es ist sowohl denkbar, dass er plötzlich zu Tode kam oder dass die persische Oberhoheit ihn aufgrund der hochgespannten politischen Erwartungen, die nach Ausweis der Prophetie Haggais und Sacharjas an seine Person geknüpft waren, sicherheitshalber abberufen und anderweitig eingesetzt hat, da die politischen Umtriebe die Stabilität der Region aus Sicht der Zentralregierung gefährdeten.

Jeschua wird als Hoherpriester in Haggai immer in Verbindung mit Serubbabel angesprochen, und zwar immer in der Reihenfolge Serubbabel – Jeschua. Bei Sacharja gehört Jeschua die vierte Vision der Nachtgesichte: Jeschua wird symbolisch entsühnt und gereinigt. Außerdem wird er dem »Spross«

zugeordnet: Das ist eine chiffreartige Bezeichnung für denjenigen, der das messianisch-davidische Königtum in Jerusalem erneuern wird und von Gott gesandt wird – in Sach 6,12–13 wird dieser Titel faktisch auf Serubbabel angewandt, auch wenn dessen Name nicht genannt ist. Jeschua wird in Sach 6,9-15 in einer prophetischen Zeichenhandlung mit einer Krone aus Edelmetall (Silber und Gold) gekrönt, was den politischen Inhalt der Visionen unterstreicht. Eine weitere Krone (EÜ hat in Sach 6,11 den Singular, der hebräische Urtext den Plural) ist für den »Spross« bestimmt, der den Tempel baut. Es könnte so an die schon in der vierten und fünften Vision angedeutete gemeinsame Herrschaft von Priester (Jeschua) und König (Serubbabel) gedacht sein, doch die Sprache bleibt dunkel. Eine reale Konkretion dieser Ideen bleibt aus.

Die Erwartung einer »Doppelspitze« aus priesterlichem und königlichem Messias, wie sie in den Visionen Sacharjas angedeutet ist, setzt sich in der frühjüdischen Literatur fort. In den Testamenten der zwölf Patriarchen werden die Stämme Levi und Juda besonders akzentuiert, da ihnen das Priesteramt und das Königtum gegeben sind. In den Schriften von Qumran bzw. in der essenischen Literatur ist mehrfach von dem Messias bzw. den Messiassen Aarons und Israels die Rede (1QS 9,11; CD 12,23–13,1; 14,18-19; 19,10-11; 20,1), so dass es nicht abwegig ist, von der Hoffnung auf eine politische und eine religiöse Größe auszugehen, die das zukünftige Heil verwirklichen werden.

Die Wiederaufnahme der Arbeit am Tempelbau erregt – wohl auch aufgrund der entsprechenden logistischen Bewegungen – den Argwohn der persischen Behörde. Tattenai wird mit dem unspezifischen Titel »Statthalter« (*päḥā*; siehe den Exkurs, S. 110) belegt, doch der Verweis auf »das Gebiet jenseits des Stroms« zeigt, dass er eine höhere Position innehatte. Er muss auf der Ebene der Satrapieverwaltung tätig gewesen sein, denn ab 502 v. Chr. ist er als

Satrap der vereinigten Satrapie Babel und Transeufrat belegt. Die Funktion seines »Kollegen« Schetar-Bosnai ist nicht näher zu verifizieren. Die entscheidende Frage für die persischen Beamten ist jedoch: Wer hat die Erlaubnis zum Bau des Tempels gegeben (vgl. V. 3.9.13.17)?

Anders jedoch als bei den bisherigen Widerständen, die von Seiten der »feindlichen Nachbarvölker« ausgingen, wird hier der »lange Dienstweg« beschritten, der für die Arbeiten keine aufschiebende Wirkung hat. Nach der Deutung des Verfassers von Esra-Nehemia geht diese »Geduld« der persischen Behörden auf eine direkte helfende Intervention Gottes zurück. Dabei nimmt der Verfasser wieder Anleihen in der »Schrift«: Im Tempelweihegebet in 1 Kön 8,29 formuliert Salomo als Fürbitte an Gott: »Halte deine Augen offen über diesem Haus bei Nacht und bei Tag…« – genau das wird hier wörtlich aufgegriffen und als erfüllt dargestellt. Dies ist ein weiterer subtiler Hinweis auf die angestrebte Kontinuität zwischen dem zweiten Tempel und dem Tempel Salomos.

Der »lange Dienstweg« besteht in einer Korrespondenz der Beamten mit der königlichen Zentralregierung unter König Darius I. Der lange Anfragebrief wird »zitiert« (noch immer verwendet der Text die aramäische Sprache), doch vom Inhalt her drängt sich der Eindruck auf, dass es sich wieder um ein fingiertes Schreiben handelt. Ferner besteht ein auffälliges Interesse an der Bauweise mit Quadersteinen und Holzvertäfelungen – wieder eine versteckte Anspielung auf die Bauart des salomonischen Tempels (vgl. 1 Kön 6,7.9). Sodann heben die Beamten den Eifer der Bauenden und den guten Fortschritt hervor – in einem offiziellen persischen Dokument hat eine derartige Bemerkung wenig Sinn, doch im Kontext des Esra-Nehemia-Buches bestätigt sie sozusagen von amtlicher und neutraler Seite, was kurz vorher durch den Verweis auf die Prophetie von Haggai und Sacharja angedeutet wurde: Durch die Unterstützung der Propheten und deren Zusage des Beistands Gottes werden die Arbeiten mit Feuereifer vorangetrieben.

Die persischen Beamten befragen ferner die Ältesten – es sind genau die, von denen in V. 5 gesagt wurde, dass das Auge Gottes über sie wache. Dieser Bezug zum Erzählkontext verstärkt den Eindruck, dass der Brief fiktiv ist. Auffällig ist, dass bei der sonst zu notierenden Vorliebe für Namen und Listen hier nur von Namen die Rede ist, aber keine genannt werden. Da auch Serubbabel nicht mehr genannt ist, könnte er bereits abberufen sein.

Was die Beamten als Antwort der jüdischen Ältesten zitieren, ist eine knappe Zusammenfassung der theologischen Geschichtsdeutung des Schicksals Israels für Außenstehende. König Salomo, der Erbauer des ersten Tempels (1 Kön 6–8), wird namentlich nicht genannt, denn seine Gestalt liegt außerhalb des unterstellten persischen Gesichtsfeldes. Stattdessen werden Nebukadnezzar und vor allem Kyrus erwähnt, wobei Kyrus auch – wie auf dem so genannten Kyrus-Zylinder (s.o., S. 72) – als »König von Babel« bezeichnet wird. Auch Artaxerxes wird in Neh 13,6 »König von Babel« genannt.

Bei der Deutung des Ergehens Israels dominiert das Konzept des deuteronomistischen Geschichtswerks (Dtn bis 2 Kön): Die Tempelzerstörung und das Exil sind die Strafe für die Verfehlungen Israels gegen Gott. Die Betonung der Tempelgeräte (V. 14–15) entspricht hier genau der wichtigen Rolle, die sie in der bisherigen Darstellung von Esra-Nehemia spielen, die Worte über Kyrus korrespondieren exakt der Darstellung in Esra 1. Das zeigt, dass diese »Briefe« eigens für diesen literarischen Zusammenhang gestaltet wurden.

Nach den Worten der Ältesten wird seit der Proklamation des Kyrus am Tempel gebaut – die recht erheblichen Verzögerungen werden nicht erwähnt. Vielleicht lagen sie doch an der Trägheit und dem Egoismus der Leute selbst, wie Haggai das unterstellt. Das wäre Grund genug, sie hier zu verschweigen, zumal so auch keine Fragen aufkommen, warum denn der königliche Auftrag des Kyrus zum Wiederaufbau des Tempels nicht oder nur zögerlich ausgeführt wurde. Als königlicher Beauftragter wird – ganz in Entsprechung zu Esra 1,8.11 – Scheschbazzar genannt, dem folgerichtig auch die Grundsteinlegung des Tempels zugeschrieben wird (damit auch kein Verdacht der möglichen Verzögerung aufkommt). Die Tätigkeiten von Scheschbazzar und Serubbabel überlappen sich gelegentlich, so dass bisweilen die Vermutung geäußert wird, beide wären identisch gewesen. Eine solche Annahme ist jedoch nicht notwendig, da es möglich ist, dass Scheschbazzar zunächst ab 538 das persische Amt des Repatriierungskommissars (»der Obere von Juda«, Esra 1,8) innehatte und später Serubbabel dieses

Amt bekleidete (»Statthalter«, Hag 1,1). Sowohl die Verwendung der Titel und der zugeordneten Funktionen als auch die Daten der Abberufung bleiben vage und unsicher. Scheschbazzar wie Serubbabel »verschwinden« einfach aus der Geschichtsperspektive von Esra-Nehemia. In der normalen Sicht von Esra-Nehemia hat Serubbabel, der große Hoffnungsträger aus dem Geschlechte Davids (Hag; Sach), die Fundamente des Tempels gelegt (Esra 3,1-13; 5,2). Dass hier in 5,16 Scheschbazzar die Fundamente gelegt haben soll, liegt an der spezifischen Perspektive dieser Geschichtsdarstellung der tempelbauenden Ältesten, die eine nahtlose und verzögerungsfreie Arbeit am Tempel vorgeben will und daher den persischen Offiziellen am Anfang, zur Zeit der Kyrus-Proklamation, also Scheschbazzar, nennen muss. Zudem ist auffällig, dass Serubbabel nach 5,2 völlig ausgeblendet wird – vielleicht war es inopportun, diesen Namen in einem angeblich offiziellen Dokument weiterhin zu nennen.

Die »Anfrage« der persischen Beamten gibt die Gelegenheit, die »Rechtsgrundlage« des Tempelbaus erneut zur Sprache bringen zu können. So läuft das Schreiben in 5,17 auf die Aufforderung hinaus, in den Annalen nachzuforschen, ob es diese Proklamation des Kyrus wirklich gab.

Das Amt des päḥā (»Statthalter«)
Das Wort *päḥā* ist ein Lehnwort aus dem Akkadischen, eine Verkürzung aus *bēl píchāti* oder *bēl pāchāti* »Bevollmächtigter«, »Oberaufseher«, »Gouverneur«. Dieses Amt tritt erstmals in der Reichsverwaltung der Assyrer auf, doch die Aufnahme in den hebräischen Sprachschatz ist erst im 6. Jh. v. Chr., am Beginn der Exilszeit, belegt. Stellen, die diese Amtsbezeichnungen für vorexilische Phänomene verwenden, sind erst in nachexilischer Zeit entstanden. Generell meint das Wort einen hohen Beamten in der Funktion eines Gouverneurs einer Provinz, doch es stellt sich die Frage, ob es in der assyrischen, babylonischen und persischen Verwaltung jeweils das Gleiche bezeichnete.

Verschiedentlich wird angenommen, dass das Wort *päḥā* in der persischen Reichsverwaltung etwas unschärfer verwendet wurde und neben »Provinzgouverneur« auch einen persischen Sonderbeauftragten (Regierungskommissar) oder einen Satrapen bezeichnen konnte. Würde man auf der anderen Seite einen ganz präzisen Sprachgebrauch unterstellen, also dass *päḥā immer* den Provinzgouverneur meint, so müsste man davon ausgehen, dass Juda/Yehud schon vom Anfang der Perserherrschaft an den Status einer Provinz hatte (siehe die Einleitung, S. 45). Eine gewisse Klärung könnte sich durch die genauere Bestimmung von Auftrag und Bedeutung von Scheschbazzar und Serubbabel ergeben.

In Esra 5,14 wird Scheschbazzar, der in 1,8 als der »Obere von Juda« *(ha=nāśī' li=Yehūdā)* bezeichnet wird, durch Kyrus als *päḥā* eingesetzt. Ist er damit »nur« der Sonderbeauftragte des persischen Königs, der für die Repatriierung und die Rückführung der Tempelgeräte verantwortlich ist? Oder ist er bereits Provinzgouverneur einer selbstständigen persischen Provinz Yehud? Es ist unwahrscheinlich, dass Kyrus kurz nach der Übernahme der Macht in Babylonien eine detaillierte Verwaltungsreform im Westen des riesigen Reiches durchführen konnte und wollte. Wahrscheinlicher ist es eher, dass die babylonischen Verwaltungsstrukturen übernommen wurden. Die Babylonier hatten nach 2 Kön 25,22 (ohne Verwendung des Begriffs *päḥā*!) Gedalja als Verwaltungsbeamten über Juda eingesetzt, wobei aber Juda als Unterprovinz zu Samaria gehörte. Wenn nun nach Esra 5,14 Scheschbazzar vielleicht genau dieses Amt, das einst Gedalja innehatte, bekommt, so wäre es denkbar, dass *päḥā* nicht nur den Gouverneur der Provinz bezeichnen konnte, sondern auch den Untergouverneur eines Teilgebietes dieser Provinz.

Auch Serubbabel wird als *päḥā* bezeichnet (v. a. Hag 1,1.14; 2,2.21; ferner Esra 6,7). Dabei muss er nicht unbedingt Provinzgouverneur sein, sondern es wäre auch denkbar, dass Serubbabel die Funktion eines Untergouverneurs der Verwaltungseinheit von Juda ausübte. Wahrscheinlich war es noch zum Beginn der Mission Nehemias so, denn wenn Juda schon autonome persische Provinz gewesen wäre, dann wäre Nehemia sicherlich als deren Gouverneur *(päḥā)* eingesetzt worden – doch der Auftrag Nehemias ist zeitlich befristet (Neh 2,6!), und so ist er zunächst eher ein persischer Sonderbeauftragter. Als die Auseinandersetzungen mit dem Provinzgouverneur Sanballat von Samaria solche Ausmaße annahmen, dass an kein friedliches Zusammenleben mehr zu denken war, erfolgte die Stärkung Judas (Yehuds) als eigenständige Provinz, deren *päḥā*, also deren Provinzgouverneur, Nehemia wurde (Neh 5,14). Dem entspricht die im Nehemiabuch zu beobachtende Tendenz zur Steigerung der Autonomie der Gemeinde von Juda/Jerusalem im Verlauf des Textes. Als *päḥā* einer eigenen Provinz war Nehemia gegenüber Sanballat von gleichem Rang. In späterer Zeit waren es nicht immer Juden, die dieses Amt innehatten. Die persische Regierung wählte den jeweils ihr geeignet erscheinenden Mann. Ein Papyrus aus dem 5. Jh. v. Chr. von der Nilinsel Elephantine (vgl. die Einleitung, S. 40) erwähnt beispielsweise als Nachfolger Nehemias einen gewissen Bagoas bzw. Bagavahyas, der Perser war.

Das Amt des *päḥā* lässt sich somit relativ konkret eingrenzen als »Provinzgouverneur« bzw. »Untergouverneur eines Verwaltungsbezirks einer Provinz«. Eine kleine Ungenauigkeit bleibt: Gelegentlich wird auch der Satrap als *päḥā* bezeichnet (Esra 5,3.6; 6,6.13; Neh 3,7), wohl weil auch er Aufgaben eines Gouverneurs hatte. In diesem Fall ist meist durch die Nennung der Satrapie »jenseits des Stroms« (jenseits des Eufrat in Richtung Westen, also Syrien/Palästina) die Bezeichnung letztlich wieder eindeutig, denn dann kann mit *päḥā* nur der Satrap gemeint sein. Werden Satrapen (*'aḥašdarpan*, persisches Lehnwort) als übergeordnete Beamte und Provinzgouverneure nebeneinander genannt, ist die begriffliche Differenzierung klar (Esra 8,36; Est 3,12; 8,9; 9,3; Dan 3,2–3.94; 6,8).

Literatur: *K.-D. Schunck*, Das Amt des פֶּחָה im Alten Testament, in: *S. Beyerle/G. Mayer/H. Strauß* (Hg.), Recht und Ethos im Alten Testament. Gestalt und Wirkung (FS H. Seebass), Neukirchen-Vluyn 1999, 91–99.

d) Der Weiterbau mit königlicher Unterstützung (Esra 6,1–12)

Die erbetene Nachforschung findet tatsächlich statt – und man wird in Ekbatana in der Provinz Medien fündig. Erneut wird der Eindruck einer wohlgeordneten persischen Verwaltungswelt vermittelt – sogar in weit voneinander entfernten Residenzorten ist eine gemeinsame Aktenverwaltung möglich, denn man findet das gesuchte Dokument nicht, wie 5,17 vorschlägt, in Babel, sondern eben in Ekbatana. Insgesamt mutet alles sehr bürokratisch an. Das Ziel der Darstellung ist erneut, dass der Wiederaufbau des Tempels einen absolut »amtlichen« und damit legitimen Charakter haben soll. Ekbatana (das heutige Hamadan, Iran, zwischen Teheran und Bagdad) ist die Sommerresidenz des Kyrus (vgl. Xenophon, Cyropädie VIII, 6, 22; Anabasis III, 5, 15).

Die aramäische Version des Kyrus-Edikts in 6,2-5 weicht von Esra 1,1-4 in mehreren Punkten ab. Zum Vergleich seien die Texte einander gegenübergestellt. Die wichtigsten Abweichungen sind mit Kursivdruck gekennzeichnet, die Gemeinsamkeiten durch Fettdruck:

Esra 1,1–4	Esra 6,2–5
1,1 **Im ersten Jahr des Königs Kyrus** von Persien sollte sich erfüllen, was *JHWH* durch Jeremia gesprochen hatte. Darum erweckte *JHWH* den Geist des Königs Kyrus von Persien, und Kyrus ließ in seinem ganzen Reich *mündlich und schriftlich* den **Befehl** verkünden:	6,2 In der Festung Ekbatana in der Provinz Medien fand man eine Schriftrolle, in der geschrieben war: Beurkundung:
1,2 So spricht der König Kyrus von Persien: *JHWH*, der Gott des Himmels, hat mir alle Reiche der Erde verliehen. Er selbst *hat mir aufgetragen*, ihm in Jerusalem in Juda ein Haus zu bauen.	6,3 **Im ersten Jahr des Königs Kyrus** hat König Kyrus einen **Befehl** erlassen, der das Gotteshaus in **Jerusalem** betrifft: Das Haus soll wieder aufgebaut werden als Ort, an dem man Opfer darbringt. *Seine Fundamente sollen erhalten bleiben. Seine Höhe soll sechzig Ellen betragen und seine Breite zwanzig Ellen.*
1,3 *Jeder unter euch, der zu seinem Volk gehört – sein Gott sei mit ihm –, der soll nach Jerusalem in Juda hinaufziehen und das Haus JHWHs, des Gottes Israels, aufbauen; denn er ist der Gott, der in Jerusalem wohnt.*	6,4 *Auf drei Lagen Quadersteinen soll eine Lage Holz kommen. Die Kosten bestreitet der königliche Hof.*
1,4 Und jeden, der irgendwo übrig geblieben ist, sollen die Leute des Ortes, in dem er ansässig war, unterstützen mit Silber und Gold, mit beweglicher Habe und Vieh, neben den freiwilligen Gaben für das **Haus Gottes in Jerusalem**.	6,5 Auch soll man die goldenen und silbernen Geräte des Gotteshauses zurückgeben, die Nebukadnezzar aus dem Tempel von Jerusalem weggenommen und nach Babel gebracht hat. Alles soll wieder an seinen alten Platz in den Tempel von **Jerusalem** kommen und in das **Gotteshaus** gebracht werden.

Wie aus der Gegenüberstellung deutlich wird, sind die Unterschiede beträchtlich. Die aramäische Fassung von Esra 6 ist nicht in der ersten Person formuliert, was den Eindruck einer sachlichen Distanziertheit erweckt und in jedem Fall der Situation einer Anordnung der Zentralregierung für ein weit entfernt liegendes und relativ unbedeutendes Lokalheiligtum angemessener ist. Dazu passt auch besser, dass anders als in Esra 1,2 nicht von einem Auftrag durch JHWH an Kyrus die Rede ist. Präziser als 1,2 spricht 6,3 von einem Wiederaufbau bei Erhaltung der alten Fundamente, d.h. hier wird die Zerstörung durch die Babylonier indirekt mit ausgedrückt. Das Dekret von Esra 6 enthält ferner Angaben über die Maße des Bauwerks und die Kostenübernahme durch den persischen Hof, was in 6,8 durch König Darius in die Tat umgesetzt wird. Von einer Unterstützung der heimkehrenden Judäer durch Babylonier wie in 1,4 (Anknüpfung an die Exodusgeschichte Ex 3,21-22; 11,2; 12,35-36) ist nicht die Rede. Passend zum Kontext blendet die Fassung von Esra 6 den Aspekt der Repatriierung (vgl. 1,3) völlig aus, denn davon kann nun keine Rede sein, hier soll es ja ausschließlich um den Tempel gehen. Wie in Esra 1,7-11 ist hier – jetzt aber innerhalb des »zitierten« Dekrets! – von der Rückgabe der Tempelgeräte die Rede.

Die Fassung von Esra 6 könnte ein authentisches Dokument aus persischen Archiven, aber auch eine weitere literarische Gestaltung für die Erzählung sein. Letzteres ist insofern wahrscheinlicher, als die Umstände dieses »Edikts« historisch nicht plausibel sind: Kyrus müsste als eine seiner ersten Amtshandlungen nach seiner Übernahme Babylons ausgerechnet den Wiederaufbau eines vergleichsweise kleinen Tempels im Westen seines neuen Reiches, das noch keineswegs vollständig an die persische Verwaltung angeschlossen sein konnte, angeordnet haben. Das »*erste* Jahr« des Kyrus ist vielmehr eine theologische Aussage: Zwischen Gericht und Gnade, zwischen Exil und Befreiung gibt es keine Zwischenstufen. Auch das hier erwähnte Schreibmaterial des Edikts ist ungewöhnlich: Statt der »Rolle« *(m^{e}gillā)* verwendete man üblicherweise Tontäfelchen.

Die Angaben über die Maße (6,3) und die Bauweise (6,4) des Tempels sind leider unvollständig und textlich unsicher: Der hebräische Text bietet eine Breite von 60 Ellen, die EÜ hat nach 1 Kön 6,2/2 Chr 3,3-4 auf 20 Ellen korrigiert. Eine Längenangabe fehlt und müsste aus 1 Kön 6,2 mit 60 Ellen angesetzt, die Höhenangabe auf 30 Ellen korrigiert werden – dann würde der neue Tempel exakt dem salomonischen entsprechen. Bei der Bauvorschrift von 6,4 ist an vertikale Schichten gedacht, d.h. die Mauern sind drei Steinreihen dick, und dann folgt innen eine Holzvertäfelung – das korrespondiert exakt dem Baubericht des salomonischen Tempels (1 Kön 6,36) und des Palastes Salomos (1 Kön 7,12). Es ist unwahrscheinlich, dass der persische Hof so genau über den früheren Tempel Bescheid wusste. Wahrscheinlicher ist, dass das Dekret fingiert ist und einen direkten Bezug zu 1 Kön 6 herstellt, um wieder – subtil, aber wirkungsvoll – eine Kontinuität zwischen dem zweiten und dem salomonischen Tempel herzustellen. Dazu dient auch die Betonung des gleichen Ortes, die in 6,7 unterstrichen wird (vgl. auch Esra 2,68; 3,3; 5,15). 2 Chr 3,1 erklärt die Besonderheit des Ortes, der durch die Bindung Isaaks und Abrahams Opfer (»Berg Morija«, vgl. Gen 22,2.13-14) sowie durch das Opfer Davids (2 Sam 24,25) ausgezeichnet ist.

Bei der Rückgabe der Tempelgeräte wird im aramäischen Text von 6,5 ein »Du« angesprochen (»du sollst sie im Haus Gottes niederlegen«; EÜ gleicht an den Kontext an). Diese direkte Anrede gilt dann Scheschbazzar und ist ein Rückgriff auf 5,15, wo ja eine kurze direkte Anrede des Kyrus an Scheschbazzar referiert wird.

In der Fortsetzung V. 6 geht der Text von der Wiedergabe der »Urkunde« unvermittelt in ein Antwortschreiben des Königs Darius an den Statthalter Tattenai über. Auch dieser abrupte Übergang spricht eher dafür, dass die »Urkunden« als solche – in ihrem Wortlaut – fiktiv sind. Der Sache nach wird es grundsätzlich seine Richtigkeit damit haben, dass von der persischen Zentralregierung die Repatriierung der exilierten Judäer sowie der Wiederaufbau des Jerusalemer Heiligtums erlaubt bzw. angeordnet wurden. Es muss also solche Dokumente gegeben haben – dass sie nicht mehr erhalten sind, hindert den Verfasser von Esra-Nehemia nicht daran, sie zu »rekonstruieren« und sie dabei gleichzeitig seiner Weltsicht und dem jeweiligen Kontext anzupassen: In Esra 1 geht es grundsätzlich um Heimkehr und Wiederaufbau des Tempels, und zwar im Auftrage JHWHs, der Kyrus als Werkzeug seines Heilswerkes einsetzt; in Esra 6 steht konkret die Überwindung von Widerständen und die Fertigstellung des Tempelbaus im Vordergrund. Die »Wiederholung« des Kyrus-Dekrets in unterschiedlichen Fassungen ist also nicht störend, sondern dem Erzählverlauf äußerst angemessen.

Ab 6,6 beginnt nun – unvermittelt und ohne Einleitung – das königliche Reskript von König Darius I. an Tattenai und Schetar-Bosnai. Der wichtigste Aspekt darin ist, dass die Arbeiten am Tempel in Jerusalem ungestört fortgesetzt werden sollen und der königliche Hof aus den Einkünften der Satrapie Transeufrat die Kosten aufbringen will. Darius ist noch großzügiger als Kyrus und ordnet an, dass nicht nur der Bau, sondern auch der Opferbetrieb aus der Staatskasse finanziert werden. Erwartet wird als Gegenleistung das fürbittende Gebet für das königliche Haus, für den König und seine Söhne – damit könnte auch die Erwartung bzw. die Zusicherung entsprechender Loyalität gegenüber der persischen Zentralregierung verbunden sein. Die Fürbitte für den (fremden) Herrscher und sein Haus ist eine verbreitete altorientalische und biblische Gepflogenheit (vgl. Esra 7,23; Jer 29,7; Bar 1,10-11; 1 Makk 7,33). Umso heftiger ist der Affront zu verstehen, der entsteht, als das Opfer für den römischen Kaiser im Jahre 66 n. Chr. eingestellt wird. Der jüdische Historiker Flavius Josephus (Bellum II, 409–410) sieht hier den eigentlichen Beginn des jüdischen Krieges gegen Rom.

Abgesichert wird die Anordnung des Darius in Esra 6,11 sehr heftig: Die Pfählung als Todesstrafe ist zwar weit belegt und im persischen Reich üblich, hier aber als Sanktion wohl etwas übertrieben. Die Wendung »Gott, der seinen Namen dort wohnen lässt« in V. 12 erinnert an Dtn 12,11; 14,23; 16,2.6.11; 26,2; Neh 1,9 und passt stilistisch nicht zu einem offiziellen persischen Dokument. Aus V. 12 spricht die Befürchtung einer erneuten Zerstörung des Tempels, und dies soll mit beschwörenden Worten gebannt werden.

e) Die Vollendung des Baus und die Tempelweihe (Esra 6,13-22)

Esra 6,13-14 fassen das weitere Vorgehen bis zur Fertigstellung des Baus schnell zusammen. Wieder wird der Beistand der Propheten Haggai und Sacharja betont, doch der einst so klangvolle Name Serubbabel taucht nicht mehr auf. Stattdessen wird einmal mehr darauf verwiesen, dass die persischen Könige Kyrus und Darius ausdrücklich den Bau geboten haben. Zugleich wird der Auftrag Gottes erwähnt, so dass eine eigenartige Konvergenz entsteht, die den Tempelbau doppelt absichert: von Seiten Gottes wie von Seiten der persischen Großkönige.

Der Text ist im Jahre 515 v. Chr. angelangt (im sechsten Jahr der Regierung von König Darius). Dieses Datum der Fertigstellung des Tempels darf als historisch wahrscheinlich gelten. Der Monat Adar (Februar/März) ist der letzte im Jahreslauf, so dass der in 6,19 erwähnte erste Monat (Nisan: März/April) gleich der folgende Monat ist und so das Pascha-Fest fast unmittelbar auf die Tempeleinweihung folgt. In anachronistischer Weise wird in 6,14 zusätzlich König Artaxerxes I. (465–425) erwähnt. Das hängt mit der Einschaltung von 4,8-23 zusammen, wo eine angebliche Korrespondenz mit Artaxerxes die vorübergehende Einstellung der Bautätigkeiten erklären soll. Zum anderen wird Artaxerxes Jahrzehnte später (in Esra 7,17-23) ebenso wie einst Kyrus und Darius den Dienst am Tempel unterstützen. Daher wird er hier schon mit eingebunden.

Erneut sind es nach 6,16 die Heimkehrer von Esra 1–2, gestaffelt als Israeliten, Priester, Leviten und »die übrigen« (siehe auch die Auflistung in Esra 7,7), die jetzt die Einweihung zelebrieren. Die Zahlen der bei der Einweihungsfeier geopferten Tiere werden genau angegeben, anders als in 2 Chr 5,6, wo in klarer Übertreibung von König Salomo Tiere in unüberschaubarer Anzahl geopfert wurden. In 1 Kön 8,63//2 Chr 7,4-7 werden 22.000 Rinder und 120.000 Schafe genannt, also Zahlen, die die Einweihung des zweiten Tempels mit 100 Stieren, 200 Widdern und 400 Lämmern geradezu ärmlich erscheinen lassen. Näher kommt diese Angabe den Zahlen bei der Wiedererrichtung des Tempelkultes durch König Hiskija in 2 Chr 29,20-36: 70 Rinder, 100 Widder und 200 Lämmer. Allerdings stiftet Hiskija für die folgende Pascha-Feier in 2 Chr 30,24 1000 Stiere und 7000 Schafe, die Aristokratie fügt noch einmal 1000 Stiere und 10.000 Schafe hinzu. 2 Chr 30,26 spielt entsprechend auf die Feier unter König Salomo an. Die bescheidenen Verhältnisse der nachexilischen Gemeinde können hier nicht mithalten, dennoch ist eine ordnungsgemäße Einweihung gewährleistet.

Als Sündopfer werden zwölf Ziegenböcke, entsprechend der Zwölfzahl der Stämme Israels, dargebracht – wieder klingt die Idee des wahren und vollständigen »Israel« durch, das allein durch die Jerusalemer Tempelgemeinde repräsentiert wird (vgl. Num 7,16.22: ein Ziegenbock als Sündopfer für jeden Stamm Israels; vgl. ferner das Sündopfer unter Hiskija 2 Chr 29,21-24).

Sündopfer

Das hebräische Wort *ḥaṭṭā't* (aramäisch *ḥaṭṭāyā'/ḥaṭṭ'ā*) bedeutet zunächst »Verfehlung, Sünde« (nach einem anderen Vorschlag [*N. Kiuchi*]: »sich verbergen [vor Gott]«; vgl. unten Punkt [7]), bezeichnet dann aber (und das noch häufiger) eine bestimmte Opferart, die traditionell als »Sündopfer« übersetzt wird (EÜ/Luther; Buber schlägt »zur Entsündung« vor). Eine Alternative wäre die Wiedergabe mit »Reinigungsopfer«, da die Verdoppelung des mittleren Wurzelkonsonanten *(ṭṭ)* eine Ableitung nicht vom Grundstamm *(qal)* des Verbs »sündigen« nahe legt, sondern vom Doppelungsstamm *(pi.)*, der mit »ent-sündigen, reinigen« (bzw. »aufdecken, enthüllen«, *N. Kiuchi*) zu übersetzen ist. Die Bestimmungen für das Entsündigungsopfer finden sich in Lev 4,1–5,13 (vgl. auch Num 15,22-31).

(1) Zur Anwendung kommen sie für *unbeabsichtigte* bzw. irrtümliche *(bi=š^{e}gagā)* Verstöße gegen Gottes Gebot, etwa wenn jemand unwissentlich etwas Unreines (Aas eines unreinen wilden Tieres) berührt und es hinterher merkt (Lev 5,2).

(2) Wichtig beim Opfervorgang ist der *Blutritus*: Das Blut des Opfertieres wird teilweise gegen den Vorhang des Allerheiligsten, teilweise auf die Hörner des Brandopferaltars gesprengt, das meiste Blut wird jedoch am Sockel des Altars ausgegossen. In Lev 8,15 dient das Ausgießen des Blutes zur rituellen Reinigung des Altares. Das Aussprengen von Blut hat daher sühnende und reinigende Wirkung. *Warum* dies so ist, kann kaum erklärt werden. Vermutlich steht das vage Wissen um die im Blut steckende Lebenskraft als etwas Heiliges und Wirkmächtiges dahinter (vgl. Lev 17,11; Dtn 12,23).

(3) Der *Sinn* des rituellen Vorgangs besteht darin, dass die unbeabsichtigt begangene Verfehlung eine erhebliche Störung der Lebensordnung der Gemeinschaft darstellt: Das plötzliche Bewusstwerden der Schuld, die nach einer unbeabsichtigten Gebotsübertretung auftritt, löst eine Verunsicherung

aus, und es droht entsprechendes Unheil. Das Blutritual soll mit dem Lebenskraft symbolisierenden Blut die von der Verfehlung ausgehende Schädlichkeit beseitigen, so dass JHWH diese Störungen vergeben und das Unheil abwenden kann. Mithin handelt es sich um ein Sühneritual *zum Wohle* des Personenkreises, der betroffen ist. Nach einer anderen Deutung bewirkt die unbeabsichtigte Verfehlung eine kultische Verunreinigung des Heiligtums, das durch entsprechende Blutrituale gereinigt und (wieder) geheiligt werden muss.

(4) Hinsichtlich der betroffenen Personenkreise gibt es eine vierteilige Abstufung: (a) Der gesalbte Priester muss, wenn sich das ganze Volk der durch sein unabsichtliches Tun auftretenden Schuld bewusst wird, einen Jungstier opfern (Lev 4,1-12). (b) Handelt die ganze Gemeinde unabsichtlich gegen das Gebot Gottes und kommt dies zum allgemeinen Bewusstsein, muss ebenfalls ein Jungstier geopfert werden (Lev 4,13-21). Diese beiden Stufen sind so gravierend, dass das Heiligtum kultisch befleckt ist und durch den Blutritus gereinigt wird. Das Ritual im Inneren des Heiligtums entspricht dem Ritual am Versöhnungstag (Lev 16) und hat somit Anteil an der sühnenden Wirkmächtigkeit dieses Tages. (c) Sündigt ein Sippenoberhaupt unbeabsichtigt und kommt dies zu Bewusstsein, sei es durch Einsicht, Eingeständnis oder eine öffentliche Verhandlung, so ist als Opfertier ein fehlerloser Ziegenbock vorgesehen (4,22-26). (d) Beim einfachen Israeliten reicht eine fehlerlose Ziege oder ein weibliches, fehlerloses Schaf (4,27-35). In den letzten beiden Fällen genügt ein »kleines« Blutritual auf dem Hof beim Brandopferaltar vor dem Heiligtum (nicht im Inneren). Der Weg des Blutes geht gewissermaßen so weit, wie die betroffenen Personen ins Heiligtum hineingehen dürfen.

(5) Lev 5,1–6 präzisiert die Fälle für unbewusste und fahrlässige Vergehen: Unterlassung einer Anzeige, Verunreinigung durch Aas oder durch menschliche Unreinheit, Nichterfüllung eines Schwurs (unbesonnener Schwur).

(6) Falls jemand aufgrund großer *Armut* die Mittel für ein entsprechendes Tier nicht aufbringen kann, ermöglicht Lev 5,7–13 entsprechende Ausnahmen, damit niemand von diesem sühnenden Reinigungsritual ausgeschlossen werden muss: zwei Turteltauben oder zwei Felsentauben, oder, falls auch das nicht aufgebracht werden kann, ein Zehntel Efa (ca. 2,2 Liter) Weizenmehl.

(7) »Sündopfer« ist ein nicht unproblematischer Begriff, da dieser sühnende Reinigungsvorgang auch in anderen Zusammenhängen auftritt, wo es überhaupt nicht um (moralische) Sünde geht, etwa bei der kultischen Reinigung der Wöchnerin (Lev 12,1-8; das bei der Geburt unvermeidlich austretende Blut hat sie »unrein« gemacht, da im Blut Lebenskraft steckt) oder beim Reinigungsritual nach der Heilung von Aussatz (14,19). In diesen Fällen ist das Sündopfer oder besser Reinigungsopfer Teil einer Serie verschiedener Opferarten. Es wird auch vorgeschlagen, als Grundbedeutung für *ḥaṭṭā't* »sich [vor Gott] verbergen, verstecken« anzunehmen *(N. Kiuchi)* und damit eine fatale Trennung des Menschen von Gott zu verbinden. Durch das Reinigungsopfer würde der Mensch dann aufhören, sich vor Gott zu verbergen, ggf. die Schuld eingestehen und so Vergebung erfahren. Wenn kein vorheriges Fehlverhalten vorliegt (z. B. bei der Geburt), müsste man annehmen, dass bestimmte menschliche Vorgänge grundsätzlich die Beziehung Mensch-Gott gefährden (ohne dass ein menschliches Fehlverhalten vorliegt) und diese durch den entsprechenden Ritus wieder ins Lot gebracht wird.

(8) Weitere Gelegenheiten, bei denen »Sündopfer« stattfanden, waren z. B. die Weihe der Priester (Ex 29,14; Lev 8,2.14), der erste große Opfergottesdienst (Lev 9), die Weihegaben der Stämme (Num 7; jeweils ein Ziegenbock für das »Sündopfer« – aufgegriffen in Esra 6,17!) sowie als monatliches Opfer (Num 28,15; wieder ein Ziegenbock). Auch am Versöhnungstag *(jōm kippur)* ist ein solches Opfer vorgesehen (Lev 16; Num 29,11).

Literatur: *R.E. Averbeck*, Art. *ḥaṭṭā't*, in: New International Dictionary of Old Testament Theology and Exegesis 2 (1997) 93–103; *N. Kiuchi*, A Study of *Ḥāṭā* ' and *Ḥāṭṭā't* in Leviticus 4–5, FAT II/2, Tübingen 2003; *B. Lang*, Art. Sündopfer, in: Neues Bibel-Lexikon 3 (2001) 746–747; *E. Zenger* zu Lev 4–5 im Stuttgarter AT.

In Esra 6,18 werden die Klassen und Abteilungen (an sich synonyme Begriffe) der Priester und Leviten deutlich. Sie sind akribisch in 1 Chr 23,1-23 und 24,1-19 aufgelistet und ausgefaltet. Sie gehen auf *Davids* Einrichtung des Kultpersonals zurück – insofern wirkt der Verweis auf das »Buch des Mose« etwas deplatziert. Vielleicht ist aber an Num 4, die »Musterung« der Nachkommen Levis, gedacht. Dort wie bei David spielen die drei Levisöhne Kehat, Gerschon und Merari als Ordnungsprinzip der Leviten eine Rolle.
Ab V. 19 wechselt der Text wieder ins Hebräische. Hinter diesem Übergang kann man ein Konzept vermuten: Die äußeren Gegebenheiten in Verbindung mit der persischen Oberhoheit sind abgehandelt und in der offiziellen Sprache »Reichsaramäisch« dargestellt – jetzt aber geht es um die innere und vor allem religiöse Neukonstituierung: Die eigenen Feste (Pascha und Mazzot, ungesäuerte Brote) werden wieder gefeiert, Priester und Leviten können die aufwändigen Reinheitsvorschriften wieder voll erfüllen. Zu dieser »Wende« passt dann auch wieder die eigene, hebräische Sprache. Beachtenswert ist wiederum, dass es *nur* die »Heimkehrer« (vgl. Esra 1–2; »die Söhne der Deportation/Gola«) sind, die zur Festgemeinde gehören. Eine gewisse Öffnung stellt V. 21 dar, wo alle einbezogen werden, die sich »von der Unreinheit der Völker des Landes abgesondert hatten« und JHWH »suchen«. Grundsätzlich wird also die Möglichkeit nicht ausgeschlossen, dass sich Nicht-Juden den Reinheitsvorschriften unterwerfen und sich dem Judentum anschließen. Dieser Gedanke setzt aber bereits eine Festigung und Abgeschlossenheit nach innen voraus, eine klar definierte Identität.

Der König von Assur (V. 22) ist der persische König, denn »Assur« ist eine nachexilische Chiffre für die jeweils herrschende Großmacht (vgl. z. B. Jes 10,24.27; 11,11.16; 19,23-25; 27,13; 30,31-32; Hos 14,4; Mi 5,4-5; 7,12; Sach 10,10-11). Auch in der profanen griechischen Literatur ist es gang und gäbe, dass man zwischen Assur, Babylonien und den Persern eine Kontinuität gleichsam im Sinne einer Erbfolge sieht. Mit V. 22 ist ein erster großer Abschnitt im Esra-Nehemia-Buch beendet, dessen Hauptthema im Stichwort »Arbeit am Haus Gottes, des Gottes Israels« zusammengefasst werden kann. Auch wenn die Rekonstituierung des Tempels und des Kultbetriebs nicht so ausführlich und detailliert dargestellt werden wie die Reformen des Hiskija (2 Chr 29–31), des Joschija (2 Chr 34–35) oder gar der salomonische Tempelbau (1 Kön 6–8), so ist doch der zweite Tempel der beherrschende Hintergrund für Esra 1–6. Er ist letztlich auch die Triebfeder für die Konstituierung der nachexilischen Gemeinde aus den »Heimkehrern«, an ihm entzündet sich die Frage und die Definition der Identität Israels. *Dieses* Thema tritt nun im zweiten Hauptteil des Esra-Buches stärker in den Vordergrund.

II. Die Verpflichtung auf das Gesetz (Bund) (Esra 7,1 – 10,44)

Der zweite große Hauptteil der Esraschrift, zugleich der zweite von sechs Hauptabschnitten im Esra-Nehemia-Buch, beinhaltet als zentrales Symbol die »Tora«. Dieses Wort ist nicht einfach ins Deutsche zu übertragen; es umfasst ein weites Spektrum zwischen Weisung, göttlicher Offenbarung, Gesetz, Gesetzeskodex und Lehre. In Esra 7–10 erscheint die Tora, deren Protagonist, Promulgator, Lehrer und Wächter über ihre Einhaltung der »Schreiber und Priester Esra« ist, als das grundlegende und normative Regelwerk der auf den Tempel zentrierten jüdischen Gemeinde in Jerusalem. Wie Esra 7,10 anzeigen wird, ist die »Tora« das Kriterium und Instrument für angemessenes religiöses und auch soziales Verhalten in der Gemeinde.

In Esra 7–8 wird die Mission Esras beschrieben: Esra wird als Person vorgestellt, und ein königliches Dekret des persischen Großkönigs Artaxerxes legitimiert seinen Auftrag und sein Tun von höchster Stelle – dieses Dekret lehnt sich zwar an die persische Behördensprache an, ist aber letztlich fiktiv, da es bestimmten Funktionen im literarischen Zusammenhang des Esra-Nehemia-Buches dient (s. u.). Das Artaxerxesdekret legitimiert insgesamt die Tätigkeiten Esras – sowohl in juristischer, als auch in religiös-kultischer, als auch in sozialer Hinsicht. Allerdings wird hier auch ein Programm formuliert, das nicht in wenigen Wochen umzusetzen ist: Esra 7 stellt eine Agenda auf, die vom Erzählstoff des Esra-Nehemia-Buches allein nicht eingeholt wird – insofern bedarf sie der Imaginationskraft der Leserinnen und Leser, sich die Verwirklichung all des Geschilderten in den nächsten Jahren vorzustellen. Esra 8 listet schließlich auf, wer mit Esra »heimgekehrt« ist.

Esra 9–10 schildern und lösen einen Spezialfall und zeigen so, wie ein gravierender Verstoß gegen die »Tora« gehandhabt wird. Am Beispiel der Mischehen wird vorexerziert, wie weit eine rigorose Befolgung der Tora gehen kann – weit über den Wortlaut hinaus in Richtung auf eine bestimmte Auslegung. Dabei – so zeigt es sich am Text auch in kleinen Details wie etwa dem Regen – handelt es sich um ein »einmaliges Ereignis« in einer bestimmten geschichtlichen Krisensituation, so dass es völlig unangebracht wäre, daraus moralische Schlussfolgerungen für das Verhalten jüdischer (oder christlicher) Gemeinden späterer Zeiten zu ziehen. Dieses »einmalige Ereignis« dürfte ferner auch so nicht in der Historie stattgefunden haben, sondern wirkt eher wie eine Lehrerzählung, wie man »aus der Geschichte lernen kann«. Das Lernziel betrifft dabei nicht so sehr das konkrete Problem der Mischehen, obgleich aus diesem und etlichen anderen biblischen Texten klar wird, dass die Eheschließung innerhalb der eigenen, jüdischen Volks- und Religionsgemeinschaft (»Endogamie«) unter allen Umständen einzuhalten ist. Vielmehr will Esra 9–10 zeigen, wie die »Tora« keine starre Gesetzes-Religion aufstellen will, die am Buchstaben klebt, sondern wie »Tora« stets der Auslegung und der Aktualisierung ins konkrete Leben bedarf, auch in die einmalige geschichtliche Notsituation hinein – und damit über den Wortlaut hinaus.

»Tora« – wie sie in Esra 7–10, aber auch im gesamten Esra-Nehemia-Buch, dargestellt wird – ist somit Ausdruck eines Symbolsystems und einer Agenda, die es der JHWH-gläubigen Gemeinschaft ermöglicht, ihre gegenwärtigen Probleme zu bewältigen – und die Problembewältigung besteht in *dieser* Situation darin, die eigene

Identität klar abzugrenzen und durch entsprechende Listen und Geschichtsdarstellungen eine legitime Kontinuität zwischen der vorexilischen, der exilischen und der nachexilischen »Israel«-Gemeinschaft unter JHWH zu gewährleisten.

1. Esras Mission (Esra 7,1–8,36)

a) Der Schreiber und Priester Esra (Esra 7,1-10)

Die relativ vage Angabe in 7,1, »nach diesen Ereignissen«, überbrückt eine erhebliche Zeitspanne: Am Ende des sechsten Kapitels wird noch die Tempeleinweihung im Jahre 515 v. Chr. gefeiert, doch Kapitel 7 beginnt dann mit der »Herrschaft des Perserkönigs Artaxerxes« (Artaxerxes I., 465–425). In der Logik des Textes ist offenbar in den vergangenen Jahrzehnten nichts Wesentliches, das berichtenswert wäre, geschehen. Erst das Auftreten von Esra und Nehemia wird als bedeutungsvoll angesehen. Die hebräische Syntax markiert den Neuanfang in Kapitel 7 mit einer gewichtigen Pendenskonstruktion, die die EÜ durch das »kam Esra« in 7,1 erleichtert. Im Hebräischen kommt dagegen der Hauptsatz erst in 7,6, so dass sich auch vom Satzbau her ein intensiver Spannungsbogen über die Verse 1–6 erstreckt: Noch bevor gesagt wird, was mit diesem Esra ist oder was er tut, wird er in einer langen Genealogie vorgestellt.

Jetzt, im siebten Kapitel, taucht also die Titelfigur des Buches auf: der in 7,6 als »Schriftgelehrter« (EÜ) vorgestellte Esra. Sein Name *('äzrā')* ist die Kurzform von Asarjahu (»JHWH ist Hilfe«). Die Berufsangabe ist *sofer*, eigentlich zunächst »Schreiber«, »Sekretär« (vgl. z. B. 2 Sam 8,17; 20,25; 1 Kön 4,3; 2 Kön 22,3). Der Berufsstand des »Schriftgelehrten« findet sich erst in späten Texten des Alten Testaments (vgl. Sir 38,24–39,11; 1 Makk 7,12; 2 Makk 6,18) und spielt vor allem im NT eine wichtige Rolle. Insofern sollte man hier vorsichtig sein, das neutestamentliche Konzept des »Schriftgelehrten« 1:1 auf Esra zu übertragen. An dieser Stelle im Esrabuch wird zum ersten Mal die an sich »profane« Tätigkeit des Schreibers oder Sekretärs mit dem »Kundigsein« im Gesetz des Mose verbunden (siehe auch zu 7,11). Dies wirkt dann prägend für die weitere Entwicklung bis in die Zeit Jesu, in der sich der eigene

Berufsstand der Schriftgelehrten etabliert hatte, der mit der Pflege und Überlieferung des Tora-Textes sowie mit der Auslegung und der Lehre (Weitergabe an Schüler) befasst war. Nach 2 Chr 17,9 und Neh 8,9 ist die Lehre aus dem Buch des Gesetzes des Mose eine Tätigkeit der *Leviten.*

Esras Stammbaum, der eine *aufsteigende* Genealogie darstellt, wird bis auf den (Hohen-)Priester Aaron zurückverfolgt, um seine Identität klar zu bestätigen und ihm eine hohe Abkunft zu bescheinigen. Die Linie von Pinhas, dem Enkel Aarons, bis Zadok (die Priesterlinie) findet sich auch noch in 1 Chr 6,35-38 und 5,30-40. Dabei begegnen einige genealogische Variationen, deren Entstehung nicht mehr im Einzelnen nachvollziehbar ist. Vielleicht stehen Berechnungen von Schreibern dahinter, um bestimmte Zeitspannen zu überbrücken, vielleicht sind auch Abschreibeirrtümer dazugekommen. In den Listen von 1 Chr 5,30-40 und 6,35-38 fehlt Asarja ben Merajot (von Pinhas bis Merajot sind alle drei Linien identisch). Auf Zadok folgt in den Chroniktexten jeweils Ahimaaz. Während 1 Chr 6,35-38 dann endet, setzt 1 Chr 5,35 nach Ahimaaz mit dem (vorher ausgelassenen?) Asarja wieder an und wiederholt dann z.T. bereits genannte Namen, um erneut zu Zadok zu kommen und dann (wie in Esra 7,2) mit Schallum fortzufahren. Esra 7,1-5 sieht aus wie eine teleskopartig zusammengeschobene Variante von 1 Chr 5,30-40 – oder man liest umgekehrt die Fassung von 1 Chr 5 als verlängerte Version von Esra 7. Historische Gewissheit ist nicht zu erhalten. Sie ist auch nicht angezielt, vielmehr geht es um die großen Linien, hier um die Verbindung Esras mit dem Ursprung des Priestertums in Aaron.

Auch ist für Esra 7,1 festzustellen, dass zwischen Seraja und Esra eine Lücke klafft, da Seraja, der letzte Oberpriester vor dem Exil, nach 2 Kön 25,18.21//Jer 52,24.27 im Jahre 586 hingerichtet wird, Esra aber frühestens 458 in Erscheinung tritt. Solche »Variabilitäten« sind für biblische Genealogien nicht unüblich: Je nach ihrer Funktion können sie kürzer oder länger gestaltet werden. Nach 1 Chr 5,40-41 ist der Sohn Serajas Jozadak, der fortzog, »als der Herr Juda und Jerusalem durch Nebukadnezzar in die Verbannung führte.« An Jozadak schließt wiederum Esra 3,2 an, indem als Sohn Jozadaks Jeschua vorgestellt wird, der Priester, der den Wiederaufbau des Tempels leitete (siehe auch Esra 3,8; 5,2; 10,18;

Neh 12,26; Sir 49,12; Hag 1,1.12.14; 2,2.4; Sach 6,11). Doch die bei den Propheten Haggai und Sacharja geäußerten hochgespannten Erwartungen an Jeschua und Serubbabel, die beiden Gesalbten von Sach 4, haben sich nicht erfüllt. Diese Ära hat bis auf den problematischen Wiederaufbau des Tempels keine nennenswerte Veränderung der Situation bewirkt, denn es begann eben nicht das messianische Reich, und was danach geschah, ist nicht der Erwähnung wert. Dementsprechend wird die Ära von Serubbabel und Jeschua in der Genealogie Esras buchstäblich übergangen. Der Text will nicht an die mühevolle Zeit des – eher spärlichen – Wiederaufbaus des Tempels anknüpfen, sondern eine Kontinuität mit dem ersten Tempel, dem Tempel Salomos aufstellen: Der »Sohn« des zuletzt am salomonischen Tempel amtierenden Priesters in Jerusalem (Seraja) und zugleich der jüngste Spross des Geschlechts von Aaron und Mose kommt von Babel nach Jerusalem in Sachen »Gesetz des Mose«! Subtil wird auch eine Parallelität zwischen Mose, dem Gesetzesmittler, und dem Vorhaben Esras, des Gesetzeskundigen, aufgebaut.

In V. 6.7.28 begegnet die auch in 1,3.5; 2,1.59; 8,1; Neh 7,5–6.61; 12,1 auftretende Wendung des »Hinaufziehens« nach Zion/Jerusalem (*'alah*). Dieser Begriff wird zum Programm bis zum Zionismus der Neuzeit. Eine weitere Wendung, die große Erwartungen weckt, ist die Rede von der »Hand des Herrn«: Diese Metapher steht zum einen für die große Macht Gottes, die zur Vernichtung der Feinde Israels bzw. zur Rettung Israels führt (z. B. Ex 9,3; Num 11,23; Dtn 2,15; Jos 4,24; 1 Sam 5,6; Jes 25,10; 66,14), aber auch zur Strafe für Israel (z. B. Jes 40,2; 51,17; Ez 3,14). An anderen Stellen ist es die Hand des Herrn, die immer wieder über den Propheten Ezechiel kommt, um ihm Visionen mitzuteilen oder ihn zu bestimmten Orten zu bringen (z. B. Ez 1,3; 3,22; 33,22; 37,1; 40,1). Hört man diese Vorstellungen in Esra 7,6 mit, liegt der Eindruck nahe, dass mit Esra etwas ungeheuer Bedeutsames beginnt, dass eine gewaltige Intervention Gottes zugunsten seines Volkes bevorsteht und dass dabei die Person Esra eine wichtige Rolle spielen wird. Von Anfang an wird so der Gestalt Esras ein erhebliches Gewicht beigemessen.

In 7,7-10 wird die »Mission« Esras datiert und beschrieben. Sie wird durch den folgenden aramäischen Brief des persischen Königs ausdrücklich legitimiert und auch »amtlich« gemacht. Wie noch in

8,1-20 deutlich werden wird, setzt sich die Reisegruppe nach dem Muster von Esra 2 aus Israeliten (»Laien«) einerseits und Priestern, Leviten, Sängern, Torwächtern und Tempeldienern (»Kultpersonal«) andererseits zusammen. Es fehlen lediglich die Nachkommen der Knechte Salomos (vgl. Esra 2,55-58), die man aber vielleicht in den Arbeitern am Gotteshaus in 7,24 wieder finden könnte.

Die Reisedauer ist für die 1400 km eine übliche Angabe. Die Problematik der Datierung der Esra-Mission auf das siebte Jahr des Artaxerxes (458 v. Chr.) ist in der Einleitung dargestellt.

Der Text will ferner in 7,10 deutlich machen, dass die »Mission« Esras nicht nur ein Auftrag des Perserkönigs ist, sondern dass Esra durch und durch von seiner Berufung überzeugt ist, so dass seine ganze Existenz auf das Studium (hebr. *DRŠ*, »suchen«), die Erfüllung (hebr. *'ŠY*, »machen«) und die Lehre (hebr. *LMD* pi., »lehren«) der Tora JHWHs (EÜ: Gesetz des Herrn) ausgerichtet ist. »Satzung« und »Recht« sind Varianten zum Begriff Tora (EÜ: Gesetz; besser: Weisung), die in dieser Kombination vor allem im Buch Deuteronomium mehrfach auftauchen (vgl. aber auch Neh 1,7; 9,13; 10,30; Mal 3,22).

b) Der zweite Erlass zur Rückführung (Esra 7,11-23)

Es ist nicht allein Esras drängendes Herzensanliegen, das ihn dazu bewegt, aus Babylon nach Jerusalem zurückzukehren. Vielmehr handelt er auch in offiziellem, königlichem Auftrag. Um die Legitimität von Esras Tun herauszustreichen, erwähnt der Text erneut ein persisches Schreiben, das jetzt König Artaxerxes zugeschrieben ist, und wechselt dazu ein zweites Mal ins Aramäische (V. 12–26; vgl. 4,8–6,18). Hier handelt es sich nun um die dritte Bestätigung und Anordnung eines persischen Monarchen (Kyrus, Darius, Artaxerxes), die den Wiederaufbau des Tempels und die Aufnahme des Opferbetriebes legitimiert. Das »Dekret des Artaxerxes« spielt als Programm für Esras Tun eine wichtige Rolle. Daher wird es in der Einleitung unter »Esras Tätigkeiten« näher diskutiert (S. 52ff).

Die Hinführung und Einleitung in 7,11 ist noch in hebräischer Sprache abgefasst. In ihr wird Esra erneut als Priester *(kohen)* und *sofer* vorgestellt: Dass Esra Priester ist, hat schon seine Genealogie, die auf die »Ur-Priester« Zadok und Aaron zurückgeht, deutlich gemacht (7,1-5). Esras zweiter Titel lädt nun die ursprünglich profane Berufsbezeichnung des Schreibers *(sofer)* theologisch auf: Das Wort *sofer* (verwandt mit *sefär*, »Buch«) begegnet zweimal hintereinander, so dass Esra als »der Schreiber« erscheint, der »schriftkundig« ist in den »Angelegenheiten der Gebote JHWHs und seiner Satzungen für Israel«. Die Begriffe »Gebote« *(miṣwōt)* und »Satzungen« *(ḥuqqīm)* begegnen in dieser Paarung wieder im Deuteronomium (Dtn 4,40; 5,31; 6,1.17; 7,11; 26,17; 27,10), und zwar auffälligerweise immer in Kontexten, die die *Befolgung* der Gebote Gottes motivierend einschärfen. In Dtn 5,31 erhält Mose den Auftrag, die Gebote, Satzungen und Rechtsvorschriften *(mišpatīm)* dem Volk zu *lehren* – wenn dies als das Herzensanliegen Esras bezeichnet wird (7,10) und auch als Auftrag des Artaxerxes dargestellt wird (7,25), liegt der Schluss nahe, dass Esra als »neuer Mose«, zumindest aber als sein Nachfolger stilisiert wird.

Die Titel Esras tauchen im folgenden Vers, der den Briefgruß wiedergibt, in aramäischer Entsprechung auf. Allerdings wird aus den Geboten und Satzungen für Israel in Anpassung an das persische Milieu »das Gesetz des Himmelsgottes« (s.o. zu 1,2, S.76). Durch das königliche Schreiben wird Esras Mission »amtlich«, sie erfolgt geradezu in königlichem Auftrag. Die für Esra im Aramäischen verwendeten Titel lassen ihn als offiziellen Beamten (Sekretär, Minister) in Angelegenheiten des Gesetzes des jüdischen Gottes erscheinen (V.12). So wirkt es jedenfalls in der Welt des Textes. Es erscheint allerdings fraglich, ob es ein solches Amt in der historischen Realität gegeben hat. Die genaue Stellung Esras am persischen Hofe bleibt unbestimmbar. Für die jüdische Gemeinde wird Esra zum Überbringer des mosaischen Gesetzes, so dass aus dem Schreiber der Kenner des Gesetzes, der Schriftgelehrte wird.

Esra darf Heimkehrer anwerben (V.13), erhält weitgehende Vollmachten zur Durchsetzung des Gesetzes (V.14) und vor allem erhebliche finanzielle Unterstützung: vom persischen Hof, von nichtjüdischen Einwohnern Babels und von den Israeliten in Babel. Ein erheblicher Teil des Schreibens befasst sich mit der finanziellen Ausstattung des Tempelbetriebs in Jerusalem.

Der »König der Könige« (V.12) und die »sieben Räte« (V.14) sind authentische persische Formeln und Institutionen (vgl. Est 1,14) – andererseits wirken die Privilegien, die Esra zugesprochen werden, gewaltig übertrieben und legen es daher nahe, wieder an eine literarische Fiktion zu denken. Dafür spricht auch, dass der »königliche Erlass« haargenau in den literarischen Zusammenhang passt und von spezifisch judäischen Angelegenheiten spricht. So erwähnt er z.B. die Heimkehr mit dem selbstverständlichen Ziel Jerusalem (V.13) und die exakt Esra 2 entsprechenden Kategorien »Volk Israel« und »Priester und Leviten« – in 7,24 kommt sogar die detaillierte Abstufung in Priester, Leviten, Sänger, Torwächter, Tempeldiener und Arbeiter (siehe Esra 2,36.40.41.42.43.55)! Selbst wenn man annehmen wollte, das Schreiben sei authentisch, müsste man zugeben, dass ein Experte in Sachen Judentum (Esra selbst?) federführend war. Wahrscheinlicher ist es jedoch, von einer milieugetreuen Fiktion auszugehen, die die Legitimität des Handelns Esras unterstreichen will.

So erhält Esra den Auftrag, in Juda und Jerusalem eine »Überprüfung« anhand des Gesetzes Gottes vorzunehmen. Das hier verwandte aramäische Verb (*BQR* pa.) begegnet vorher in den Zusammenhängen, wo nach entsprechenden schriftlichen Unterlagen und Belegen geforscht werden soll, um bestimmte Sachverhalte durch ein Schriftstück bestätigt zu sehen (Esra 4,15.19; 5,17; 6,1). Somit geht es auch im Auftrag an Esra darum, die Wirklichkeit anhand eines Schriftstücks zu überprüfen und den Ist-Zustand den schriftlich niedergelegten Soll-Werten anzupassen. Das »Gesetz deines Gottes, das in deiner Hand ist«, wird also offenbar als ein schriftliches oder zumindest aufschreibbares Werk vorgestellt. Vielleicht ist in der Logik des Textes sogar an die Schreiberhand des »Schreibers« (*sofer*, aram. *sāfar*) Esra gedacht. In der Vorstellungswelt des Textes und seiner Adressaten leuchtet hier natürlich sofort der Gedanke an die Tora auf. Der Pentateuch war zur Entstehungszeit des Buches Esra-Nehemia bereits abgeschlossen, lag jedoch zur Zeit Esras im 5. Jh. v.Chr. noch nicht vor (zu 7,10-14 vgl. die Einleitung, S.52ff). Was V.14 andeutet und V.25–26 weiter ausfalten, ist als ein gewaltiges Unterfangen zu bezeichnen: die Implementierung und Aufrichtung einer Rechtsordnung in einem Raum, in dem offenbar so etwas wie Recht und Ordnung zu fehlen scheinen. Hier wird ein Programm formuliert, dessen detaillierte Umsetzung nicht berichtet, wohl aber vorausgesetzt wird und daher von den Lesenden zu ergänzen ist. Während also der *Auftrag* Esras in Form eines fiktiven königlichen Dekrets relativ breit dargelegt wird, spart sich der Text die Darstellung der konkreten Tätigkeit Esras. Lediglich das brisante Thema der Mischehen wird in Esra 9–10 ausgefaltet. Die Textökonomie lässt den Lesenden keine andere Wahl, als sich die Tätigkeit Esras gemäß seinem Herzensanliegen (7,10) und seinem königlichen Auftrag entsprechend vorzustellen.

Wie schon erwähnt, beschäftigen sich weite Teile des Schreibens mit der finanziellen Ausstattung des Tempelbetriebs (V. 15–23). Es werden auch wieder die kostbaren Geräte für den Tempel erwähnt (V. 19; vgl. zu 1,7-11). Die Förderung des Tempelbetriebs in Jerusalem durch den jeweiligen Fremdherrscher findet einen Niederschlag in 2 Makk 3,2. Der dortige Kontext beschreibt einen Idealzustand: Jerusalem steht unter dem besonderen Schutz Gottes, da die Einwohner in tiefem Frieden und treuer Befolgung der Gebote Gottes leben. Daher unterstützen auch die fremden Könige Jerusalem und den Tempel mit finanziellen Zuwendungen. In 2 Makk 3,2 ist es Antiochus III. (223–187 v. Chr.) – ähnlich wie es in Esra 7 gemacht wird, zitiert Flavius Josephus in Ant. XII,138–141 ein amtliches Schreiben des Königs Antiochus III. an den Statthalter Ptolemaios, in dem die entsprechenden Privilegien festgehalten werden. Eine poetische Gestaltung des Motivs, dass fremde Völker reiche Gaben nach Jerusalem bringen, ist in Jes 60,1–10 zu finden. Die schließlich in V. 22 genannte Zahl von 100 Silbertalenten ist eine ungeheuere Summe (ein Talent entspricht ca. 41 kg).

Dabei ist jedoch zu beachten, dass ein gewisser Unterschied zwischen der »Religionspolitik« der Perserkönige und der nachfolgenden hellenistischen (ptolemäischen) Herrscher festzustellen ist. Die Perserherrschaft war nach Ausweis außerbiblischer Zeugnisse (insbesondere der Papyri von der jüdischen Gemeinschaft auf der Nilinsel Elephantine) insofern »pragmatisch«, als sie sich nicht in lokale religiöse Fragen einmischte und – solange der Tribut korrekt und pünktlich entrichtet wurde – Tempelbauten und Kultpraktiken zuließ, diese jedoch nicht in besonderer Weise finanziell förderte. Insofern ist eine direkte Einflussnahme des persischen Großkönigs einschließlich einer finanziellen Förderung, wie sie im Edikt des Artaxerxes in Esra 7,12-26 vorgegeben wird, sehr untypisch. Dies unterstützt den Verdacht, dass dieses »Dokument« eine Konstruktion (bzw. eine Rückprojektion) ist und eher hellenistische Vorgänge widerspiegelt. In hellenistischer (ptolemäischer) Zeit ist eine Einflussnahme der Könige auf lokale Kulte und deren finanzielle Ausstattung gut belegt. Insofern erhält man hier ein weiteres Indiz für die Entstehung zumindest der Esra-Geschichte in frühhellenistischer (ptolemäischer) Zeit.

c) Steuerfreiheit des Kultpersonals – Errichtung der Rechts- und Religionsgemeinschaft (Esra 7,24–28)

Der Erlass Artaxerxes' I. fährt nach der ausführlichen Regelung der finanziellen Unterstützung des Tempelbetriebs mit weiteren wichtigen Anordnungen fort, die ein umfangreiches »Programm« der Tätigkeit und des Auftrags Esras formulieren. Zunächst wird die Steuerfreiheit des Kultpersonals festgeschrieben (V. 24), wobei hier die detaillierte Abstufung aus Esra 2 übernommen wird. Eine Analogie findet sich wiederum bei Josephus (Ant. XII,142), der das Privileg der Steuerfreiheit der Ältesten, der Priester, der Schriftgelehrten des Tempels und der Tempelsänger unter dem Seleukidenkönig Antiochus III. berichtet. Das Steuerprivileg erstreckt sich dort sogar für drei Jahre auf die gesamte Einwohnerschaft Jerusalems.

V. 25–26 formulieren den großen Auftrag an Esra, eine umfassende Rechtsordnung aufzurichten, die sich am »Gesetz Gottes« orientiert. Im Grunde erhält Esra hier eine hoheitliche Gewalt zur Etablierung eines Staatswesens. In moderner Terminologie entspräche dies der Exekutive. Eine Legislative ist nicht erforderlich, da das Gesetz bereits besteht – es ist das Gesetz Gottes, das in der Vorstellungswelt des Textes die Tora bzw. der Pentateuch ist, sowie das persische Reichsgesetz (das Gesetz des Königs, V. 26). Exekutive und Judikative sind nicht getrennt. Auffällig ist auch, dass nur die Juden »jenseits des Stroms« (Transeufrat, Palästina) auf das Gesetz Gottes verpflichtet werden, so dass offen bleibt, wie die Juden in der Gola (Exil), also östlich des Eufrat, zu dem Gesetz stehen sollen. Die historische Frage danach, was der geschichtliche Esra als »Gesetz« in Händen hatte, ist kaum zu beantworten. Es liegt sehr nahe, dahinter doch den Pentateuch oder zumindest Vorformen davon anzusetzen, denn das würde die ungeheuere Bedeutung, die die Tora im nachexilischen Israel (Juda, Provinz Yehud) und darüber hinaus erhält, gut erklären.

Esras Befugnisse gehen ferner so weit, dass er eine Kapitalgerichtsbarkeit (Todesstrafe) einrichten kann. Zeugnisse für konkrete Fälle und Hinrichtungen fehlen jedoch. Die Sanktion, die mit »Ausschluss« bezeichnet wird, betrifft den Ausschluss aus der Gemeinde der Heimgekehrten (vgl. 10,8). Wieder wird deutlich, dass nur die Heimgekehrten das »wahre Israel« sind, der Ausschluss aus dieser Gemeinde ist die Exkommunikation aus Israel als Religions- und Rechtsgemeinschaft, damit aber auch der Sturz in die Rechtlosigkeit.

Ohne ausdrückliche Markierung folgt in V. 27 der Wechsel zum Ich-Bericht Esras, jetzt wieder in hebräischer Sprache. Die Ich-Form wird bis zum Gebet (Esra 9) aufrecht erhalten, erst mit 10,1 wechselt der Text wieder in die Er-Form. Die Ich-Form ist jedoch kein Zeichen für authentisches Berichtsmaterial Esras, sondern ein literarisches Stilmittel. Das Unternehmen Esras wird als gefahrvoll hingestellt, so dass Mut erforderlich und die stützende Hand Gottes nötig ist (und durch den Erfolg auch sichtbar wird). Die Wendung von der Hand Gottes über Esra korrespondiert 7,6 (siehe oben), vgl. ferner auch 7,9; 8,18.22.31; Neh 2,8.18. Ebenfalls als Wirken Gottes wird die Gunst des persischen Großkönigs und seiner Räte und Fürsten gedeutet – noch an anderen Stellen wird betont, dass es ein Gnadenerweis Gottes ist, dass die fremden Könige den Juden wohl gesonnen sind (vgl. Esra 6,22; 7,6.14; 9,9).

d) Das Verzeichnis der Heimkehrer unter Esra (Esra 8,1-20)

Ganz in Entsprechung zur ersten Heimkehr in Esra 1–2 folgt nun wieder eine Liste von Heimkehrern, die Esra mit einem Satz in Ich-Form einleitet, so dass sie gleichsam als von Esra »erzählt« erscheint.

Dieses Verzeichnis hat die gleiche Funktion wie die anderen Listen des Esra-Buches: die genealogische Legitimation der Gemeinde, die überschaubar ist und deren Herkunft und Geschichte klar dokumentiert sind. Diese Register sind wesentliche Faktoren für die Identitätsstiftung der nachexilischen Gemeinde. Den aus Esra 2 bekannten Stammvätern werden hier neue Namen zugeordnet (vgl. z. B. 8,3 mit 2,3; 8,4 mit 2,6 usw.). Die Liste endet nach Erreichen der Zwölfzahl. Der Text unterstellt, dass von den Nachkommen der angeführten Ahnen einige bereits 538, andere jetzt mit Esra (458?) heimgekehrt seien. Entstehungsgeschichtlich dürfte Esra 8 einfach Esra 2 literarisch übernommen haben. Eine historische Verifizierung der Namen ist unmöglich. Neu gegenüber Esra 2 sind in der Liste die priesterlichen Ahnherren (Aaron-Söhne bzw. -Enkel) Itamar und Pinhas sowie David. Für die Rolle des Pinhas als Aaronenkel sind u. a. folgende Passagen zu vergleichen: Num 25,7-13; 1 Chr 5,29f; 24,1-4.

Mit der parallelen Erwähnung des Priesternamens Pinhas und der Königschiffre »David« könnte subtil angedeutet sein, dass nach wie vor das Priestertum und das Königtum die zwei führenden Elemente in Israel sein sollen, auch wenn das Königtum nicht politisch realisiert ist. Es deutet sich wieder die religiöse und politische Doppelspitze an, die schon im Hohenpriester Jeschua und dem Davididen Serubbabel anfanghaft realisiert werden sollte und in den Prophetenworten von Sach 4 (u. a.) ihre Legitimation fand. Später werden die hasmonäischen Makkabäerführer das Hohepriesteramt *und* die politische Führung in einer Person vereinigen, während – womöglich in Abgrenzung davon – die Gemeinde von Qumran in manchen Schriften eine doppelte Messiaserwartung hegte: den Messias (die Messiasse) Aarons und Israels (vgl. 1QS 9,11; CD 12,23–13,1; 14,18-19; 19,10-11; 20,1), so dass sie ebenfalls eine priesterliche und eine politische Ebene unterschied. Diese Gedanken werden – wenn sie denn mitgedacht sind – in Esra 8 nicht weiter ausgeführt. Nach 1 Chr 3,19.21.22 ist Hattusch ein Urenkel Serubbabels. Datiert man Serubbabel um 520, so passt dieser Generationenabstand gut zur vermutlichen Ansetzung der Esra-Mission um 458 v. Chr. Mit den Personen gleichen Namens in Neh 3,10 und 10,5 ist Hattusch wohl eher nicht identisch.

Ein kleineres Namensproblem begegnet in V. 10: Der Text der EÜ folgt hier der Septuaginta: »von den Nachkommen Banis: Schelomit, der Sohn Josifjas, …«. Im hebräischen Text fehlt der Name Bani, sodass es wörtlich heißt: »von den Nachkommen Schelomits: der Sohn Josifjas …«. Der Name Schelomit kann aber männlich oder weiblich sein (in Lev 24,11; 1 Chr 3,19 ist Schelomit eindeutig eine Frau). Nach 1 Chr 3,19 ist Schelomit die Tochter Serubbabels, des letzten Nachkommens von König David – sollten daher hier in Esra 8,10 die Nachkommen einer davidischen Prinzessin gemeint sein? Die Septuaginta ist ein Beispiel für die wachsende Tendenz, Frauen unsichtbar zu machen und aus der großen Mehrheit männlicher Namen einen Grund für eine entsprechende Vereinheitlichung abzuleiten.

Esra mustert seine Reisegruppe bei dem unbekannten Ort Ahawa. Priester und Leviten werden erneut unterschieden, und die Leviten, die schon in Esra 2 in sehr geringer Zahl vorhanden sind, fehlen hier ganz. Sie werden aus einem Ort am Tigris (Ktesiphon?) angefordert. »*Ortschaft* Kasifja« heißt wörtlich »Kasifja, der Ort« und könnte einen Kultort (Synagogengebetsstätte) meinen. Erwähnt werden auch wieder die Tempeldiener, deren Herkunft mit einer kurzen geschichtlichen Notiz geklärt wird (V. 20): Ihr Berufsstand stammt aus der Idealkonzeption des Tempeldienstes durch König David. Allerdings begegnet ihre Bezeichnung *(n^e^tīnīm)* außer in 1 Chr 9,2 nur im Esra-Nehemia-Buch.

Der Nachsatz »Sie alle sind namentlich aufgezeichnet« (V. 20) unterstreicht wieder die Wichtigkeit der Dokumentierung und Identifizierung der Personen: Nicht irgendwelche Leute unklarer Herkunft werden den Tempeldienst versehen, sondern amtlich beglaubigte Leviten aus bekannten Familien. Zugleich erspart es sich der Verfasser mit dieser Kurzformel, erneut eine Liste bringen zu müssen (vgl. 10,16; 1 Chr 12,32; 2 Chr 28,15).

e) Der Bericht über die Reise (Esra 8,21–36)

Auf die Liste der mit Esra Heimkehrenden folgen Notizen über den Aufbruch, die Reise und die Ankunft in Jerusalem. Wie es für ein derartiges gefahrvolles Unternehmen angemessen ist, beginnt es mit einem Bittgottesdienst: Das »Fasten« (V. 21) ist die Bezeichnung für einen gottesdienstlichen Ritus (s. S. 207), zu dem mehr gehört als das Sich-Enthalten von Nahrung (vgl. Neh 9,1; 2 Chr 20,3; Jer 36,9; Joël 1,14; 2,15; Jona 3,5; Sach 8,19 u.ö.). Es geht um einen Bußgottesdienst mit Klage- und vor allem Bittgebet zu Gott (siehe den Exkurs zu Neh 9,1, S. 207). Von *Gott* wird alle Hilfe erwartet, nicht von menschlichen Fürsten, getreu dem Grundsatz aus den Psalmen (Ps 118,9; 146,3).

Esra bittet daher den persischen Großkönig nicht um eine königliche, bewaffnete Eskorte, denn so kann das beschirmende Wirken Gottes stärker heraustreten, was zu Esras religiös-spiritueller Mission auch besser passt. Anders ist es bei Nehemia, der in einem weltlichen Auftrag (Stadtmauer) unterwegs ist und daher das königliche Geleit annimmt (Neh 2,9).

Esra setzt seinen Ich-Bericht damit fort, dass er vor ausgewählten Zeugen die eingegangenen Spenden für den Jerusalemer Tempel inventarisiert (V. 24–27): Dieses Vorgehen zeigt Esras Korrektheit und hat damit einen gewissen Vorbildcharakter. Die Vorliebe des Textes für (vorgeblich) exakte Angaben in Listenform ist schon bei den Namenslisten zutage getreten. Auch hier vermitteln die Zahlenangaben, selbst wenn sie historisch nicht verifizierbar sind, den Eindruck, dass alles genau dokumentiert ist und keinerlei Unregelmäßigkeiten auftreten können, da entsprechende Kontrollinstanzen durch Esra eingesetzt werden.

Ein zweiter Effekt dieses Abschnitts ist, dass Menge und Wert der aus Babylon mitgebrachten Mittel präsentiert werden können. Diese finanziellen Mittel sind unglaublich hohe Summen (ein Talent Gold entspricht ca. 13 Silbertalenten; ein Talent sind ca. 41 kg – zum Vergleich: Der Pharao fordert nach 2 Kön 23,33/2 Chr 36,3 von Juda einen Tribut von 100 Silbertalenten und ein Goldtalent). Die Mengen sind zwar geringer als die Unsummen, die David in der Darstellung von 1 Chr 22,14 für Salomos Tempelbau bereitstellen lässt, jedoch mehr als Esra 1,4-11; 2,69. Insgesamt dürfte es sich mehr um Wunschdenken als um Realität handeln: Der neue Tempel soll nicht hinter dem davidisch-salomonischen Bau zurückstehen müssen. Bei den »Golddariken« (V. 27) handelt es sich aufgrund der Schreibweise um die *persische Darike*, wobei es hier nicht um Münzen geht, die gerade in Palästina sehr selten vorkamen, sondern um den entsprechenden Gegenwert des Gewichts des Edelmetalls (vgl. zu Esra 2,69, s. o., S. 91).

Das Gold, das Silber und die edlen Geräte werden ebenso wie die dafür verantwortlichen Personen für »heilig« erklärt (V. 28) und damit jedem menschlich-weltlichem Zugriff und jeder profaner Verwendungsweise entzogen. Grundparadigma des »für heilig erklären« (hebr. *QDŠ* pi; EÜ auch »heiligen«) ist das Tun Gottes am siebten Tag in Gen 2,3: Der siebte Tag ist heilig und menschlicher Bestimmung entzogen (vgl. auch Ex 20,8.11). Wenn etwas »für heilig erklärt« wird, dann wird eine Grenze zwischen »heilig«

und »profan« gezogen, die zu überschreiten gravierende (tödliche) Folgen hat (vgl. Ex 19,22-24; 19,12). Durch den Vorgang des »Heiligens« wird also ein Mensch oder ein weltliches Ding, etwas Materielles oder auch eine Zeitspanne (der siebte Tag, das fünfzigste Jahr, vgl. Lev 25,10) als zugehörig zur göttlichen Sphäre erklärt und menschlicher Verfügungsgewalt entzogen. Esra deklariert damit in V. 28 eine göttliche Schutzsphäre um die wertvollen Schätze und die dafür Verantwortlichen – und dieses Konzept geht nach Ausweis des Textes auf.

Das beweist eine exakte Inventur bei der Ankunft in Jerusalem: Nichts ging unterwegs verloren, nichts wurde geraubt oder unterschlagen, alles ist genau aufgeschrieben und dokumentiert. Zwei Aussagen sind damit unterschwellig verbunden: Gott hat tatsächlich die Hand über die Reisenden gehalten und sowohl einen Raub der kostbaren Gegenstände durch Feinde von außen als auch Unterschlagungen durch untreue Mitreisende verhindert. Zum Zweiten unterstreichen die bürokratischen Details die Seriosität, Zuverlässigkeit und Legitimität der Leute, die den Wiederaufbau des Tempels und die Wiedereinrichtung der religiösen Vollzüge unternehmen. Namentlich genannt ist z. B. der Priester Meremot ben Urija ben Koz, der in Neh 3,4.21 wieder auftritt als Arbeiter an der Stadtmauer (vgl. auch 10,6; 12,3.15), ferner begegnen die klangvollen Namen Eleasar und Pinhas, die an die priesterlichen Ahnen Esras und die Abstammung von Aaron erinnern (Esra 7,5; 1 Chr 5,29-30; 6,35). Die Namen der Stammväter der Leviten, Jeschua und Binnui, sind in der Stammliste von Esra 2,40 verzeichnet. Fast lässt sich so das, was über die materiellen Dinge gesagt wird – gezählt und gewogen –, auch auf die Menschen übertragen: Alle sind exakt verzeichnet und dokumentiert.

Nach V. 35 werden die im Erlass des Artaxerxes (Esra 7,17) angeordneten Opfer dargebracht, darunter auch Ziegenböcke als »Sündopfer« (zu diesem Begriff vgl. den Exkurs S. 119). Die Zwölfzahl dominiert die Opfer in V. 35 (statt 77 hat 3 Esra 8,63 72, eine Zahl, die durch 12 teilbar ist!) – und diese Zahlensymbolik steht für das gesamte Volk Israel aus den zwölf Stämmen. 77 stellt die Zahl der Vollkommenheit (7) zweimal nebeneinander – auch das könnte zahlensymbolisch andeuten, dass mit Esra und seinen Begleitern jetzt das ganze Volk vollständig angekommen ist. Dazu ist bemerkenswert, dass V. 35 in enger Anlehnung an Esra 6,17 formuliert ist: Die Heimkehrer von Esra 8 opfern jetzt in gleicher Weise wie die »Israeliten, die Priester, die Leviten und die übrigen, die heimgekehrt waren« (6,16), bei der Einweihung des Tempels (allerdings sind die Zahlen um einiges geringer). Jedes Mal jedoch geht es um »ganz Israel« (die zwölf Stämme!), das durch die »Heimkehrenden« (die aus der Gola) repräsentiert wird.

V. 36 hält fest, dass die Anordnungen des Großkönigs auch an die zuständigen Behörden weitergegeben wurden – einmal mehr wird die bürokratische Korrektheit des Vorgehens Esras und seiner Heimkehrer betont. Ganz im Sinne der königlich-persischen Anordnung von 7,11-26 (vgl. auch 5,17) unterstützt nun die persische Administration den Jerusalemer Tempelbetrieb. Was noch fehlt, ist die Umsetzung der Verpflichtung auf das »Gesetz Gottes« (7,25). Dies wird im folgenden Kapitel anhand der Mischehenfrage virulent.

Kleines Glossar

- *Endogamie/endogam:* Eheschließung innerhalb der eigenen sozialen Gruppe, z. B. des eigenen Dorfes (Dorf-E.), der eigenen sozialen Schicht (Klassen- oder Kasten-E.), des eigenen Volkes oder der eigenen Abstammungslinie (Lineage-E.). In biblischen Texten geht es bei der Endogamie um die Heirat innerhalb der eigenen Abstammungslinie oder des eigenen Volkes.
- *Exogamie/exogam:* Eheschließung außerhalb der eigenen sozialen Gruppe (Mischehe).
- *Lineage:* Gruppe, die ihre Abstammung von einem gemeinsamen Ahnherrn über die gleiche Linie (z. B. immer über den Vater) durch eine allgemein anerkannte Folge von namentlich bekannten Vorfahren definiert.
- *patrilinear:* Lineage, die ihre Abstammungslinie immer vom Vater zum Sohn definiert, wobei Mütter und Töchter nicht berücksichtigt werden.

Literatur: *T. Hieke*, Die Genealogien der Genesis, HBS 39, Freiburg i.Br. 2003.

2. Die Auflösung der Mischehen (Esra 9,1–10,44)

In den Notizen am Ende des achten Kapitels über die korrekte Übermittlung der großen finanziellen Mittel für den Tempelbetrieb ist die Umsetzung eines großen Teils des Erlasses Artaxerxes' I. (Esra 7,15-23) angedeutet. Man würde nun erwarten, dass auch der zweite Aspekt des Erlasses, die Aufrichtung einer Rechtsordnung nach dem Gesetz des Himmelsgottes, erzählerisch realisiert würde. Auch würde man erwarten, dass Esra sein Herzensanliegen, das Erforschen, das Ausführen und das Lehren des Gesetzes des Herrn (Esra 7,10) realisiert. Doch darüber fällt kein ausdrückliches Wort. Es bleibt den Lesenden nichts anderes übrig, als bei der Lektüre im Geiste zu ergänzen, dass all das – wohl mühevoll und langwierig, jedenfalls nicht in wenigen Tagen – in die Realität umgesetzt wird, was sich Esra vorgenommen und was er aufgetragen bekommen hat. Über Esras Vorankommen und sein Ergehen schweigt der Text. Weder Konflikte noch Erfolge in Sachen »Toravermittlung« werden berichtet – mit einer signifikanten Ausnahme.

Der Text des Esrabuches konzentriert sich auf einen besonders brisanten Konfliktfall: die Mischehenfrage. Hier geht es sowohl um Grundsatzfragen der Identität Israels als auch um persönliche Betroffenheiten, die das Privatleben vieler einzelner Menschen angehen – mit einem Wort: es liegt der ideale Testfall für den Anspruch und die Bedeutung des Gehorsams gegenüber der Tora vor. Zugleich lassen sich Esra 9–10 gleichsam als eine Art Verfahrensprotokoll für die Lösung eines die Gesamtgemeinschaft betreffenden Konflikts lesen. Insofern ist es nicht angemessen anzunehmen, die Intervention Esras in der Mischehenfrage wäre seine einzige Maßnahme gewesen. Vielmehr wählt der Text gezielt *dieses* Thema aus, weil sich so an *einem konkreten* Konfliktfall Grundparadigmen jüdischer Identität der damaligen Zeit aufweisen lassen: die Betonung der eigenen Identität nach innen und nach außen, der Gehorsam gegenüber dem Gebot der Tora, die Hintanstellung eigener Interessen im Blick auf Religion und Volk, die Treue gegenüber dem eigenen Volk, dem eigenen Glauben und dem eigenen Gott. Nach dem Verlust der territorialen Eigenstaatlichkeit mit dem Exil ist die Gefahr der Vermischung mit anderen Völkern unter Preisgabe der eigenen Identität und Religion ein ständig virulentes Problem, das sich durch viele eher partikularistisch orientierte Texte des Alten Testaments zieht und auffälligerweise gerade an der Frage von Endogamie oder Exogamie seinen konkreten Ausdruck findet. Abstammungsorientierte Endogamie ist dabei, vereinfachend und aus patrilinearer Perspektive gesagt, die Heirat einer Frau, die aus dem eigenen Volk oder sogar der gleichen väterlichen Linie stammt. Endogam heiraten sämtliche Erzväter im Buch Genesis, während diejenigen, die sich exogam verehelichen, also eine Frau aus fremden Völkern (oder Familien) heiraten, aus der durchgehenden Linie (der Verheißungslinie) ausgeschlossen werden (s.u.). Die Heirat innerhalb des eigenen Volkes, und damit in der Perspektive von Esra-Nehemia innerhalb der Tempelgemeinde von Juda und Jerusalem, wird zu einer erwarteten Selbstverständlichkeit, die zur Treue gegenüber dem eigenen Volk und dem Gebot Gottes gehört (vgl. Neh 10,31) – jedoch muss ihre Notwendigkeit erst noch durch drastische Maßnahmen eingeschärft werden. Die mitunter umständlich wirkende Darstellung der Vorgehensweise liegt dabei in der Intention des Textes: Anhand dieses konkreten Konfliktfalles soll eine Art öffentliches Verfahren aufgezeigt werden, wie die Lösung eines die gesamte Bevölkerung betreffenden Problems angegangen werden soll.

a) Der Treuebruch: Mischehen mit nichtisraelitischen Frauen (Esra 9,1-4)

Ein großes Problem gefährdet die mühsam gefundene Identität und Reinheit der Gemeinde. Auffälligerweise kommt aber die Sache erst jetzt zur Sprache: Esra ist im fünften Monat in Jerusalem angekommen (7,8), jetzt (vgl. 10,9) ist schon der 9. Monat – hätte Esra das Übel nicht längst selbst bemerken müssen? Doch hier soll Esra nicht die Initiative übernehmen. Dem Text scheint es darauf anzukommen, dass das Volk in Repräsentation durch ihre Obersten sich selbst anklagt. Das Vergehen besteht darin, dass die Heimkehrer von Esra 2 (vgl. V. 4; ferner die drei Kategorien Volk, Priester, Leviten in 1,5; 2,1-35.36-63 und hier V. 1) die »Treulosigkeit« begangen haben, Frauen aus der Bevölkerung des Landes geheiratet zu haben (Fachbegriff »exogame Eheschließung« im Gegensatz zur »endogamen Ehe« innerhalb der eigenen Volksgruppe). Hier geht es weder um Rassismus noch um nationalistischen Chauvinismus, sondern um die in der besonderen Lage des Volkes geforderte Treue zum eigenen Gemeinwesen und vor allem zum eigenen Gott JHWH, die aufgrund der bedrängenden Umstände nur über die identitätsstiftende und den Zusammenhalt fördernde »Blutsverwandtschaft« denkbar ist. Schon in der Verbannung in Babylon besteht ständig die Gefahr, dass sich das Volk Israel assimiliert und damit am fremden Ort in fremden Völkern auf- und untergeht. Nun ist die eigene Identität bis hin zur Heimkehr ins eigene Land hinübergerettet worden, und jetzt droht auf eigener Erde die Auflösung des Volkes durch exogame Eheschließungen mit Frauen außerhalb der Volksgruppe des »wahren Israel«. Die Mischehenfrage betrifft also unmittelbar den ethnischen Bestand und die gesamte kulturelle, soziale und religiöse Identität des Volkes. Dabei ist noch nicht einmal ausdrücklich der Verdacht ausgesprochen, die »fremden Frauen« würden die Juden zum Abfall von JHWH verführen (vgl. exemplarisch bei König Salomo 1 Kön 11,1–8; ferner Mal 2,10-12).

Die Frage der »richtigen« Eheschließung zieht sich auch subtil, aber entscheidend durch das gesamte Buch Genesis: Die Patriarchen Abraham, Isaak, Jakob und die zwölf Söhne (außer Josef, Gen 41,45, und Simeon, Gen 46,10) heiraten alle endogam, und es wird in mehreren Geschichten ausdrücklich betont, dass eine Frau aus dem eigenen Volk gefunden werden muss (vgl. Rebekka in Gen 24; Lea und Rahel als Jakobs »Verwandte« in Gen 28,1-7; 29,1-30). Diejenigen Söhne jedoch, die exogam heiraten (Ismael in Gen 21,21; Esau in Gen 26,34-35; 28,8-9), werden aus der Verheißungslinie ausgeschlossen. Für den Beginn, die Genese und Genesis des Volkes Israel wird also die sorgfältige Auswahl der Ehefrau(en) aus dem eigenen Volk betont – wie viel mehr müsste auch jetzt, bei der mühsamen Neukonstituierung des Volkes nach dem Exil, der Zusammenhalt und die eigene Identität durch endogame Eheschließung gewährleistet werden (vgl. auch Tob 4,12-13; 7,10.12). Daher wird die Heirat »fremder Frauen« in Esra-Nehemia so heftig verurteilt. Die Liste der genannten fremden Völker wirkt dabei so, als sei sie aus älteren biblischen Texten übernommen worden (vgl. u. a. Gen 15,19–21; Ex 3,8.17; 13,5; 23,23.28; 33,2; Dtn 7,1). Das Verbot, sich mit anderen Völkern zu vermischen, kann der Verfasser ebenfalls aus biblischen Texten schöpfen, vgl. Dtn 7,1-4; Ex 34,16;

Jos 23,7.12-13; 1 Kön 11,2 – wobei in den meisten dieser Texte impliziert wird, dass die Gefahr besteht, dass die Frauen aus den fremden Völkern zum Abfall von JHWH und zur Verehrung anderer Götter anstiften (vgl. auch Ri 3,6). Jegliche Gemeinschaft mit Ammonitern und Moabitern wird in Dtn 23,4.7 mit sehr heftigen Worten kategorisch abgelehnt, während die Edomiter in Dtn 23,8 positiv gewertet werden, folglich hier auch fehlen (die Septuaginta liest aber statt Amoriter Edomiter). Allerdings werden die in Dtn 23,8 ebenfalls freundlich bedachten Ägypter hier abgelehnt.

Bestimmungen der Tora zur Endogamie

Ex 34,15-16: »Hüte dich, einen Bund mit den Bewohnern des Landes zu schließen. Sonst werden sie dich einladen, wenn sie mit ihren Göttern Unzucht treiben und ihren Göttern Schlachtopfer darbringen, und du wirst von ihren Schlachtopfern essen. [16] Du wirst von ihren Töchtern für deine Söhne Frauen nehmen; sie werden mit ihren Göttern Unzucht treiben und auch deine Söhne zur Unzucht mit ihren Göttern verführen.«

Dtn 7,1-4: »Wenn der Herr, dein Gott, dich in das Land geführt hat, in das du jetzt hineinziehst, um es in Besitz zu nehmen, wenn er dir viele Völker aus dem Weg räumt – Hetiter, Girgaschiter und Amoriter, Kanaaniter und Perisiter, Hiwiter und Jebusiter, sieben Völker, die zahlreicher und mächtiger sind als du –, [2] wenn der Herr, dein Gott, sie dir ausliefert und du sie schlägst, dann sollst du sie der Vernichtung weihen. Du sollst keinen Vertrag mit ihnen schließen, sie nicht verschonen [3] und dich nicht mit ihnen verschwägern. Deine Tochter gib nicht seinem Sohn und nimm seine Tochter nicht für deinen Sohn! [4] Wenn er deinen Sohn verleitet, mir nicht mehr nachzufolgen, und sie dann anderen Göttern dienen, wird der Zorn des Herrn gegen euch entbrennen und wird dich unverzüglich vernichten.«

Vgl. auch Num 25,1–9; ferner Jos 23,7.12–13; 1 Kön 11,1-13; Mal 2,10-12.

Dass sich der Verfasser bei seinen Formulierungen auf biblische Texte bezieht, sieht man auch an Wendungen wie »heiliger Same« (V. 2, Jes 6,13, vgl. »Gottessame« in Mal 2,15; EÜ: »Nachkommen von Gott«) und »Gräuel« (V. 11.14, Mal 2,11; Lev 18,22.26.27.29.30 u.ö.). Gerade der Begriff »Gräuel« *(tō'ebā)* schlägt eine Brücke zwischen dem Tun der fremden Völker (»Gräueltaten«) und sexuellen Verfehlungen, wie sie in Lev 18 sanktioniert werden: Das Sexualverhalten und andere Praktiken (z. B. das so genannte Molochopfer), die in Lev 18 abgelehnt werden, werden als ein Tun der fremden Völker dargestellt, das das Land verunreinigt hat. Israel als das reine Volk soll nicht in diese Praktiken verfallen, um nicht selbst unrein zu werden und das Land zu verlieren. Mithin wird deutlich, dass in Esra 9 die Konzepte der kultischen Reinheit, der sexualpraktischen Restriktionen und der Endogamie, der religiösen Identität, des Anspruches auf das Land und der Abgrenzung von den anderen Völkern (unter dem Schlüsselbegriff der »Gräueltaten«) verschmolzen werden. Das zeigt auch, wie durch »Schriftauslegung« (und nichts anderes ist die Anspielung auf Lev 18 mittels des Terminus der »Gräuel«) Vorschriften der Tora in neuen Lebenszusammenhängen aktualisiert werden.

Vermutung für einen sozioökonomischen Hintergrund

Auf der literarischen Ebene des Esra-Nehemia-Buches ist das Mischehenproblem eine Frage der religiösen und ethnischen Identität sowie des Gehorsams gegenüber der Tora. Verschiedentlich wird nun vermutet, dass das große Gewicht, das viele biblische Texte (s. o., Genesis, Ex 34,16; Dtn 7,1-4; Jos 23,7.12-13; 1 Kön 11,2; Esra-Nehemia; Tobit) auf die Endogamie, also die Eheschließung innerhalb der eigenen sozialen Gruppe, legen, in der sozialen und wirtschaftlichen Realität der Nachexilszeit einen konkreten Anhaltspunkt hat. Mithin geht es nicht nur um ideologische und theologische Gründe, sondern auch um ökonomische Überlegungen.

Auf der ägyptischen Nilinsel Elephantine gab es im 6. und 5. Jh. v. Chr. eine Kolonie jüdischer Söldner und Kaufleute.

Aufgrund der besonderen klimatischen Verhältnisse sind aus dieser Zeit eine ganze Reihe schriftlicher Überreste in Form von Papyri erhalten, die Zeugnis von der religiösen Aktivität und den wirtschaftlichen Verhältnissen dieser jüdischen Gemeinde geben. Besonders interessant sind in diesem Zusammenhang Ehe- und Erbverträge von Frauen: Sie zeigen, dass bestimmte Frauen die Möglichkeit zu sozialem Aufstieg hatten, dass sie sich von ihren Männern scheiden lassen konnten, und vor allem dass sie Eigentum besitzen, erwerben und verkaufen konnten sowie erben, auch wenn sie Brüder hatten (es also männliche Nachfahren gab; vgl. Num 27 und 36). Statt nun anzunehmen, diese Verhältnisse von Elephantine wären die völlige Ausnahme, ist es plausibler zu vermuten, dass Frauen in der Zeit der Perserherrschaft nicht so unterdrückt und unter patriarchaler Vorherrschaft der Männer standen, wie man vielleicht gemeinhin annimmt. Sowohl Ägypten (mit Elephantine) als auch Palästina/Yehud befanden sich unter dem gleichen persischen Reichsrecht, daher liegt es nicht fern, dass bestimmte Frauen auch in Juda/Jerusalem die Möglichkeit hatten, zu erben, Eigentum zu erwerben und zu verkaufen.

Davon erfährt man zunächst im Esra-Nehemia-Buch nichts, da dieses Buch eine völlig androzentrische (männerzentrierte) Sichtweise vertritt. In den Listen kommen nahezu ausschließlich Männernamen vor, Abstammung und Gemeindezugehörigkeit definieren sich nur über die Vater-Linie. Von daher spielen die Frauen zunächst keine bedeutsame Rolle. Erst bei der Frage der Mischehen kommen Frauen in den Blick, und das auch nur, weil sie »fremd« sind, d. h. nicht der eigenen (aus der Perspektive der Verfasser und der potentiellen Leser) sozialen, ethnischen und religiösen Gruppe angehören. Vielleicht sind es nun nicht allein die Angst vor dem Fremden, die Furcht vor der möglichen Verehrung fremder Götter oder der Gehorsam gegenüber der Tora, die das Esra-Nehemia-Buch so eindringlich vor den Mischehen warnen und so drastische Maßnahmen ergreifen lassen.

Wenn man annimmt, dass diese »fremden Frauen« wie die jüdischen Frauen in den Papyri von Elephantine vielleicht auch das Recht zum Erben und zum Besitzen von Eigentum hatten, so entsteht die Möglichkeit, dass bei einer Mischehe im Falle des Ablebens des jüdischen Ehegatten die nichtjüdische Ehefrau das Eigentum (konkret: den Landbesitz) erben konnte. Ein derartiger Verlust von Eigentum und Landbesitz war jedoch für die sich um den Tempel zentrierende Gemeinde von Juda/Jerusalem untragbar, und zwar sowohl aus ideologischen (das Land ist Gabe Gottes an Israel!) als auch aus wirtschaftlichen Gründen. Wenn tatsächlich die fremden Frauen erben können, würde das über kurz oder lang einen erheblichen Besitzverlust darstellen. Vielleicht ist das ein möglicher sozioökonomischer Hintergrund für die dringende Warnung vor Mischehen und Exogamie. Die Notiz von Gen 25,1-6 zeigt, dass Abraham seine Nachkommen, die er mit der (fremden?) Ehefrau Ketura zeugte, auszahlte und weit weg von Isaak schickte – der Effekt ist, dass damit auch das Erbe in Form des »gelobten Landes« für Isaak *ungeteilt* bleibt. Soll vielleicht der unscheinbare Vers Gen 25,6 mit der Autorität Abrahams, des Stammvaters hinsichtlich des Volkes und des Glaubens, die Entscheidung von Esra 9–10, nämlich die Ehen mit den fremden Frauen aufzulösen und diese wegzuschicken, legitimieren? Im Einzelnen ist das nicht mehr sicher nachzuweisen, kann aber in intertextueller Lektüre der Texte vermutet werden.

Wie auch immer, es scheint sich wieder einmal zu bewahrheiten, dass religiös-ideologische Argumentationsmuster oft auch einen politischen und wirtschaftlichen Hintergrund haben. Vermutlich geht es bei der Mischehenfrage in Esra 9–10 eben nicht nur um religiöse Identität (»heiliger Same«) und um Gehorsam gegenüber der Tora, sondern auch darum, den Landbesitz der eigenen Gruppe (die sich um den Tempel zentrierende Gemeinde der Nachexilszeit) zu wahren und zu verhindern, dass durch die Einheirat nichtjüdischer Ehefrauen, die gegebenenfalls sogar erbberechtigt wären, eben dieser Gemeinde Landbesitz an die »fremden« (nichtjüdischen) Völker im Land verloren geht. Der Text selbst betont nur die religiöse Seite, doch die allgemeine Erfahrung zeigt, dass sich Religion und Politik, Ideologie und Wirtschaft stets vermischen und gegenseitig überlagern.

Literatur: *T.C. Eskenazi*, Out from the Shadows: Biblical Women in the Postexilic Era, in: Journal for the Study of the Old Testament 54 (1992) 25–43. *D.L. Smith-Christopher*, The Mixed Marriage Crisis in Ezra 9–10 and Nehemiah 13: A Study of the Sociology of the Post-Exilic Judaean Community, in: *T.C. Eskenazi/K.H. Richards* (eds.), Second Temple Studies. 2. Temple and Community in the Persian Period, JSOT.S 175, Sheffield 1994, 242–265. *M.L. Satlow*, Jewish Marriage in Antiquity, Princeton/Oxford 2001, 133–140, betont eher den religiösen Aspekt der Heiligkeit des Volkes und die ideologische Seite der Gruppenidentität – eine Tendenz, die sich z.B. im Jubiläenbuch fortsetzt, das Endogamie sehr stark fördert und Exogamie hart verurteilt.

Esras Reaktion (Esra 9,3-4; vgl. Nehemia in Neh 13,23-31) unterstreicht das Gewicht des »Treubruchs«: Das Einreißen der Kleidung, das Raufen der Haare und das Niedersetzen (in Sack und Asche?) sind Riten der Trauer, des Entsetzens und der Entrüstung (biblisch vielfach belegt, vgl. u.a. Gen 37,29.34; Num 14,6; Jos 7,6; Ri 11,35; 2 Sam 13,31; 2 Kön 19,1; 22,11; Est 4,1). Um den erschütterten Esra sammeln sich »alle, die wegen des Treubruchs der Heimkehrer die Drohungen des Gottes Israels fürchteten.« Die gleiche Wendung begegnet noch einmal in 10,3: »alle, die das Gebot unseres Gottes fürchten«. Es wäre denkbar, hinter den Sich-Fürchtenden (wörtlich: den »Zitternden«: *ha=ḥaredīm*) eine besondere Tradentengruppe zu vermuten, die in der Esragestalt ein Leitbild sahen (vgl. die Einleitung, S. 57ff). Das am Ende von V. 4 erwähnte Abendopfer fand zur neunten Stunde (15 Uhr) statt.

b) Esras Bußgebet und Plädoyer (Esra 9,5–15)

Die Dramatik der Darstellung wird noch gesteigert durch ein öffentliches Gebet Esras, das die Problematik theologisch deutet und aufarbeitet. Statt dies in die Form eines systematisch-theologischen Traktats zu gießen, gestaltet der Verfasser ein emotional mitreißendes Gebet Esras in Ich-Form, das mehr ein Plädoyer oder eine Predigt ist (z.B. sprechen V. 8–10 über Gott in dritter Person). (Zur Gattung »Bußgebet« vgl. den Exkurs zu Neh 9, S. 224).

Nach der vertrauensvollen Anrede Gottes mit »mein Gott« beginnt Esra mit einer generellen Reflexion und Einschätzung der Lage (V. 6–9). Ausgangspunkt ist ein grundsätzliches Bekenntnis und Eingestehen der übergroßen Schuld des Volkes (V. 6–7). Sie ist das große Erklärungsparadigma: Sie führte zunächst zum Exil, zu Vernichtung und Schande. Aufgrund des göttlichen Erbarmens ist jedoch ein »Rest« gerettet worden (vgl. 1,4). Zwar ist der Tempel wieder aufgebaut, doch ein endgültiges Heil ist offensichtlich noch fern.

Mit »aber jetzt« (V. 10) wendet sich Esra dem konkreten Problem zu, ohne sofort zu sagen, worum es genau geht. Zunächst wird von ihm der Verstoß gegen Gottes Gebote konstatiert (V. 10; analog zum allgemeinen Sündenbekenntnis von V. 6–7a!), dann wird die Botschaft der »Propheten« in Erinnerung gerufen (V. 11). Was hier von den »Propheten« gesagt wird, findet sich eigentlich in der Tora des Mose – und damit in einem Text, der konzeptionell vor dem Einzug in das gelobte Land für das Leben im gelobten Land gesprochen und aufgeschrieben wurde (vgl. Lev 18,24-30; Dtn 7,1-4; 11,8). Die in V. 11 erwähnten »Diener Gottes, die Propheten« (also »Propheten«, die vor Mose auftreten!), denen das Verbot der Exogamie gegeben wurde, könnten in der Logik der Textwelt die Patriarchen Abraham, Isaak und Jakob sein, die – wie das Buch Genesis zeigt und oben dargestellt wurde – alle ausdrücklich endogame Eheschließungen eingehen. In Gen 20,7 wird z.B. Abraham als Prophet bezeichnet. Der Text geht aber zudem davon aus, dass »die Propheten« (im üblichen Sinne) auf einer Linie mit der Tora liegen (vgl. z.B. Jes 1,19 mit Esra 9,12). Tora und Propheten durchdringen sich hier ebenso wie die geschichtlichen Epochen, denn was damals dem Volk in der Wüste gesagt wurde, gilt jetzt für die Heimgekehrten aus dem Exil. Die Situationen sind in den Augen des Textes auch durchaus vergleichbar: In dem Land, das eigentlich dem »wahren Israel« (als von Gott erwähltes Volk, das treu Gottes Weisung erfüllt!) gehört, üben andere Völker nach Lev 18 nicht erlaubte Ehe- und Geschlechtsbeziehungen sowie verwerfliche Kultpraktiken aus, und sie verehren andere Götter. Dieses Tun führt zu einer Kontamination mit Unreinem (*niddā*, auch: Menstruationsblut), die man sich sehr »materiell« und handfest vorstellen soll.

Um welches Problem es eigentlich geht und welche Lösung gleichzeitig vorgeschlagen wird, äußert Esra erst in V. 12! Nach der langen Einleitung und ausführlichen Grundsatzreflexion wird das allgemeine Thema »Schuld« auf die Mischehen mit Nichtisraeliten zugespitzt und damit konkretisiert. Das geschieht dabei durch die Einspielung entsprechender Vorschriften von Dtn 7,1-4 (s. o.) in Verbindung mit Dtn 11,8: »Daher sollt ihr auf das ganze Gebot, auf das ich dich heute verpflichte, achten, damit ihr stark seid und in das Land, in das ihr jetzt hinüberzieht, um es in Besitz zu nehmen, hineinziehen und es in Besitz nehmen könnt.«

Die Rede vom Nicht-Begehren des Glücks und des Wohlstands der fremden Völker im Land (Esra 9,12) könnte darauf hinweisen, dass eine wichtige Motivation für das Eingehen von Mischehen die Hoffnung auf wirtschaftliche Verbesserungen war. Vielleicht hofften arme Heimkehrer aus dem Exil durch das Einheiraten in reiche Grundbesitzerfamilien nichtisraelitischen Ursprungs ihre finanzielle Situation zu verbessern. Derartigen pragmatischen Überlegungen erteilt der Text eine Absage und stellt als Kompensation die Verheißung in Aussicht, dass erst die Treue zum eigenen Volk und gegenüber dem Gebot Gottes wahre Prosperität verleihen wird (V. 12d–e). Die Argumentation gleicht der des Propheten Haggai anlässlich des schleppenden Wiederaufbaus des Tempels: Nicht die wirtschaftlich schlechte Lage verhindert es, das Gebot Gottes zu befolgen, sondern die Missachtung der Weisung Gottes führt als Strafe zu materieller Armut. Im Umkehrschluss bleibt die Botschaft übrig, dass erst der Gehorsam gegenüber Gottes Gebot wieder zu Prosperität und Wohlstand führen wird.

Dabei wird die letzte Konsequenz im »Gebet« Esras nicht ausgesprochen, sondern allenfalls angedeutet. V. 13 setzt erneut (nach V. 6–7b und V. 10) mit dem Hinweis auf die große Schuld des Volkes, mit dem sich Esra in Form der »Wir«-Rede solidarisiert, ein und betont dann sowohl Gottes unverdiente Nachsicht als auch die Gefährdung des noch übrig gebliebenen Restes angesichts des drohenden Zornes Gottes. Esras »Gebet« ist eigentlich ein suggestives

Plädoyer, das die folgenden Vorgänge vorbereitet und theologisch legitimiert. Die Konsequenz aus Esras Argumentation liegt auf der Hand und folgt sogleich (Kap. 10). Daher muss Esra auch das, was nun gefordert ist, nicht selbst im Gebet oder in der Verkündigung aufzeigen – das Gebet hat einen offenen, aber äußerst wirkungsvollen Schluss.

c) Versammlung, Bundesschluss, Ausführung: Die Auflösung der Mischehen (Esra 10,1-17)

Die Wiedergabe des Gebets Esras veranlasst den Text, wieder zum Er-Stil zurückzukehren. Nun wird berichtet, wie Esras Bußgebet Erhörung findet – vor allem bei denen, die Esra mit seinem Gebet im Auge hatte: der Öffentlichkeit. Einer der Heimkehrer, Schechanja, der Sohn des Jehiël, der zu den Nachkommen Elams (2,7) zählt, schlägt die volle Anwendung des Gesetzes vor und zwar in Form eines »Bundes« *(b^{e}rīt)*, d. h. einer eidlichen Verpflichtung gegenüber Gott. Ähnlich wird dies von den Reformen der Könige Hiskija (2 Chr 29,10) und Joschija (2 Chr 34,29–33) berichtet. An diesen »Vorläufern«, den wichtigsten Königen nach David und Salomo, sieht man, auf welcher Ebene der Text das Geschehen ansiedelt. Auch Nehemia fertigt eine derartige »Verpflichtung« (*'amānā*, vgl. »Amen«) an (Neh 10,1). Unbestritten scheint, dass nur Esra eine derartige Führungsqualität und -position zukommt, dass er allein es ist, der die Sache, für die er selbst ja gar nicht verantwortlich ist, in Ordnung bringen kann. Von fern erinnert damit Esras Position und Tun an das fürbittende Handeln des Mose, etwa bei der Verfehlung mit dem Goldenen Kalb, auf die eine Bundeserneuerung folgt (Ex 32–34). Somit ist Esra nicht nur durch die Gesetzesvermittlung, sondern auch durch das fürbittende Handeln ein »neuer Mose«.

Es ist zwar kein direktes Fürbittgebet Esras oder eine Rede an Gott außer dem Bußgebet von Kapitel 9 erwähnt, doch die in V. 5–6 geschilderten Bußriten dürften dem entsprechen. Bei der Benennung des Raumes im Tempel, den Esra aufsucht, gibt es eine kleine Schwierigkeit: Nach Neh 13,4 ist der Priester Eljaschib der Verwalter der Kammern im Tempel. Sein Sohn Johanan ist der zur Zeit des Nehemia amtierende Hohepriester (belegt auf einem Papyrus aus Elephantine, 408 v. Chr., siehe die Einleitung S. 40), so dass die Benennung der Kammer nach ihm im Jahr der Esra-Mission (458) noch nicht erfolgt sein konnte. Diese kleine Unstimmigkeit zeigt, dass der Text nicht detailgetreu die zeitgeschichtlichen Vorgänge dokumentieren will, sondern aus der Perspektive des Rückblicks und aus erheblichem zeitlichem Abstand schreibt. Die Abfassung des Textes liegt also weit nach Johanan (nach 445), und zu dieser Zeit hieß die Kammer eben schon so. Der Verfasser übernimmt den zu seiner Zeit gebräuchlichen Namen, ohne zu berücksichtigen, dass die Kammer zur Zeit Esras noch nicht so hieß.

Nach der spirituellen Einstimmung Esras folgt das konkrete Handeln auf exekutiver und jurisdiktioneller Ebene: Per Dekret beruft Esra eine Vollversammlung ein. Ihr fern zu bleiben wird mit furchtbaren Sanktionen belegt: Vernichtung des Besitzes und Ausschluss aus der Gemeinde. Die juristische Vollmacht für die Androhung dieser Sanktionen hatte Esra im Schreiben des Königs Artaxerxes (7,26) erhalten. Dass eine derartige Vollversammlung überhaupt vorstellbar war, zeigt einerseits, dass die Zahl der Einwohner von Juda, Benjamin und Jerusalem nicht allzu groß gewesen sein konnte, und andererseits, dass in der Konzeption des Esra-Nehemia-Buches »das ganze Volk« als »wahres Israel« eine überschaubare Größe ist, die sich ausschließlich aus den aus dem Exil heimgekehrten Judäern und Benjaminiten zusammensetzt.

Die Vollversammlung ist von heftigem Regen begleitet: Diese meteorologische Angabe wirkt etwas kurios (vielleicht ist eine Textverderbnis im Hebräischen anzunehmen, jedoch fehlen sichere Kriterien für eine Textänderung), unterstreicht aber die Datierung in den neunten Monat (Kislew/Dezember), in dem es häufig in Jerusalem zu regnen pflegt. Die Regengüsse werden es im Folgenden erforderlich machen, dem Vorhaben mehr Zeit einzuräumen (V. 13). In idealtypischer Sicht der Dinge zeigt die Rücksichtnahme auf den Regen, dass bei schwierigen Entscheidungen, die längere Zeit erfordern, immer auch auf erschwerende Umstände Rücksicht genommen werden soll – anhand des »Beispiels« mit dem Regen wird so der Grundsatz für politisch-soziale Entscheidungsprozesse deutlich, dass außergewöhnliche äußere Faktoren beim Verfahren einbezogen werden müssen.

Esras Vorwurf (V. 10) trifft Schuldige wie Unschuldige, denn nach V. 7 sollen sich ja *alle* Heimkehrer versammeln, also auch die, die keine fremden Frauen geheiratet haben. Die gesamte Gemeinde ist »befleckt« und schuldig, auch die, die keine Mischehen eingegangen sind, weil sie das Tun der anderen dulden. Bemerkenswert ist die Reihenfolge der Forderungen Esras (V. 11): *Erst* steht die Trennung von der Bevölkerung des Landes, *dann* wird die Auflösung der Ehen nachgeordnet.

Die Antwort der Gemeinde auf die Aufforderung Esras lautet: »Alles, was du uns gesagt hast, müssen wir tun« – diese Formulierung erinnert von fern an die Reaktion des Volkes bei der ersten Begegnung mit Gott am Sinai (Ex 19,3-8): Mose vermittelt dem Volk die Erwählungszusage Gottes (»mein besonderes Eigentum«), die unter der Bedingung gilt, dass das Volk auf die Stimme Gottes hört und den Bund einhält. Als das Volk von Mose dieses Angebot Gottes hört, antwortet es einstimmig: »Alles, was der Herr gesagt hat, wollen wir tun«. Die Einspielung dieser Sinai-Parallele dürfte keine zufällige Analogie sein, sondern zum Konzept des Textes gehören, Esra immer wieder subtil mit Mose zu parallelisieren. Weitere Stellen, die ähnliche Formulierungen enthalten, sind der Bundesschluss in Ex 24,3.7, die Treuezusage an Josua in Jos 1,16 sowie die Analogie dazu unter Simeon in 1 Makk 13,9.

Für eine spontane Aktion ist jedoch nach Ausweis des Esratextes weder das Wetter noch die Anzahl der Leute geeignet, so dass – ganz im Sinne des bürokratiefreundlichen Stils der bisherigen Erzählung – eine Kommission eingesetzt wird, die ein korrektes und amtliches Vorgehen garantieren soll. In V. 15 wird von einem Protest gegen das Vorhaben einer Massenauflösung von Ehen, vielleicht aber auch nur gegen die konkrete Vorgehensweise berichtet. Vermutlich ist letzteres gemeint, denn eine Ablehnung der gesamten Aktion hätte sicher schwerwiegende Sanktionen für die Gegner zur Folge gehabt. In jedem Fall hält sich die Opposition sehr in Grenzen und kann mit wenigen Namen abgehandelt werden. Stilistisch gibt ein solcher Einwurf der ganzen Gestaltung eine realistischere Note – und für das idealtypische Verfahren wird die »Lehre« gezogen, auch ein Minderheitenvotum zu dokumentieren. In V. 16 erspart die Wendung »mit Namen aufgerufen« wieder die Anführung einer Liste (vgl. 8,20).

d) Die Liste der Betroffenen (Esra 10,18–44)

Auch das Problem der Mischehen muss auf dem »Dienstweg« und mit bürokratischer Exaktheit gelöst werden. Daher steht hier wieder eine Liste. Dadurch erhält der Mischehenkonflikt eine große Bedeutung, die der ersten Heimkehr (Esra 2) und der Heimkehr unter Esra (Esra 8) entspricht. Es wird namentlich festgehalten, wer »Schuld auf sich geladen« hatte. Die Schuld besteht im Verstoß gegen die Tora, die die Heirat »fremder Frauen« untersagt (s. o. zu 9,1-4). Sogar in der Familie des Hohenpriesters Jeschua (vgl. 2,2.36; 3,2 u. ö.) finden sich »Schuldige«, die – wohl aufgrund ihrer besonderen Stellung – ein eigenes Sühneopfer darbringen müssen. Die Tora regelt die Sühnung einer solchen Schuld mit der Opfervorschrift in Lev 5,14-19, die in V. 19 genau eingehalten wird. Anders als beim »Sündopfer« (*ḥaṭṭā't*; vgl. oben den Exkurs zum Sündopfer S. 119), bei dem es sich um die Sühnung *unbeabsichtigter* bzw. irrtümlicher *Verstöße gegen Gottes Gebot* durch einen Blutritus handelt, geht es hier um ein »Schuldopfer« (*'āšām*). Wieder bezeichnet der gleiche hebräische Begriff sowohl die Schuld als auch das zugehörige sühnende Opfer. Das Besondere gegenüber dem »Sündopfer« ist die »Schuld« durch eine *Verletzung der Heiligkeit Gottes* (ein Sakrileg), die unbeabsichtigt oder zunächst unbemerkt erfolgte. Beispiele sind etwa die Beschädigung oder Zerstörung heiliger Gegenstände oder Gefäße im Tempel oder die missbräuchliche Anrufung des heiligen Namens Gottes in einem Meineid (Lev 5,14-26). Die Sühnung erfolgt einerseits durch die Wiedergutmachung des angerichteten Schadens (zuzüglich einem Fünftel an »Bußgeld«) sowie durch das Opfer eines fehlerlosen Widders. Die Wiedergutmachung auf zwischenmenschlicher Ebene erfolgt hier in Esra 10 – auch wenn es paradox klingt – durch die Auflösung der Ehen mit den fremden Frauen. Wenn in Esra 10,19 die Bestimmung aus dem Buch Levitikus bei den *Priestern* angewandt wird, die fremde Frauen geheiratet hatten, dann wird deutlich, auf welcher Ebene der Text dieses Vergehen ansiedelt: Es wird als Sakrileg betrachtet. In diesem Zusammenhang ist vielleicht auch die für den Hohenpriester *(ha=kohen ha=gadōl)* zutreffende Ehebeschränkung in Lev 21,14 zu erwähnen: Er darf nur eine Jungfrau aus seinem eigenen *'amm* (hier: »Verwandtschaft, Abstammungslinie«) ehelichen.

Mit dieser Vorschrift im Blick wiegt die exogame Eheschließung der Nachkommen des hohepriesterlichen Geschlechts von Jeschua natürlich doppelt schlimm. Bei den anderen Stufen des Kultpersonals und bei den Laien ist kein Schuldopfer erwähnt.

Die Liste ab V. 20 orientiert sich (wie schon 8,3-20 und Neh 10,15-28) stark an Esra 2, so dass auch wieder die Kategorisierung in Priester, Leviten, Sänger, Torwächter und Israeliten (=Laien) auftritt. Die Tempeldiener sind nicht erwähnt, doch in einem ähnlichen Kontext in Neh 10,29 tauchen sie erneut auf. Der hebräische Text ist in V. 44 gestört, daher ist die Übersetzung unsicher. Es geht wohl darum, dass auch die Nachkommenschaft aus diesen Mischehen aus der nachexilischen Gemeinde der Heimkehrer ausgeschlossen wird.

Die EÜ listet insgesamt 110 Namen (aufgrund gewisser Unsicherheiten im hebräischen Text schwankt die Zahl zwischen 109 und 111). Diese Zahl ist gegenüber der Zahl der Heimkehrer in Esra 2 verschwindend gering. Hier ist die Tendenz des Verfassers von Esra-Nehemia gut zu greifen: Das »wahre Israel«, das nur in den Heimkehrern aus dem Exil besteht, ist vorbildlich und paradigmatisch – auch kleinste Abweichungen vom Gesetz und eine auch nur geringe Anzahl von Schuldigen gefährden die Identität und den Bestand der gesamten Gemeinde und werden konsequent geahndet. Diese vorbildliche Gemeinde ist zu einer aktiven »Selbstreinigung« unter Anleitung des Schriftgelehrten Esra fähig. Man beachte auch, dass trotz der großen Rolle des Tempelkultes ein Viertel der Fälle aus dem geistlichen Stand (17 Priester, 6 Leviten, 4 Sänger und Torwächter) stammt: Gerade die religiöse Oberschicht bedarf der Reinigung besonders (vgl. 9,2). Erneut ist abschließend zu betonen, dass nie von einem Rassismus oder jüdischem Chauvinismus die Rede ist, die »fremden Frauen« und die anderen Völker werden nicht als minderwertige Menschen betrachtet. Auch sind ethische Ableitungen für die Frage der Ehescheidung hier völlig fehl am Platz. Im Vordergrund steht vielmehr das theologische Konzept, dass das wahre Israel allein aus der Schar der aus dem Exil Heimgekehrten (und so von Gott Geretteten) besteht, und dieser Gemeinschaft allein gilt die Tora als Heilsgabe Gottes. In der Krise des Neuanfangs hat die Treue zu dieser Tora und zu diesem Gott JHWH oberste Priorität, die Wahrung der sozialen und religiösen

Identität in untrennbarer Verbindung mit der ethnischen Integrität und dem familiär-solidarischen Zusammenhalt entscheiden über die Zukunft der Gemeinde. – Mit Esra 10,44 liegt kein »Buchende« vor, daher wird deutlich, dass das Buch Esra mit dem folgenden Buch Nehemia zusammengehört.

Das Buch Nehemia

III. Der Wiederaufbau der Stadtmauer durch Nehemia (Neh 1,1–7,4)

Der dritte große Hauptteil des Esra-Nehemia-Buches reicht von Neh 1,1 bis 7,4. Er enthält Texte über den Wiederaufbau der *Stadtmauer* Jerusalems und entspricht somit dem ersten großen Hauptteil (Esra 1,1-6,22), der den Wiederaufbau des Jerusalemer Tempels thematisiert.

Der Name des Hauptprotagonisten wird in der EÜ mit »Nehemia« wiedergegeben. An anderen Stellen, wo der gleiche Name *(n^{e}ḥämyā)* auftaucht, aber andere Personen bezeichnet (Esra 2,2; Neh 3,16; 7,7), wird die Transkription »Nehemja« verwendet. »Nehemja/Nehemia« ist ein Satzname, der mit »JHWH hat getröstet« umschrieben werden kann.

Die Aufteilung des Esra-Nehemia-Buches in zwei »Bücher« (Esra/Nehemia) ist durch die Überschrift Neh 1,1a bedingt. Wörtlich lautet der Anfang »Worte des Nehemia«, und diese Verbindung aus »Worte« + Eigenname findet sich in der häufig auftretenden, stereotypen Wendung in den Königsbüchern: »Die übrige Geschichte (wörtlich: Worte) des N.N., ..., sind aufgezeichnet in der Chronik der Könige von Israel/Juda« (z.B. 1 Kön 11,41; 14,19.29; 15,7.23.31 usw.; vgl. auch 1 Chr 29,29; 2 Chr 9,29; 12,15 usw.). Von diesem Sprachgebrauch her würde man erwarten, dass nun die *Geschichte* Nehemias erzählt wird – doch umso überraschender ist es, dass nach der Überschrift der »Ich«-Stil fortgesetzt wird.

Im weisheitlichen Kontext begegnet die Verbindung »Worte« + Eigenname als Überschrift über Spruchsammlungen: »Worte

Agurs« (Spr 30,1), »Worte Lemuels« (Spr 31,1) oder »Worte Kohelets« (Koh 1,1; siehe auch Ijob 31,40). Von daher würde man nun Weisheitsworte Nehemias erwarten, doch auch diese Erwartungshaltung wird durch den Ich-Bericht enttäuscht.

In der prophetischen Literatur beginnen mit dieser Fügung das Buch Amos und das Buch Jeremia (vgl. auch Jer 51,64), so dass sich die Erwartung einer Sammlung prophetischer Worte und Erzählungen ergibt. Keiner der drei Verwendungsweisen entspricht der Anfang des Buches Nehemia; der folgende Ich-Bericht durchbricht das geläufige Muster. Sind nun die »Worte Nehemias« die Geschichte(n) *über* ihn oder die *von* ihm verfassten Texte? Die Frage kann wohl offen bleiben. Man könnte sogar so weit gehen, dass die Doppeldeutigkeit beide Aspekte unter einen Hut bringen will, denn es folgen tatsächlich sowohl Worte, die als von Nehemia verfasst dargestellt werden (der »Ich«-Stil), als auch Worte *über* Nehemia (Fremdberichte). Die Überschrift wird beidem gerecht.

Der überraschend einsetzende Ich-Bericht hat immer wieder zu der Vermutung geführt, dem Folgenden liege eine so genannte »Nehemia-Denkschrift« als Quelle zugrunde. Bisweilen werden hier die ältesten Teile des Esra-Nehemia-Buches gesucht. Die Frage ist nur, ob es tatsächlich wahrscheinlich sein kann, dass sich hier ein authentischer Text aus der Feder und dem Notizbuch des historischen Nehemia des 5. Jh.s v. Chr. erhalten hat. Gegen diese Annahme sprechen die legendarisch ausgeschmückten Züge sowie die mit deutlichen Schriftbezügen stilisierte Darstellungsweise – so schreibt kein mit schwierigen Alltagsfragen und aufwändigen Projekten (Stadtmauerbau!) belasteter Politiker. Daher ist es plausibler, die »Nehemia-Denkschrift« als pseudepigraphische Ausarbeitung aus späterer Zeit zu betrachten. Die *Wirkung* dieser Präsentation ist mannigfaltig: Neben der Vermittlung eines Eindrucks von Authentizität entsteht unterschwellig, aber sehr wirksam, ein ungeheurer Vorbildcharakter des Nehemia: Ohne dass dies eigens betont werden muss, steht das Handeln Nehemias als mustergültig da. Nehemia ist derjenige, der in selbstloser Weise den Auftrag JHWHs erfüllt und stets treu nach JHWHs Weisung lebt und handelt. Der Ich-Stil schafft dabei eine für die Wirkung ausschlaggebende persönliche »Nähe« zwischen dem Protagonisten und seinen Leserinnen und Lesern.

1. Nehemias Mission (Neh 1,1–2,11)

Der erste Unterabschnitt klärt, wie Nehemia zu seinem Ansinnen und dann auch zu dem königlichen Auftrag kommt. Neh 1 ist gekennzeichnet von der Ausgangslage und dem Bußgebet Nehemias, das einmal mehr die theologische Grundfigur zur Bewältigung der Krise thematisiert: Da Israel die Weisung Gottes in Gestalt der Mose-Tora nicht befolgt hat, ist es unter die Völker zerstreut – die Umkehr und die Befolgung der Gebote wird zur Heimkehr der Versprengten führen. Gekleidet wird diese Botschaft in ein Gebet, das Nehemia an Gott richtet. Dadurch wird sie gleichsam unangreifbar.
Der Anfang des zweiten Kapitels berichtet davon, wie Nehemia die Erlaubnis des Königs erhält, sein Vorhaben, das erst in 2,5 ausdrücklich formuliert wird, durchzuführen. Am Ende (2,10) werden bereits erste Widerstände angedeutet, wodurch ein Spannungsbogen eröffnet wird, der sich über den gesamten Maueraufbau erstreckt. Die Widersacher Nehemias werden erstmals namentlich genannt: Sanballat, der Horoniter, und Tobija, der »Knecht von Ammon« (s.u., S. 162).

a) Die Ausgangslage – Nehemias Bußgebet (Neh 1,1-11)

Die Überschrift Neh 1,1a grenzt den Text deutlich gegenüber Esra 10 ab und führt einen neuen Protagonisten ein: Nehemia. Darauf folgt eine Datierung mit eigenartiger Abkürzung: Das »zwanzigste Jahr des Artaxerxes« ist 445 v. Chr. – doch im hebräischen Text ist »des Artaxerxes« gar nicht erwähnt! Es bleibt nichts anderes übrig, als nach einer vorausgehenden Datierung zu suchen. Tatsächlich scheint Neh 1,1 an Esra 7,1.7 anzuknüpfen: Dort ist Artaxerxes zwei Mal erwähnt. Diese Beobachtung unterstreicht die innere »Chrono-Logik« des Buches, die nahe legt, den Beginn der Tätigkeit Esras ins siebte, den Beginn der Mission Nehemias dagegen ins zwanzigste Jahr des Königs Artaxerxes I. zu verankern. Mithin ist anzunehmen, dass Esra bis zum Auftreten Nehemias bereits etwa dreizehn Jahre lang tätig ist (vgl. dazu die Einleitung, S. 61).

Die Ereignisse werden in Susa, der Winterresidenz der persischen Großkönige seit Xerxes I. (478), verortet. Der Kislew des 20. Regierungsjahres von Artaxerxes I. (465–424) entspricht November/Dezember des Jahres 446 v. Chr. Nehemia erhält Besuch von einem seiner Brüder und damit Nachricht über die Vorgänge und Zustände in Jerusalem. Nehemias Nachfrage erstreckt sich von den »Juden« bis hin zu »Jerusalem«. Dabei impliziert die Rede vom »Rest, der von den Gefangenen übrig geblieben ist«, dass in Juda und Jerusalem nur Leute wohnen, die aus dem Exil zurückgekehrt waren. Sowohl Nehemia als auch sein Bruder Hanani verwenden diesen Ausdruck. Dies entspricht ganz der bisher mehrfach notierten Tendenz, *nur* die Exilierten als das »wahre Israel« anzusehen – somit gehören in Juda/Jerusalem auch nur diejenigen zum »wahren Israel«, die aus der »Gefangenschaft« gerettet wurden und heimgekehrt sind.

Die Kennzeichnung der Zustände in Jerusalem als »Not und Schmach« erinnert an das Gerichtshandeln Gottes, wie es in mehreren prophetischen Texten formuliert wird (vgl. z. B. Jer 23,40; 24,8-10; 51,51; Ez 5,14-15; 14,22; 22,4; Dan 9,16; Mi 6,16). Die Erwähnung von Stadtmauer und Stadttoren deutet bereits an, worauf sich Nehemias Eifer konzentrieren wird. Zugleich wird an entsprechende Verheißungen in der prophetischen Literatur erinnert: Die Mauern werden wieder aufgebaut und ausgebessert (vgl. Jes 58,12; Amos 9,11). Noch hat Nehemia sein Anliegen nicht formuliert, doch der Text bereitet zielstrebig darauf vor. In Kauf genommen wird dabei eine gewisse Härte in der Logik: Erst jetzt – wir befinden uns im Jahre 446/445, also etwa 140 Jahre nach der Zerstörung Jerusalems durch die Babylonier! – wird der Zustand der Stadtbefestigung Jerusalems als Notlage erfasst.

Nehemias Reaktion auf den Bericht über den Missstand entspricht genau dem Verhalten Esras in Esra 9,3-5; 10,6: Fasten und Gebet. Auch die Gestaltung und der Wortlaut des Gebets entsprechen der Textsorte des Bußgebets, wie es in Esra 9,6-15; Neh 9,6-37; Jer 32,17-25; Dan 3,26-45; 9,4-19; Tob 3,1-6; Est 4,17l–z; Bar 1,15–3,8 begegnet (siehe den Exkurs S. 224). Stets geht es dabei um das Bekenntnis, dass das Volk gegen die Weisung Gottes gelebt und daher Unglück und Schmach als gerechte Strafe erlitten hat. Verbunden mit dem Bekenntnis ist die Bitte um Vergebung und um einen Neuanfang – implizit steckt darin meist auch eine Mahnung an die Leserinnen und Leser, jetzt endlich die Gebote Gottes zu befolgen.

Das Gebet Nehemias in Neh 1,5–11 lässt sich in folgender Weise gliedern: Die Anrufung Gottes (V. 5; zur Bezeichnung »Gott des Himmels« vgl. den Exkurs bei Esra 1,2, S. 76) enthält den katechetischen Grundsatz, dass Gott zu seinem Bund steht und allen Gnade gewährt, die seine Gebote halten – direkt ist dies eine Feststellung über Gott, aber indirekt ein Appell an die Leserinnen und Leser, nach den Geboten Gottes zu handeln, um seiner Gnade teilhaftig zu werden! Man erkennt an solchen eingestreuten »Merksätzen«, die hier sogar auf der Textoberfläche als Gebet an Gott gerichtet sind, den paränetischen Charakter der Nehemia-Figur: Das Ziel ist letztlich nicht die Wiedergabe eines Gebets des Nehemia, sondern die Ermahnung des Publikums zur Treue gegenüber Gottes Gebot.

Auf die Bitte um Erhörung (V. 6a) folgen ein Schuldbekenntnis (V. 6b–7), eine Bitte um Versöhnung (V. 8–9), ein Appell an das Mitgefühl Gottes (V. 10) und eine erneute Bitte um Erhörung (V. 11a). An letztere ist – anders als in 6a – das Gebet weiterer gottesfürchtiger Volksgenossen angeschlossen. V. 11b schließlich leitet durch den Begriff »heute« sowie die Wendung »bei diesem Mann« und die nachklappende Feststellung der gesellschaftlichen Stellung Nehemias (s. u.) zur ab 2,1 folgenden konkreten Szene über.

Das Gebet selbst verknüpft die in V. 3 geschilderte Erzählsituation mit einer Reihe grundsätzlicher Themen. Auffällig ist der Rückgriff auf typische biblische Gebetssprache, so etwa in der Wendung »ein offenes Ohr bzw. Auge haben auf das Gebet« (V. 6.11; vgl. z. B. Ps 130,2; 2 Chr 6,40; 7,15) oder der Selbstbezeichnung des Beters als »Knecht« (V. 6.11; vgl. z. B. Ps 31,17; 35,27; 69,18; 86,4.16). Besonders deutlich aber treten Verbindungen zur Sprache des Buches Deuteronomium hervor. Dies zeigt sich etwa in den Formulierungen »großer und Furcht gebietender Gott« (V. 5; vgl. Dtn 7,21; 10,17; 28,58), »den Bund halten und die Gnade bewahren« (V. 5; Dtn 7,9.12), »Gebote, Gesetze und Anordnungen« (V. 7: *miṣwōt, ḥuqqīm, mišpāṭīm*; vgl. Dtn 5,31; 6,1; 7,11; 26,17; ferner 1 Kön 8,58; 2 Kön 17,37; Neh 9,13; 10,30), »unter die Völker zerstreuen« (V. 8: Dtn 4,27; 28,64); »befreien mit großer Kraft und starker Hand« (V. 10; Dtn 4,34.37; 5,15; 6,21; 7,8.19; 9,26.29 u. a.).

Besonders wichtig sind die V. 8–9: Nehemia greift hier in freier Weise auf Dtn 4,27-31; 28,64 sowie v. a. 30,1-5 zurück (vgl. auch

Lev 26,33.39-45). Schon in der Tora selbst ist »vorausgesagt«, dass Israel die Gebote Gottes missachten und zur Strafe unter die Völker zerstreut werden wird. Für diesen Fall verheißt das Buch Deuteronomium (und auch Lev 26,44-45), dass Gott wieder auf sein Volk schauen wird, wenn Israel auf die Weisung Gottes hören wird. Nehemia beruft sich also auf das in der Tora zu findende Versprechen Gottes, das verbannte Volk, wenn es sich nur bekehrt, wieder zurückzuführen. Mit diesen Verbindungen in die Tora hinein zeichnet der Text Nehemia von Anfang an als an der Tora orientiert und als Paradigma und Musterbeispiel des Tora-gehorsamen und daher auch erfolgreichen JHWH-treuen Israeliten. Zugleich wird das neben dem Mauerbau entscheidende zweite Thema des Buches eingeleitet: Die Wiederherstellung Jerusalems mit Hilfe Gottes kann nur in *Treue zur Weisung Gottes* gelingen (vgl. v.a. Neh 10,30).

Die Selbstbezeichnung Nehemias als »Mundschenk beim König« holt den Text aus den theologischen Grundsatzaussagen und schriftgelehrten Argumentationen zurück in den erzählerischen Rahmen der Szenerie. So entsteht die *literarische* Brücke zwischen Nehemia und dem »entscheidenden Mann«, nämlich dem persischen Großkönig Artaxerxes I. Der »Mundschenk« hatte eine besondere Vertrauensstellung am Hofe und übte eine Vielzahl von Funktionen aus (vgl. auch die Rolle des »Mundschenks« in der Josefsgeschichte Gen 40,1-41,9; außerdem Tob 1,22; ferner Herodot III, 34; Xenophon, Cyropädie I, 3,8.11).

b) Die Rückkehr Nehemias (Neh 2,1–11)

Die folgende Szene präzisiert zum einen das konkrete Anliegen Nehemias (2,5), das spannungsreich vorbereitet ist, dessen ausdrückliche Formulierung jedoch effektvoll hinausgezögert wird. Auch im weiteren Verlauf erscheint Nehemia als jemand, der zunächst im Hintergrund die Fäden zieht und erst dann, wenn alles hieb- und stichfest ist, an die Öffentlichkeit tritt (vgl. 2,12.16 u.ö.).

Die Datierung spricht vom Nisan des 20. Regierungsjahres von Artaxerxes I., also März/April. Der Nisan ist normalerweise der erste Monat, so dass sich ein Widerspruch zu 1,1 ergeben würde, wo man sich schon im Kislew (9. Monat) desselben 20. Regierungsjahres befindet. Wahrscheinlich wird hier jedoch die Regierungszeit der persischen Herrscher von Herbst bis Herbst gerechnet, so dass die übliche Monatszählung (Jahresbeginn im Frühjahr) nicht zutrifft und der Nisan nicht als erster Monat gilt. Der Kislew wäre bei dieser Annahme der fünfte Monat, der Nisan der neunte. Der Kislew des 20. Regierungsjahres des Artaxerxes entspricht somit November/Dezember 446 v. Chr., während der folgende Nisan dann im Jahre 445 anzusetzen ist.

Der Dialog zwischen dem König und Nehemia (V. 2–8) ist nach Motiven gestaltet, wie sie auch im Buch Ester begegnen (1,10; 5,6; 7,2.7-8; vgl. auch Dan 5; Jdt 12). Dabei hat die Doppelfrage des Königs nach Nehemias Befinden die Funktion, das Gespräch in Gang zu bringen. Das Erschrecken Nehemias (V. 2b) lässt den Leser aufhorchen und danach fragen, was Nehemia erschreckt. Soll so suggeriert werden, dass Nehemia spürt, dass Gott seine Gebete erhört hat? In jedem Fall ist dem Leser klar, dass es jetzt zum Treffen kommt. Mit einer Formel, die der höfischen Sitte zur Anrede eines Herrschers im babylonisch-persischen Raum entsprach, leitet Nehemia seine Antwort ein. Nehemia schildert zunächst den erbärmlichen Zustand Jerusalems. Wenn er dabei sagt, dass in Jerusalem »die Gräber meiner Väter sind«, könnte man spekulieren, Nehemia werde hier als Davidide bezeichnet, weil das Grab Davids sich innerhalb Jerusalems befand. In Neh 6,6 werden Nehemia zudem Ambitionen unterstellt, König zu werden. Doch aus diesen wenigen Andeutungen ist eine so weit reichende Annahme wie die davidische Abkunft Nehemias kaum zu erschließen. Sie erscheint außerdem relativ wenig wahrscheinlich, weil sich – anders als etwa bei Serubbabel – keinerlei messianische Hoffnungen mit der Figur Nehemias verbinden.

Dann – endlich, nach einem weiteren Nachfragen des Königs und einem angedeuteten Stoßgebet Nehemias (V. 4) – folgt nach einer erneuten *captatio benevolentiae* das eigentliche Anliegen Nehemias und des Buches: der Aufbau der Stadt Jerusalem in Juda (V. 5). Dabei hat der Leser des Buches noch in Erinnerung, dass der Tempel bereits aufgebaut ist und der Kultbetrieb funktioniert sowie dass Esra nach der Chrono-Logik des Buches schon tätig ist. Doch offensichtlich sind diese Anfänge gefährdet, solange die Stadtmauer nicht wieder aufgebaut ist – wobei hier schon anklingt, dass es nicht nur um die physikalische Aufrichtung von Bauwerken geht, sondern auch um die politische Souveränität unter persischer Oberherrschaft, eine Souveränität, die die *gesellschaftliche* Implementierung der Torabestimmungen im Alltagsleben erst ermöglicht. Dieses Fernziel wird im Esra-Nehemia-Buch am Ende deutlich, wenn Nehemia seine Reformen, z.B. die strikte Sabbatbefolgung, mit konkreten Verwaltungsbestimmungen durchsetzt (Neh 13).

Die folgende Antwort des Königs in Form von Nachfragen setzt eine Zustimmung bereits voraus. Die beiläufige Erwähnung der Königin (V. 6) könnte ein Signal für eine besondere Vertrauensstellung Nehemias sein oder auch andeuten, dass die Szene nicht in einem hochoffiziellen Rahmen, sondern eher im privaten Kreise zu denken sei: Somit wird vermittelt, dass Nehemia den König in keiner Weise öffentlich unter Druck gesetzt hat, sondern dass die Befürwortung des Anliegens aus freien Stücken und mit dem besten Willen des persischen Königs erfolgte. Die ausdrückliche Zustimmung des Königs am Ende von V. 6 beinhaltet noch keine Ernennung zum Statthalter, wie sie später (5,14) vorausgesetzt ist. Zum Schluss des Dialoges bittet Nehemia um legitimierende Passierscheine für diejenigen Gebiete, die er auf seiner Reise durchqueren muss, und eine Anweisung an den Verwalter der königlichen Wälder zur Lieferung von Bauholz. Für »Wälder« (besser Forste oder Parks) steht im Hebräischen das persische Lehnwort *pardes* (vgl. auch Hld 4,13; Koh 2,5), von dem sich auch das moderne Wort »Paradies« ableitet. V. 8 macht noch einmal klar, dass hinter der Zustimmung des Königs letztlich die göttliche Legitimation steht: Die Wendung »weil die gütige Hand meines Gottes über mir war«, erinnert an Esra 7,6.9; 8,18.22 und parallelisiert auf unterschwellige, aber wirksame Weise bereits an dieser Stelle die beiden wichtigen Protagonisten Nehemia und Esra.

V. 9 berichtet knapp die Ausführung der Reise. Anders als Esra (Esra 8,22) lehnt Nehemia das königliche Geleit nicht ab. Nehemia erscheint doch eher als der politische Pragmatiker, während die Mission Esras mehr spirituellen Charakter hat. Insgesamt dürfte die Unternehmung nicht ungefährlich gewesen sein. Das wird auch daraus sichtbar, dass nun zum ersten Mal die später mehrfach auftretenden Widersacher Nehemias genannt werden (vgl. 2,19; 3,33-38; 4,1; 6,1-14; 13,4-8.28): Sanballat, der Horoniter, und Tobija, der Knecht von Ammon.

Sanballat, Tobija und Geschem

Der Name *Sanballat* hat einen akkadischen Hintergrund (*Sin-uballiṭ*: »der Mondgott Sin gibt Leben«) und ist in einem Papyrus aus Elephantine in Oberägypten als Statthalter Samarias erwähnt (siehe die Einleitung, S. 40). Seine Herkunft geht entweder auf das nordwestlich von Jerusalem gelegene Bet-Horon (Jos 10,11; 16,3.5; 1 Kön 9,17; 1 Chr 7,24) oder auf den Ort Horonajim in Moab (Jes 15,5; Jer 48,3) zurück. In letzterem Falle würde der Text in abwertender Manier unterstellen, dass Sanballats Geschlecht nicht einmal aus Samaria selbst stammte. Vor Nehemia hatte der Statthalter von Samaria erheblichen Einfluss auf Jerusalem – die Einrichtung einer neuen Provinz »Yehud« durch Nehemia beschnitt notwendigerweise dessen Kompetenzen und Einkünfte (siehe auch die Einleitung, S. 45ff). Daher waren Konflikte vorprogrammiert.

Der jüdische Historiker Flavius Josephus erwähnt einen Sanballat, der das Heiligtum der Samaritaner auf dem Berg Garizim gegründet habe (Jos. Ant. XI, 310.321–325). Möglicherweise handelt es sich um einen gleichnamigen Nachfahren des hier erwähnten Sanballat. Der Name ist auch auf einem Siegelabdruck aus der Mitte des 4. Jh.s v. Chr. belegt.

Die Funktion des *Tobija* ist nicht eindeutig zu greifen. Das Epitheton »Knecht« kann alles sein: von der Sklavenbezeichnung bis hin zum Ehrentitel. Vielleicht sollen die negativen Konnotationen (»Sklave« bzw. »untergeordnete Instanz«) hier hereinspielen. Fraglich ist nur, inwieweit die Figur historisch zu greifen wäre. Der große Einfluss der Familie des Tobija (Tobiaden) im Ostjordanland (Gebiet von Ammon) ist mehrfach später bezeugt (z. B. 2 Makk 3,11; Jos. Ant. XII, 239–240).

Sanballat wie Tobija sind mit Jerusalemer Familien verschwägert (vgl. Neh 6,17-19; 13,4–9.28); ihre Kinder tragen jüdische Namen (Neh 6,18; auf dem erwähnten Papyrus aus Elephantine werden die Söhne Sanballats Delaja und

Schelemja genannt). Obwohl sie also »Juden« sind, gelten Sanballat und Tobija im Esra-Nehemia-Buch als Feinde und Widersacher, so dass einmal mehr die Ideologie greift, dass nur die aus dem Exil nach Jerusalem/Juda Heimgekehrten das wahre Israel ausmachen.

Als weiterer Gegenspieler taucht ab Neh 2,19 der Araber *Geschem* auf. Der Name ist häufig belegt. Er war eigenständiger Herrscher oder persischer Statthalter in den Gebieten südlich (und westlich) von Juda (die edomitisch-philistäische Provinz). Durch diese drei Namen erscheint Jerusalem gleichsam von Feinden eingekreist: Sanballat steht für das – in den Augen vieler biblischer Texte! – »abgefallene« *Nord*reich, Tobija für das *Ost*jordanland, Geschem als Araber für den *südlichen* bzw. *westlichen* Bereich. Sanballat, der meist als erster in den Zweier- oder Dreierlisten (Neh 2,10.19; 3,33-38; 4,1; 6,1; anders 6,12.14) genannt ist, könnte der Anführer dieser Koalition gegen Nehemia und Yehud gewesen sein.

Alle drei, insbesondere Sanballat und Tobija, werden nicht mit ihren offiziellen Titeln eingeführt, sondern mit eher neutralen bis abwertenden Herkunftsbezeichnungen. Ihre jüdische Identität wird ihnen kurzerhand abgesprochen, indem von ihrem Verdruss darüber berichtet wird, dass sich mit Nehemia jemand für die »Israeliten« (wörtlich: »Söhne Israels«) einsetzt.

Literatur: u. a. *J. Zsengellér*, Gerizim as Israel. Northern Tradition of the Old Testament and the Early History of the Samaritans, Utrecht 1998, 133–138; ferner *U. Kellermann*, Nehemia, Berlin 1967.

Die Spannung ist deutlich genug aufgebaut: auf der einen Seite steht der mit göttlicher (»die gütige Hand meines Gottes«) und königlich-persischer Legitimation sowie handfester Eskorte ausgerüstete Nehemia, auf der anderen Seite operieren die Lokalgrößen rund um Jerusalem, die ihren Einfluss auf die Stadt wahren wollen. Ein vorsichtiges Agieren Nehemias ist angeraten – und genau so verhält er sich auch. Zunächst jedoch gönnt sich Nehemia drei

Tage Ruhe – wie dies auch schon bei der Ankunft Esras praktiziert wurde (Esra 8,32).

2. Der Bau der Stadtmauer mit vielen Hindernissen (Neh 2,12-7,4)

a) Vorbereitungen zum Aufbau der Stadtmauer (Neh 2,12-20)

Nach der Ruhephase von drei Tagen nach der Ankunft in Jerusalem macht sich Nehemia unverzüglich an die Verwirklichung seines Vorhabens, geht dabei aber zunächst im Verborgenen vor. Ausdrücklich betont der Ich-Bericht, dass Nehemia nicht auf eigene Rechnung handelt, sondern in Gottes Auftrag unterwegs ist (V. 12). In einer nächtlichen Aktion inspiziert Nehemia die zerstörte Mauer. Obwohl Nehemia »einige wenige Männer« mitnimmt, bleiben verschiedene Details unklar: Hat Nehemia sie eingeweiht? Bleiben sie am Taltor (vgl. die Skizze S. 167), während Nehemia alleine ausreitet? Warum verwendet er für die kurzen Strecken ein Reittier? (Der einfache Weg dürfte etwa einen Kilometer betragen haben.) Und welches Tier nimmt er mit? Fast beschleicht den Leser das Gefühl, der Text formuliert so ungenau und rätselhaft, um von daher auch stilistisch das Geheimnisvolle und Gefährliche der »Nacht-und-Nebel-Aktion« Nehemias zu unterstreichen.

Der genaue Weg des Inspektors lässt sich nur noch hypothetisch rekonstruieren: Vom Taltor an der Westseite des Südosthügels der Stadt wendet sich Nehemia Richtung Süden bis zum Aschentor am Südende der Ostmauer, wo sich das west-östlich verlaufende Hinnomtal und das nord-südlich verlaufende Kidrontal vereinigen. Möglicherweise entspricht das Aschentor dem Scherbentor aus Jer 19,2. Etwa 200 m südlich des Punktes, wo sich die beiden Täler treffen, liegt die Rogelquelle (vgl. Jos 15,7; 18,16; 2 Sam 17,17; 1 Kön 1,9), die hier wahrscheinlich mit der Bezeichnung »Drachenquelle« gemeint ist. Dieser Name könnte von dem in 1 Kön 1,9 erwähnten Sohelet-Stein abgeleitet sein: Sohelet bedeutet vermutlich »Schlange«. Die Rogel- oder Drachenquelle liegt weit ab von der Mauerlinie, so dass Nehemia wohl nicht an der Drachenquelle *vorbei* ritt, sondern vom Taltor aus *in Richtung* der Quelle loszog. Nach 3,13 beträgt die Entfernung zwischen dem Taltor und dem Aschentor 1000 Ellen (ca. 500 m).

Vom Aschentor geht der Weg auf der östlichen Seite wieder nach Norden zum so genannten Quelltor (eventuell identisch mit dem in 2 Kön 25,4 sowie Jer 39,4 und 52,7 genannten »Tor zwischen den beiden Mauern«). Nehemia reitet das Kidrontal (»Bachtal«) in nördlicher Richtung hinauf und kann ab einem bestimmten Punkt nur noch zu Fuß weiter. Die Archäologie bestätigt, dass dieses Tal durch die Zerstörung der Ostmauer mit Geröll angefüllt war. An einem nicht näher genannten Ort kehrt Nehemia um zum Taltor. Dabei ist der hebräische Text nicht ganz eindeutig: Umrundete Nehemia die ganze Stadt? Das ist eher unplausibel, da dies ein doch recht langer Fußmarsch (zumal bei Nacht) gewesen sein müsste. Außerdem wäre es dann unerklärlich, warum der Text die Tore in der Nordmauer nicht erwähnt. Von der inneren Logik des Textes her muss man wohl die Vorstellung verfolgen, dass Nehemia auf dem gleichen Wege um die Südostecke der Stadt herum zurückgekehrt ist. Vielleicht will der Text auch unterstellen, dass Nehemia den Plan hatte, die Stadt ganz zu umrunden und deswegen ein Reittier mitnahm. Doch er kommt aufgrund der Zerstörungen mit dem Tier nicht weiter und gibt daher das ursprüngliche Vorhaben auf. Für das Verständnis des Textes wichtiger als alle topographischen Angaben ist jedoch V. 13 (vgl. 1,3 und 2,3): Die Mauern Jerusalems sind niedergerissen und die Tore vom Feuer verzehrt. Mit dieser Beschreibung wird z. B. an Jer 17,27; Klgl 4,11-12 (vgl. auch Jes 1,7; Hos 8,14; Amos 2,5) angeknüpft: Was Nehemia da inspiziert, ist die durch Gottes Gericht zerstörte Stadt.

Bisher hatte sich Nehemia aus taktischen Gründen bedeckt gehalten und niemanden in sein Vorhaben eingeweiht (V. 16). Damit unterstreicht der Text erneut, wie sorgfältig und umsichtig Nehemia zu Werke geht. Erst jetzt, nachdem Nehemia sich ein Bild von der Ausgangslage gemacht hat, informiert er die Öffentlichkeit von seinem Plan, die Mauern wieder aufzubauen. Die Wendung »unserer Schande ein Ende machen« zeigt bereits, dass es nicht allein um Renovierungsmaßnahmen geht, sondern letztendlich um die politische Selbstbestimmung, die nur in einem befestigten Ort durchführbar ist. Nehemias Verweis auf die königliche Legitimierung beseitigt die letzten Zweifel: Erneut begegnet die Wendung von der gütigen Hand Gottes (s. o. zu 2,8), die schon mit Esra war, und zugleich kommt die Zusage des persischen Königs hinzu. Wie schon mehrfach im Esra-Nehemia-Buch gehen auch hier göttlicher Plan und persisch-königliche Zustimmung Hand in Hand und werden in einem Atemzug genannt.

Die Reaktion der Einwohner von Jerusalem bzw. der Oberen ist zustimmend. Doch dieses Vorhaben dringt auch sehr rasch zu den Lokalfürsten der Umgebung: Es treten die schon in 2,10 genannten Sanballat und Tobija auf, dazu der Araber Geschem (s. o. den Exkurs zu Sanballat und Tobija, S. 162f.). Von der Lokalisierung her ist durch diese drei Namen und ihre Herkunftsbezeichnung signalisiert, dass Jerusalem eingekreist ist. Unterschwellig wird hier die Situation dramatisiert. Nehemias Reaktion ist kühl ablehnend: Er weiß den »Gott des Himmels« auf seiner Seite (vgl. den Exkurs zu »Ba'alschamem«, S. 76). Die Wahl dieser gleichsam »international« verständlichen Gottesbezeichnung zeigt schon auf, dass Nehemia seinen Gegnern jeglichen Anteil am »Jude-Sein« abspricht: Er redet mit ihnen, als wären sie »Heiden« wie die Perser. Das drückt er dann auch noch einmal deutlich aus: In scharfer Trennung zwischen der »Wir«-Gruppe, die sich als Knechte Gottes (von hebräisch *'äbäd*, wie beim Gottesknecht in Deuterojesaja!) bezeichnet, und »den anderen« (»ihr«) wird die eigene Identität polarisierend definiert. »Ihr« – also »die anderen« – habt keinen Anteil an der Heiligen Stadt und kein Anrecht auf sie. In Analogie zum ausschließenden Charakter der Listen im Esra-Buch betont Nehemia hier, dass an sie keine Erinnerung *(zikkarōn)* in Jerusalem besteht, will sagen, es gibt keinen genealogischen Listeneintrag für sie, denn das wahre Israel sind nach der Sicht des Esra-Nehemia-Buches allein diejenigen, die aus dem Exil nach Hause zurückgekehrt und entsprechend namentlich registriert sind. Durch die Verbindung dieser exklusivistischen Vorstellung mit der Rede vom Gott des Himmels wird unterschwellig deutlich gemacht, dass Sanballat, Tobija und Geschem letztendlich die Feinde Gottes selbst sind.

b) Die Beteiligung des ganzen Volkes am Bau der Stadtmauer (Neh 3,1-32)

Fast das gesamte dritte Kapitel widmet sich den Details der gemeinsamen Arbeit an der Stadtmauer. Es wird bisweilen vermutet, es handle sich bei diesem Teil des Textes um ein ursprünglich selbständiges Dokument, das als authentische Auflistung des Baufortschritts in den Bericht des Nehemia eingearbeitet worden sei. Demgegenüber ist die enge Kontextverankerung von 3,1-32 zu betonen: 3,1 greift mit »sich ans Werk machen« (wörtlich: »aufstehen und bauen«) die Ausdrucksweise von 2,20 auf; außerdem setzen 3,33-38 die Vorgänge des Mauerbaus voraus.

Bei dieser so genannten »Bauliste« handelt es sich also weniger um ein historisches Dokument als vielmehr um einen Text, der die Größe des Gesamtwerkes wie auch die Tatsache, dass sich eine für den Leser unüberschaubare Menschenmenge beteiligt, herausstellt. Das gemeinsame Tun des Volkes wird auch durch die Stereotypie der geschilderten Handlungen (»bauen«, »arbeiten«) klar gemacht. Bei jedem Tor werden erneut »Balken und Torflügel« (V. 1) bzw. »Balken, Torflügel, Riegel und Sperrbalken« (V. 3.6.13–15) erwähnt. So entsteht das Bild einer unendlichen Reihe von Mitarbeitern, die sich ganz in den Dienst des Mauerbaus stellen. Dabei geht der Erzähler die Mauer, beginnend beim Schaftor an der Nordseite des Tempelbezirks, gegen den Uhrzeigersinn Schritt für Schritt ab.

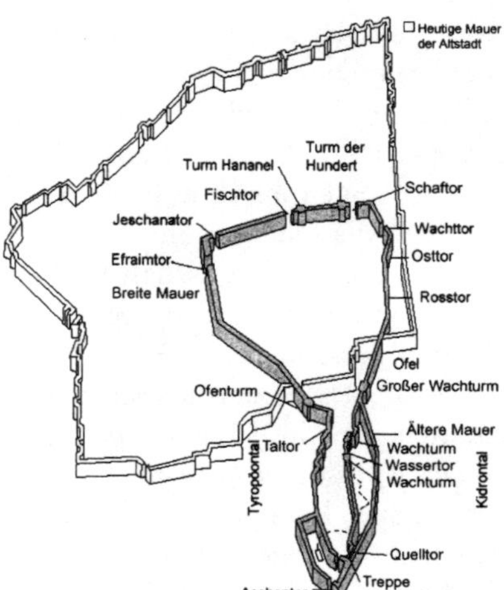

Jerusalem zur Zeit Nehemias

(Diese Skizze veranschaulicht den Bibeltext des Nehemiabuches und gibt keine archäologisch gesicherten Fakten wieder.)

Hier wird der Umfang der Stadt am genauesten beschrieben, doch die exakten Lokalisierungen der genannten Orte bleiben umstritten. Insbesondere ist fraglich, ob der durch das Tyropöontal vom Südosthügel getrennte Südwesthügel mit einbezogen war oder nicht. Die aus neutestamentlicher Zeit stammende Mauer schließt den Südwesthügel mit ein. Vermutlich wurde dieser Teil der Stadt erst in hasmonäischer Zeit in das Stadtgebiet einbezogen. Von der Beschreibung des Nehemia-Textes her scheint auch eher an eine »kleine Lösung« gedacht zu sein, d.h. die Stadtmauer des Nehemia umgrenzte wohl den Südosthügel zwischen Tyropöontal im Westen, dem Hinnomtal im Süden und dem Kidrontal im Osten, sowie den Tempelberg im Nordosten, der schon seit längerer Zeit in westlicher Richtung stark erweitert war, so dass sich als Grundriss der Stadt in etwa ein spiegelverkehrtes »P« ergibt. Die Nord-Süd-Erstreckung betrug ca. 1200 m.

Daneben sind zumindest einige Beobachtungen im Detail interessant: Als erstes sind der Hohepriester Eljaschib und seine Brüder erwähnt. Diese Voranstellung zeigt, dass gerade die Vornehmsten sich am Aufbau der Mauer beteiligen, so dass es eigentlich für niemanden einen Grund geben kann, sich nicht an der »guten Sache« (2,18) zu beteiligen. Dies wiederum rückt die Erwähnung der »*Vornehmen* aus Tekoa«, die als einzige nicht mitarbeiten wollen (V.5), in ein negatives Licht. Die »*Leute* aus Tekoa« aber scheinen den Ausfall ihrer Vornehmen durch doppelten Eifer wieder wettzumachen. Sie werden zwei Mal erwähnt: V.5 und V.27.

Der Hohepriester und die Priesterschaft beginnt beim Schaftor, das im Tempelbezirk an der Nordseite liegt (V.1). EÜ korrigiert den Text von V.1 und passt ihn an V.3 und V.6 an: »Sie setzten seine Balken ein« *(qerū=hū)*. Diese Anpassung geschieht jedoch zu unrecht. Der hebräische Text in V.1 lautet *qiddᵉšū=hū*, »sie weihten es (das Tor) ein«. Das ist insofern passend, da durch dieses Tor die Opfertiere in den Tempel kommen und es daher durchaus eine Sonderbehandlung in Form einer Vorwegnahme der Einweihung (»Heiligung«) verdient. Die Priestergruppe baut dann den Abschnitt zum »Turm der Hundertschaft« *(migdal ha=me'ā)* und zum Turm Hananel (vgl. dazu z.B. die Heilsprophetien in Jer 31,38 und Sach 14,10). Das folgende Fischtor gehört nach Zef 1,10 bereits zum »zweiten Bezirk« (der Westerweiterung des Tempelbezirks;

EÜ: »Neustadt«). Der Name »Jeschanator« kann auch »Altes Tor« bedeuten (so die Vulgata), vielleicht ist es mit dem »Ecktor« (Nordwestecke der Stadt) identisch (2 Kön 14,13//2 Chr 25,23; Jer 31,38; Sach 14,10). In südöstlicher Richtung verläuft dann die Breite Mauer, und nach dem Ofenturm folgt die bereits aus 2,13–14 bekannte Route vom Taltor zum Aschentor und zum Quelltor. Weitere Stationen sind der »Teich der Wasserleitung beim Königsgarten«, die Stufen (die Treppe), die zur Davidsstadt auf dem Südosthügel führen, sowie die Gräber Davids (vgl. z.B. 2 Chr 21,20; 24,25), der »künstliche Teich« und die Kaserne der Leibwache (wörtlich »Haus der Helden«; vgl. 1 Chr 11,10-47//2 Sam 23,8-39). Der Text nennt zwischen der Treppe zur Davidsstadt und dem Wassertor noch weitere Lokalisierungspunkte der Mauer (vgl. die Skizze S.167), die im sonst nahezu parallel verlaufenden Bericht von der *Einweihung* der Mauer (Neh 12) fehlen. Das Wassertor (V. 12, siehe Neh 12,37) hat seinen Namen wohl daher, dass man von hier zur Gihonquelle am Fuße des Ostabhangs hinunter stieg. So genau auch die folgenden Angaben des Mauerverlaufs klingen, sind sie jedoch sämtlich nicht sicher archäologisch nachweisbar. Was dem Leser übrig bleibt, ist der Versuch, sich die einzelnen Punkte vor dem geistigen Auge zusammenzusetzen. Die obige Skizze mag dazu heute eine Hilfestellung geben – sie ist als Verbildlichung des literarischen Textes gedacht und erhebt nicht den Anspruch einer historischen Rekonstruktion! Somit bleibt dem Leser ein bewegender Eindruck einer geschlossenen Kette von unermüdlichen Arbeitern an allen bekannten Ecken Jerusalems.

Betrachtet man die Namen der Liste näher, so fällt auf, dass viele von ihnen auch in Esra 2 zu finden sind. Auf diese Beobachtung können allerdings keine historischen Spekulationen aufgebaut werden, die Gemeinsamkeiten dürften sich vielmehr literarischer Anleihe verdanken: Der Autor benötigte Namen, um seine Liste anzufüllen, und benutzte dafür Esra 2 als Grundlage.

Hingewiesen sei noch auf die Erwähnung der Töchter Schallums in V. 12. Angesichts der großen Dominanz männlicher Namen sowie der androzentrischen Perspektive des gesamten Esra-Nehemia-Buches ist das ein kleines, aber wichtiges Detail. Versuche in Kommentaren, die »Töchter« in (die sonst üblichen) »Söhne« zu ändern oder unter »Töchter« gar »Tochterstädte« oder zugeordnete Dörfer zu verstehen, sind unangebracht. Hier werden einmal Frauen nicht unsichtbar gemacht. Hinzuweisen ist auch auf das Erbrecht für Frauen, das dann eintritt, wenn keine männlichen Nachkommen da sind (vgl. Num 27,1-11; 36,1-13) – dies scheint nach der Vorstellung des Textes wohl bei Schallum der Fall zu sein, so dass es eigentlich ganz normal ist, dass hier die Töchter, die eben auch die Erben sein werden, genannt werden. EÜ interpretiert: »Ihm halfen seine Töchter« – der hebräische Text lautet wörtlich: »er und seine Töchter«. Diese offenere Formulierung erlaubt es, den Frauen (Töchtern) eine bedeutsamere Rolle als Mitarbeiterinnen (nicht nur »Helferinnen«) am großen Mauerbauprojekt zuzugestehen.

c) Der Spott der Feinde (Neh 3,33-38)

Erneut tauchen Sanballat und Tobija, die paradigmatischen Widersacher Nehemias, auf. Ihrem Ärger über den Fortschritt der Arbeiten an der Stadtmauer Jerusalems machen sie in beißendem Spott Luft. Im Vergleich zu den ersten beiden Malen (2,10 und 2,19) ist das Auftreten der Gegnerschaft in deutlich verschärfter Form gezeichnet. Doch ihr Spott wirkt durch den starken Kontrast zu den in eindrucksvoller Breite geschilderten einhelligen Arbeiten der Israeliten (3,1-32 werden deutlich vorausgesetzt) eher wie das Pfeifen im Wald, um die Angst zu vertreiben.

Erstmals werden die Reden des Sanballat und des Tobija getrennt voneinander angeführt, erstmals wird berichtet, an wen Sanballat seine Worte richtet. Neben seinen »Brüdern« – gemeint sind vermutlich seine engsten Gefolgsleute – ist auch das Heer von Samarien erwähnt: wahrscheinlich das Offizierskorps oder die Oberschicht der Stadt. Hier zeigt sich einmal mehr die deutlich *politische* Ebene des Geschehens, und die Worte Sanballats atmen klar den Geist politischer Hetz-Propaganda. Die Fragenreihe des Sanballat mit der abwertenden Bezeichnung der Israeliten als »elende«, d.h. schwächliche Juden soll das Vorhaben des Mauerbaus als unrealistisch und weltfremd abqualifizieren. Die Frage Sanballats nach dem »Opfer darbringen« bezieht sich wahrscheinlich auf den Einweihungsritus. Das Spottwort des Tobija schließlich will das Werk vollends der Lächerlichkeit preisgeben. Diese Reden wollen dem Leser zeigen, dass sich zunehmender Widerstand gegen den

Bau der Mauer regt, gleichzeitig machen sie indirekt auch klar, dass das den Gegnern Nehemias widersinnig erscheinende Werk der Israeliten, das nach V. 38 rasch voranschreitet, nur mit Hilfe Gottes gelingen kann.

Das Gebet Nehemias (V. 36–37) zeigt, dass die Feinde mit ihrem Spott ein Werk verhöhnen, das Gott angeregt hat (2,12), und das lässt bereits jetzt erwarten, dass sie mit ihrem Widerstand keinen Erfolg erzielen werden. Nehemia zeigt sich als unerschütterlich in seiner Sicherheit, dass Gott auf seiner Seite ist – daher kann er nach Art des Jeremia die Strafe Gottes für die Sünden seiner Gegner herab rufen (vgl. Jer 18,23; auch Ps 69,27-28; 109,14-15). In den Ohren heutiger Leserinnen und Leser mag ein solcher Gebetswunsch, nämlich dass es den Feinden schlecht ergehen möge, anstößig klingen. Doch die harten Worte verdeutlichen den Ernst der Lage: Es geht dem Text um nicht mehr und nicht weniger als um das politische Überleben der vergleichsweise kleinen Gemeinde in Jerusalem um den Tempel. Einmal mehr zeigt sich Nehemia als derjenige, der *religiöse* Überzeugungen (dass er im Auftrag Gottes handelt und die Jerusalemer Tempelgemeinde, »Israel«, eine von Gott legitimierte Existenz hat) ganz pragmatisch auf *politischer* Ebene verwirklicht. Jeglichen Widerstand gegen seine politischen Vorhaben münzt Nehemia sofort um als Angriff auf den Willen Gottes und damit als Sünde und Beleidigung Gottes (der Schluss von V. 37 lautet wörtlich: »sie haben [Gott!] erzürnt vor den Bauenden«). Aus *dieser* Sichtweise heraus, die sich der Text zu eigen macht, muss man das Tun von Sanballat und den anderen auf das Schärfste verurteilen. Konkrete Gewalttaten gegen sie liegen nicht im Rahmen der Möglichkeiten Nehemias, so dass er ein Ventil darin findet, die »gerechte Strafe« im Gebet Gott zu überlassen.

d) Störaktionen von außen (Neh 4,1-17)

Nach der Politpropaganda von Sanballat und Konsorten droht nun neues Ungemach in gesteigerter Form, also mit Waffengewalt. Die Nachbarvölker (Ammon im Osten, Araber im Süden, Aschdod im Westen, Sanballats Samarien im Norden) bilden eine Koalition, die Juda von allen Seiten her isoliert. V. 2 erwähnt als Ziel der Feinde nebeneinander, »gegen Jerusalem in den Krieg zu ziehen« und

»dort Unruhe zu stiften«. Der Text zeichnet eine feindliche Übermacht, die sich gegen Jerusalem zusammenzieht. Zwar beginnen die Kräfte des verzagenden Volkes zu schwinden (V. 4), Gottes Hilfe aber macht die Rettung aufgrund der Solidarität aller möglich. Die Heilsprophetie Deuterojesajas (Jes 40,29-31) findet ähnliche Worte. Das Tun der Feinde wird als besonders hinterhältig dargestellt (V. 5), offensichtlich soll nicht offen gekämpft werden, sondern aus dem Untergrund heraus, gleichsam in terroristischer oder Guerilla-Manier, soll das Vorhaben »Mauerbau« unterminiert werden. Doch die Arbeit der »Geheimdienste« funktioniert, wie sich schon mehrfach im Esra-Nehemia-Buch zeigte: Die Gegenseite »hört« jeweils vom Vorhaben der anderen. Auch hier wird der Plan der Gegner den Israeliten bekannt (V. 6).

Nehemias Reaktion zeigt erneut die enge Verbindung religiösen Denkens und politischer Pragmatik: Nehemia betet zu Gott (»wir« in V. 3; vgl. ähnlich 2 Chr 20,5-12), ermutigt die Leute unter Verweis auf Gottes Beistand (V. 8; vgl. 2 Chr 15–17; Dtn 20,1-4) und ergreift zusätzlich taktische Maßnahmen (V. 3b; V. 7; V. 10–17). Die Vorbereitungen der militärischen Abwehrmaßnahmen werden in ähnlicher Weise geschildert, wie sich nach der Darstellung der geschichtlichen Bücher des Alten Testaments das alte Israel auf den JHWH-Krieg einstellte (z. B. 2 Sam 10,12; 2 Chr 20; 32,5.7; 1 Makk 3,43; 9,10): Gottes wirkmächtiges Handeln in der Geschichte zeigt sich auch in der Rettung seines Volkes aus militärischer Bedrohung.

Die Taktik des Überraschungsangriffs der Feinde ist durch die geheimdienstliche Arbeit zunichte gemacht worden – ein Tatbestand, den Nehemia sofort religiös überhöht und diesen Erfolg Gottes Intervention zuschreibt (V. 9). So ergibt sich eine spannungsgeladene Situation: Auf feindlicher Seite erscheint ein direkter Angriff offensichtlich nicht kalkulierbar, auf der Seite Nehemias und der Israeliten ist eine permanente Wachsamkeit erforderlich, die die Arbeiten nicht unerheblich behindert.

V. 12–14 zeigen, dass der Bau »weit ausgedehnt« über ganz Jerusalem fortgesetzt wird. Bei einem Hornsignal, das wieder an die alten Zeiten der früheren Kriege Israels anknüpft (vgl. Ri 3,27 [Ehud]; 6,34; 7,18 [Gideon]; 1 Sam 13,3 [Saul]), sollen sich alle sammeln. Diese taktisch nicht unbedingt kluge Regelung, bei einem

Angriff alle Verteidiger auf einem Punkt zusammenzuziehen und so weite Teile der Mauer zu entblößen, wird mit dem unbedingten Vertrauen auf Gottes Hilfe begründet – eine Hilfe, wie sie schon in der aussichtslosen Lage der Verfolgung Israels durch die Ägypter beim Auszug aus Ägypten erfahren wurde: Die Wendung »Unser Gott wird für uns streiten« spielt direkt an diese Geschichte an (Ex 14,14.25; vgl. Dtn 1,30; 3,22; 20,4; Jos 10,14.42; 23,10; 2 Chr 20,15.17; 32,8). Zugleich wird jetzt auch deutlich, dass die Zahl derer, die am Aufbauwerk beteiligt sind, im Verhältnis zur Größe des Vorhabens verschwindend gering ist, ein deutlicher Kontrast zu dem in 3,1–32 gezeichneten Bild. Vor allem vor dem Hintergrund, dass bereits schon das reine Arbeiten am Mauerbau an die Grenzen der Leistungsfähigkeit ging (V. 4), wirkt die jetzige Belastung aller Beteiligten geradezu übermenschlich: Der Text zeichnet eine geradezu heroische Überleistung des Volkes, die nur mit Gottes Hilfe gelingen kann.

e) Soziale Spannungen in den eigenen Reihen (Neh 5,1-13)

Das fünfte Kapitel wechselt die Perspektive und richtet den Blick auf die *inneren* Verhältnisse. Dieser Wechsel ist durch folgende Überlegung berechtigt: Das große Vorhaben des Baus einer Stadtmauer und der damit untrennbar verbundenen politischen Autonomie kann nur gelingen, wenn die *sozialen* Verhältnisse im Inneren stabil sind. Hier jedoch hat der politische Pragmatiker Nehemia mit Missständen zu kämpfen, denn es wird eine »laute Klage« erhoben. Dieser Klageruf *(ṣ^{e}ʿaqā)* erinnert nicht nur an die laute Klage der Israeliten in Ägypten (vgl. Ex 3,7.9), die Gott zur Abhilfe veranlasst (vgl. auch 1 Sam 9,16), sondern das Verb steht auch für die Klage, die Rechtshilfe einfordert (2 Sam 19,29; 1 Kön 20,39; 2 Kön 6,26; 8,3.5). Insbesondere die Frauen als die sozial noch mehr Benachteiligten erheben diese Klage. Durch den Kontext erscheint es so, als wären die erheblichen Belastungen durch den Mauerbau ausschlaggebend für die Verschärfung der Krise. Doch im Folgenden wird deutlich, dass es um grundsätzliche Probleme geht, die – unabhängig vom Bauvorhaben – die Gemeinde zu spalten drohen. Daher ist in jedem Fall eine Abhilfe nötig, auch wenn es unter dem Druck des Mauerbaus zeitlich unpassend erscheint. Nehemia wird wieder als pragmatischer und souverän handelnder Politiker dargestellt, der auch diese Situation vorbildlich meistert.

Die V. 2–4 stellen parallel die Proteste dreier Gruppen vor, die in soziale Not geraten sind. Im ersten Fall (V. 2) kommen Grundbesitzlose zu Wort, die ihre Kinder gegen Nahrungsmittel an wohlhabende Juden verpfänden mussten. Bei der zweiten Gruppe (V. 3) geht es um die Verpfändung von Haus- und Grundbesitz gegen Lebensmittel. Im dritten Fall (V. 4) sind finanzielle Schwierigkeiten von Grundbesitzern bei der Zahlung der Königssteuer angesprochen. Vor allem V. 5 macht die Brisanz der Situation deutlich: Der Text setzt voraus, dass Schulden nicht zurückbezahlt werden konnten und Pfänder somit in den Besitz der Gläubiger übergegangen sind. Somit sind Personen in die Sklaverei bei jüdischen Herren geraten. Die entsprechenden Regelungen in der Tora finden sich in Ex 21,2-11; Dtn 15,12–18 (siehe auch Jer 34,14). Darauf bezieht sich auch der Satz »Einige von unseren Töchtern sind schon erniedrigt worden«, der bedeutet, dass diese zu Sklavinnen bzw. Nebenfrauen (vgl. Ex 21,7-9) reicher Gläubiger wurden. Ferner haben Grundbesitzer ihr Eigentum verloren. Betont wird in der Klage die gleiche Abkunft: »vom selben Fleisch wie unsere Stammesbrüder« (V. 1.5). Gerade dies ist ja der Skandal, dass es innerhalb des von Gott aus dem Exil bewahrten »Restes«, der das »wahre Israel« darstellt, trotz der genealogischen Verbundenheit zu solchen sozialen Missständen und Ungleichheiten gekommen ist. Diese Spannungen gefährden massiv das vom Text immer wieder propagierte Ideal der Einmütigkeit und Zusammengehörigkeit. In der Tora werden daher der Schuldsklaverei und Pfändung entsprechende Grenzen gesetzt, die vor allem die »brüderliche Solidarität« innerhalb des Volkes hervorheben (vgl. Ex 22,24-26; Lev 25,35-38.39-43.46; Dtn 15,1-3; Dtn 23,20-21; 24,6.10-13).

Nehemia versteht den Klageruf an sich gerichtet, er ergreift ohne zu zögern die Initiative. Dabei ist der Text nicht an Spekulationen interessiert, ob er dies deswegen tut, weil er bereits zum Statthalter ernannt ist oder als Leiter der Bauarbeiten in einer besonderen Verpflichtung steht: Seine Reaktion ergibt sich vielmehr aus der Logik des Textes heraus, der ihn von Anfang an in den Mittelpunkt der Handlung stellte. Erinnert man sich an die Nehemia bisher stets charakterisierende Verbindung *religiöser* und *politischer* Überlegungen, so sind es zwei Richtungen, die Nehemia zum Eingreifen motivieren: Die sozialen Spannungen sind ein *religiöser* Verstoß gegen die Tora (vgl. die genannten Stellenangaben; Neh 5,9), *und* sie gefährden die Realisierung der *politischen* Autonomie, weil die harte Durchsetzung aller Schuldansprüche und finanzieller Forderungen letztlich volkswirtschaftlich unsinnig ist, da die an Fremdvölker als Sklaven verkauften Israeliten ohnehin zurückgekauft werden sollten (vgl. Lev 25,47-54; Neh 5,8).

Vor diesem Hintergrund ist der »Zorn« Nehemias über die geschilderten Zustände zu verstehen. V. 7 betont jedoch die trotz der emotionalen Beteiligung auftretende Vorsicht und Umsicht Nehemias: Er handelt nicht im Affekt, sondern vernünftig und verstandesgemäß. Wörtlich lautet V. 7a: »Und mein Herz ging zu Rate in/mit mir« – wobei das »Herz« der Sitz des *Verstandes* (nicht des Gemüts) ist. Erneut geht Nehemia nicht sofort an die große Öffentlichkeit, sondern sondiert vorher durch persönliche Gespräche das Machbare. Dann appelliert er während einer großen Versammlung an das Bewusstsein der Verbundenheit und der Zusammengehörigkeit aller Juden und an das sich daraus ergebende solidarische Verhalten untereinander. V. 8 setzt neben den bereits in V. 2–5 vorgebrachten Klagen voraus, dass in manchen Fällen sogar Juden an Angehörige fremder Völker verkauft wurden, was aufgrund der Bestimmung in Lev 25,47-54 nicht sinnvoll ist, da diese Sklaven zurückgekauft werden sollen (s. o.). Einerseits argumentiert Nehemia nun damit, dass ein Verhalten gemäß Gottes Forderung zur Solidarität mit dem verarmten Nächsten auch den »Hohn der feindlichen Völker« beenden würde (V. 9). Andererseits bietet er sein eigenes Verhalten als Modell für die Lösung der Krise an: Er selbst kauft nicht nur versklavte jüdische Stammesbrüder aus anderen Völkern frei (V. 8), sondern verzichtet – wie auch seine Angehörigen – vollkommen auf die Erstattung von Schulden. Von daher fordert er »unverzüglich« (V. 11) dasselbe Verhalten von allen anderen Gläubigern. Dieses »Sofort« geht im Angesicht der unmittelbaren Notlage über Bestimmungen wie Ex 21,2 oder Dtn 15,1–3.12 hinaus, wo nach jeweils sieben Jahren ein Schuldenerlass und eine Freilassung von Sklaven gefordert wird. Eine vergleichbare Szene findet sich in Jer 34,8-22, einem Text, der vielleicht auch literarisch Einfluss auf

Neh 5,6-13 genommen hat. In beiden Fällen sind aufgrund einer Notsituation Sofortmaßnahmen notwendig, beide Male wird an die israelitische Brüderlichkeit erinnert (Neh 5,5.7.10 – Jer 34,17) und ein Abkommen getroffen (Neh 5,12; Jer 34,8.10.15.18), das mit einer Fluchformel bekräftigt wird (Neh 5,13; Jer 34,19 unter Rückgriff auf Gen 15,17). Der Fluch Nehemias verbindet eine symbolische Handlung (Ausschütteln des Gewandbausches) und ein deutendes Wort und erinnert so an prophetische Zeichenhandlungen. Gleichzeitig zeigen sich Beziehungen zu Texten, in denen ein Bund geschlossen wird (Ex 19,8; 24,3; Dtn 27,26; 31,9-11). Darum betont auch V. 13b, dass das ganze Volk zustimmt. Dieser feierliche Rahmen rechtfertigt auch die Erwähnung des sonst in Neh recht selten genannten Gottesnamens »JHWH« (EÜ: der Herr; sonst noch Neh 1,5 [Gebet]; 8,1.6.9.14 [Verlesung der Tora]; 9,3-7 [Bußgebet]; 10,30.35-36 [Verpflichtung auf die Tora]). Die Zustimmung mit »Amen« erinnert nicht nur an die Fluchformeln in Dtn 27, sondern verweist auch auf ähnliche Situationen liturgischen Lobpreises in Neh 8,6; 9,5 und 1 Chr 16,36.

f) Nehemia als Statthalter (Neh 5,14-19)

Angeregt durch sein eigenes vorbildliches Verhalten, das er als Argumentationsgrundlage in V. 8.10 angeführt hat, geht Nehemia dazu über, generell Rechenschaft über seine Tätigkeit zu geben. Überraschend wird in V. 14 erstmals erwähnt, dass Nehemia die Tätigkeit eines »Statthalters« *(päḥā)* ausübt – und zwar von Beginn seiner Aussendung an zwölf Jahre lang (445 bis etwa 433/432 v. Chr.). In der Sicht des Textes erlangte Juda bzw. Yehud erst zur Zeit Nehemias eine Unabhängigkeit als selbstständige Provinz im persischen Reich (siehe auch die Einleitung, S. 45ff). Dem würde auch die Erwähnung der »früheren Statthalter« (5,15) nicht widersprechen, die sich dann auf die Statthalter Samarias bezöge. Daneben bietet der Text einige weitere Informationen: So wird vorausgesetzt, dass Nehemia äußerst begüterten Kreisen angehört. Dabei wird aber auch betont, dass Nehemia und die Seinen »kein Feld gekauft« haben, also ihren Besitz nicht unter Ausnützung von Notlagen erweitert haben (V. 16). Gleichzeitig wird erwähnt, dass den Provinzstatthaltern des persischen Reiches offensichtlich ein fester Betrag zum Unterhalt des Statthalters, der Verwaltung und der Sicherheitskräfte (»ihre Leute«) zustand, der von der Wirtschaftskraft des Landes aufgebracht werden musste und – zumindest in der Vorstellung des Textes – so erheblich war, dass er das Volk schwer belastete (V. 15).

Nehemia begründet seine außerordentliche Großzügigkeit mit der Gottesfurcht, einem Motiv, das vor allem in der Weisheitsliteratur eine wichtige Rolle spielt (vgl. Spr 1,7.29; 2,5; 3,7; 8,13; 9,10 u. a.) und den Respekt vor Gottes Gebot und der damit korrespondierenden Weltordnung bezeichnet. Auch in dieser Hinsicht erweist sich also Nehemia als vorbildlich.

Die Wendung »von den Völkern ringsumher« dürfte sich, wie der Kontext nahe legt, auf heimkehrende oder auf Besuch in Jerusalem weilende Juden beschränken. Der Abschnitt darf aber auch nicht so missverstanden werden, als hätte Nehemia üppige Festgelage gefeiert. Es geht hier vielmehr um die Besoldung der Würdenträger, die Nehemia aus eigener Tasche leistet. Dieser Zug zeigt erneut die Korrektheit Nehemias: Als der ideale Politiker und Staatsmann sorgt er auch für die angemessene Entlohnung der Verantwortlichen in der Verwaltung. Das Wort vom »Frondienst« (V. 18) schließlich bezieht sich wohl auf die Zeit des Mauerbaus. All dies wird eingefasst in den abschließenden Gebetswunsch, der in ähnlicher Form noch mehrfach begegnen wird (6,14; 13,14.22.29.31).

g) Die Abwehr der Feinde (Neh 6,1-19)

Nach der Binnenperspektive des fünften Kapitels kehren im sechsten Kapitel die bereits hinlänglich bekannten äußeren Feinde wieder. Jetzt gehen sie nicht mehr mit Waffengewalt vor, sondern arbeiten mit finsteren Intrigen und Einschüchterungsversuchen, die der lautere Nehemia sofort durchschaut und entlarvt. Er ist nach Ausweis des Textes Politiker genug, um sich nicht auf diplomatisches Glatteis führen zu lassen. Das hebräische Wort für Einschüchterung (*YR'* qal/pi.) kehrt fünf Mal wieder, jeweils am Ende von Abschnitten: V. 9.13–14.16.19.

Zunächst wird festgestellt, dass die Tätigkeit an der Mauer fast abgeschlossen ist. Die auf den ersten Blick etwas irritierende Bemerkung, dass die abschließende Arbeit, das Einsetzen der Torflügel (vgl. auch 1 Kön 16,34) noch nicht getan ist, wird später (V. 3) wichtig, um die Ausrede Nehemias gegenüber den ab V. 2 erneut auftretenden Sanballat und Geschem zu rechtfertigen. Diese beiden sind es, die zuerst ansetzen – ab V. 17 wird dann Tobija als der Dritte im Bunde seine Ränke schmieden. Sanballat und Geschem, die beiden Feinde Nehemias, geben keine Begründung für das geplante Treffen, das in Kefirim in der Ebene von Ono stattfinden soll. Dieser Ort ist heute nicht mehr sicher zu lokalisieren, die Septuaginta und die Vulgata entscheiden sich für die Deutung »Dörfer« anstelle eines Ortsnamens. Ob das Gebiet von Ono zur Provinz Yehud gehörte oder nicht, ist in der Forschung umstritten. Eine Deutung des Vorhabens wird erst durch den im Ich-Stil berichtenden Nehemia gegeben. Dass Sanballat und Geschem »Böses im Sinn« haben (V. 2), ist für den Leser keineswegs überraschend. Nachdem Nehemia mehrfach ein Treffen abgelehnt hat, greift Sanballat zu einer neuen Taktik. Er schickt einen »unverschlossenen Brief« an Nehemia, also einen unversiegelten Text, den vor dem Empfänger und neben ihm auch andere lesen können. Damit soll Nehemia erkennen, wie weit die Gerüchte gegen ihn bereits gediehen sind. Dabei werden ihm zwei Vorwürfe gemacht: Der Mauerbau diene zur Vorbereitung einer Revolte gegen die persische Oberherrschaft (vgl. auch Esra 4,7-16.17-22; Neh 2,19), und er wolle sich zum König ausrufen lassen. Interessant ist auch, was Sanballat *nicht* sagt: Wäre Nehemia, wie es manchmal vermutet wird, davidischer Abstammung, hätte sein Gegner sicherlich Bezug darauf genommen und dieses Detail zur Unterstützung seines Gerüchts ausgenutzt. Daher ist es unwahrscheinlich, dass Nehemia Davidide war. Wie auch immer, durch diese Intrige wird Nehemias Integrität gegenüber der persischen Zentralregierung untergraben – und dadurch, dass Sanballat derartig brisante Anschuldigungen in einem unversiegelten Brief gleichsam ausstreut, gerät Nehemia erheblich unter Druck. Es wäre nicht das erste und nicht das letzte Mal, dass eine wichtige Persönlichkeit durch lancierte Desinformationen und gefälschte Dokumente zu Fall kommt.

Gefälscht ist auch die Behauptung, Nehemia habe Propheten bezahlt, um sein Königtum anzukündigen. Der Hinweis auf prophetische Aktivitäten in Jerusalem ist bereits an sich bemerkenswert, er erinnert an die Rolle anderer Propheten bei der Installation jüdischer Könige (z.B. Samuel bei Saul und David 1 Sam 9–10; 16; Natans Orakel in 2 Sam 7; Elischa bei Jehu in 2 Kön 9). Diese wird aber hier geradezu in ihr Gegenteil verkehrt: Die Vorstellung, dass ein Königsanwärter Propheten »bestellt« (V.7), begegnet sonst nirgends. Nehemia reagiert kühl und beherrscht, indem er alle Behauptungen sachlich dementiert. Die Einschüchterungsversuche motivieren ihn erst recht dazu, die Arbeiten mit aller Kraft fortzusetzen.

Ein zweiter Anlauf erfolgt ab V.10, wobei die folgenden Verse in vielerlei Hinsicht geheimnisvoll sind. So führt V.10 unvermittelt eine bisher unbekannte Person ein: Schemaja ben Delaja ben Mehetabel. Die ausführliche Angabe von Vater- und Großvaternamen zeigt dem Leser, dass es sich bei diesem Schemaja um eine ganz besonders bedeutsame Person handeln muss (vgl. ähnlich Zef 1,1 und Sach 1,1). Unklar ist der Grund des Besuches. Auch die Bedeutung des hebräischen Textes, der mit »er war nämlich dort festgehalten« übersetzt ist, lässt sich diskutieren. Gemeint ist wahrscheinlich, dass Schemaja aus irgendwelchen Gründen das Haus nicht verlassen konnte, und Nehemia zu sich rufen ließ, um ihm ein »prophetisches Orakel« zu offenbaren. Die Unklarheiten setzen sich weiter fort: So lässt V.11 auch folgende Wiedergabe zu: »Wer von meinesgleichen geht in den Tempel, um am Leben zu bleiben?«. Nehemia würde es dann ablehnen, sich aus Feigheit im Tempel zu verschanzen oder das Asylrecht in Anspruch zu nehmen (vgl. u.a. Ex 21,13-14; 1 Kön 1,50-51; 2,28; 1 Makk 10,43). In V.13 müsste man dann vielleicht »und mich versündigen sollte« als Glosse streichen. Folgt man der EÜ, dann denkt Nehemia daran, dass einerseits seine Position es nicht zulässt zu fliehen und andererseits er als Laie das eigentliche Heiligtum nicht betreten darf (vgl. Lev 16,17; Num 18,7; Ps 84,11; 2 Chr 4,9; 23,6; 26,16-21; 27,2). Dabei scheint Nehemia vorauszusetzen, dass ein zu enger Kontakt mit dem Heiligen todbringend wäre (vgl. Ex 3,6; 19,22.24; 33,20; Dtn 5,25; Ri 13,22). Dies ist wohl der (im Text nicht genannte) Grund, dass Nehemia zu dem Schluss kommt, die Prophezeiung Schemajas – erst in V.12 erfährt der Leser, dass Schemaja ein Prophet ist – könne nicht von Gott kommen (zum Thema Falschprophetie vgl. auch Jer 23,15-17). Wie es Sanballat und Tobija, der nun mehr in den Mittelpunkt rücken wird, gelungen ist, Schemaja zu »dingen«, wird nicht genannt. In der Welt des Textes wird alle Verantwortung für die Widerstände gegen Nehemia diesen drei Personen zugeschrieben.

Der geheimnisvoll offene Abschnitt endet mit einem weiteren Rätsel. V. 14 erinnert formal deutlich an den Gebetsruf von 5,19, bedeutet aber gerade deswegen einen deutlichen Kontrast. Während Gott bei Nehemia an all das Gute denken soll, das Nehemia für das Volk getan hat, und es ihm hoch anrechnen soll (5,19), so soll Gott das üble Tun und den Terrorismus der Gegner, namentlich Tobija und Sanballat, ja nicht vergessen, damit sie einer gerechten Strafe (nicht notwendigerweise in *dieser* Welt?) entgegengehen (V. 14). Auffallend ist in V. 14 vor allem, dass nicht Schemaja erwähnt wird, sondern eine ansonsten vollkommen unbekannte Prophetin Noadja und »übrige Propheten«. Was es mit diesen und der »Angst«, die sie Nehemia machen wollten, auf sich hat, bleibt der Phantasie des Lesers überlassen. Der Ich-Erzähler Nehemia signalisiert damit aber, dass er im zurückliegenden Abschnitt nur eine Episode aus vielen herausgegriffen hat, um deutlich zu machen, in welcher Gefahr er sich befand. Gleichzeitig werden die Propheten der Gegenwart Nehemias in denkbar ungünstiges Licht gestellt: Als letzte wahre Propheten erscheinen nach Esra 5,1-2 und 6,14 Haggai und Sacharja.

Um gegenüber all diesen Intrigen und Widerwärtigkeiten einen Kontrapunkt zu setzen, erwähnt Nehemia fast beiläufig, dass das große Vorhaben des Mauerbaus erfolgreich abgeschlossen werden konnte. Überraschend schnell, nach 52 Tagen, noch im Elul (= August/September) des Jahres 445, ist das von Nehemia unternommene Werk beendet. Eine andere Datierung vertritt der jüdische Historiker Flavius Josephus in seinen *Jüdischen Altertümern* (Ant. XI, 174–183, hier 179), der von einer Bauzeit von zwei Jahren und vier Monaten spricht und den Bau in der Regierungszeit von Artaxerxes' Vorgänger Xerxes (486–465/4) ansetzt. Die Vollendung des Mauerbaus versetzt die Nachbarvölker in Furcht und Schrecken. Dieses Motiv der »Furcht der Völker« (V. 16; vgl. Ps 102,16; Mal 1,14) macht klar, dass ein solches Werk nur mit der Hilfe Gottes vollbracht werden kann. Insofern hat dieses Erschrecken numinosen Charakter: Es geht weniger um die Furcht vor einem politischen Feind, den das erstarkte Jerusalem für seine Umgebung darstellen könnte – dies ist aufgrund der ansonsten beschränkten wirtschaftlichen und militärischen Ressourcen Jerusalems eher unwahrscheinlich. Vielmehr will der Text deutlich machen, dass es die ungeheuere Schnelligkeit und die Zielstrebigkeit des Vorhabens sind, die in Angst und Schrecken versetzen: Hier sind übernatürliche Kräfte am Werk! Genau diese Botschaft soll auch beim Leser ankommen: Gott ist auf »unserer« Seite.

Vor diesem Hintergrund klingen die nachfolgenden Notizen über intrigante Briefwechsel des Tobija mit »Vornehmen von Juda« nur noch wie ein bloßes Nachspiel. Immerhin geben die V. 17–19 aber einen Einblick darin, dass die Vorstellung, ein einmütiges Israel sei einem einheitlichen Block von Feinden gegenübergestanden, idealisiert ist. Vielmehr zeigen sich enge Verflechtungen der »Feinde« auch innerhalb des Volkes und Zerwürfnisse in der Gemeinde zeichnen sich ab. Tobija hat in »das wahre Israel« in der Form eingeheiratet, dass er eine Enkelin Arachs ehelichte. Der Name Arach (V. 18) taucht in der »Referenzliste« Esra 2,5 auf. Tobijas Sohn Johanan hat die Tochter Meschullams ben Berechja geheiratet, und dieser Meschullam ist unter den Priestern, die an der Stadtmauer arbeiten (Neh 3,4.30). Diese Beziehungen im wahrsten Sinne des Wortes qualifizieren Tobija in idealer Weise, innerjüdische Intrigen zu spinnen. V. 19 erwähnt auch wieder die »Geheimdienstarbeit«: Was immer Nehemia plant und sagt, wird ausspioniert und Tobija zugetragen. Dieser Sachverhalt wird im Bericht des Nehemia einfach stehen gelassen – da nichts weiter darüber berichtet wird, bleibt dem Leser nur der Schluss, dass all diese Verflechtungen und Intrigen letztlich wirkungslos blieben.

h) Die Fertigstellung der Mauer (Neh 7,1-4)

Der Beginn des siebten Kapitels schließt den ersten Hauptteil des Nehemiabuches, der das Thema »Aufbau der Stadtmauer gegen Widerstände« hat, ab. Der krönende Akt ist das Einsetzen der Torflügel, wodurch eine wirksame Abschirmung erreicht wird. Angesichts der offenkundig nach wie vor anhaltenden Bedrohung von außen werden qualifizierte Sicherheitsmaßnahmen ergriffen. Dabei lässt die EÜ in V. 1 die im hebräischen Text genannten Sänger und Leviten weg – wohl zu Unrecht, denn zwischen dem Wächterdienst und dem Leviten- bzw. Sängeramt gibt es sehr wohl Bezüge (vgl. 1 Chr 15,18.23-24; 16,38.42): Mehrfach werden die Leviten sowohl zu liturgischen als auch zu Wächterdiensten bestimmt. In Neh 13,22 werden ausdrücklich die Leviten aufgefordert, sich kultisch zu reinigen und als Wächter an die Tore zu stellen, um die Beachtung des Sabbats zu gewährleisten. Dieser nicht unwichtige Bezug geht in der EÜ verloren. Selbst wenn man sicher sein könnte, dass die »Sänger und Leviten« in 7,1 ein späterer Zusatz wären, ist es nicht gerechtfertigt, in einer Übersetzung eine so weit reichende Entscheidung vorwegzunehmen.

Nehemia setzt nach V.2 zwei seiner Vertrauten, seinen Bruder Hanani und den Burghauptmann Hananja, als Befehlshaber des Wachdienstes ein. Dabei wird letzterer als besonders zuverlässig und gottesfürchtig gekennzeichnet, wie sich schon Nehemia selbst als jemanden sieht, der nach dem Prinzip der Gottesfurcht handelt (5,15). Aus diesem Grund entfällt wohl eine nähere Beschreibung des Bruders Nehemias, weil man aus der leiblichen auch auf eine geistige und moralische Verwandtschaft schließen soll. Die von Nehemia erlassene »Dienstvorschrift« wird im hebräischen Text mit »Und *er* sagte« eingeleitet – sollte hier ein Versehen des Verfassers, der einen Ich-Bericht fingiert, vorliegen? Der Sinn der Vorschrift besteht in Sicherheitsüberlegungen: Das Öffnen und Schließen der Torflügel noch bei Tageslicht soll verhindern, dass im Schutze der Dunkelheit unlautere Machenschaften stattfinden.

Der abschließende V.4 hält summarisch fest, dass die bauliche Seite der Stadtplanung geräumige Einrichtungen geschaffen hat – doch fehlt es noch an Einwohnerschaft. Der hier zum Ausdruck gebrachte Wunsch, dass sich das dezimierte Volk wieder vermehren solle, ist ein in nachexilischen Texten häufig begegnendes Motiv (vgl. Jes 26,15-19; 27,6; 44,3–4.26; 49,14-23; 53,10; 54,1-4; 60,21-22; 61,9; 66,7-9; Jer 3,16; 31,27; Ez 36,10-11.37-38; 37,26; Sach 10,8). Damit endet dieser erste Hauptabschnitt des Nehemiabuches (1,1–7,4) mit einem Perspektivwechsel vom dominierenden Mauerbau hin zum Blick auf die Menschen, auf die Einwohner. Zugleich ist ein neuer Spannungsbogen aufgebaut: Wie kommt es nun zur Bevölkerung der gut befestigten Stadt?

IV. *Die Verpflichtung auf das Gesetz (Bund) (Neh 7,5–10,40)*

Der vierte große Hauptabschnitt des Esra-Nehemia-Buches korrespondiert im Gesamtaufbau des Werkes dem zweiten Teil des Esrabuches (Esra 7,1–10,44). Parallel und gemeinsam sind u. a. die Elemente einer langen Heimkehrerliste (Esra 8/Neh 7), die sich jeweils auf die Grundliste von Esra 2 bezieht, das Bußgebet (Esra 9/Neh 9) und eine Versammlung mit einem Bundesschluss bzw. einer Unterzeichnung einer Verpflichtung auf das Gesetz (Esra 10/Neh 10). Schon diese Parallelgestaltung lässt Zweifel daran aufkommen, ob hier historisch authentische Esra- bzw. Nehemia-Memoiren vorliegen. Eher wahrscheinlich ist es, dass ein bestimmtes Grundkonzept der Neukonstituierung des wahren Israel nach dem Exil, basierend auf der Tora und repräsentiert im Tempel und der befestigten (und damit ansatzweise autonomen) Stadt Jerusalem, anhand von zwei historischen Figuren, an die es vielleicht noch vage Erinnerungen gibt, anschaulich gemacht wird. Zur Vermittlung dieses Grundkonzepts wird Geschichte nicht nur rekonstruiert, sondern über weite Strecken auch konstruiert – was z. B. an den mehrfachen Anleihen an der Grundliste von Namen in Esra 2 oder auch an der idealisierten Darstellung des Tora-Gottesdienstes in Neh 8 deutlich wird.

An sich würde man erwarten, dass der Abschluss des Stadtmauerbaus gebührend gefeiert wird. Das geschieht auch, jedoch erst in Neh 12,27-43. Insofern scheinen mindestens die Kapitel Neh 7–10 den Zusammenhang zu unterbrechen. Hier geht es aber nicht darum, literarkritische Spekulationen über mögliche entstehungsgeschichtliche Verwicklungen aufzustellen. Vielmehr soll gefragt werden, ob der vorliegende Text einen plausiblen Sinn geben kann. Schon mehrfach wurde angedeutet, dass es Nehemia (bzw. dem Text des Esra-Nehemia-Buches) nicht allein um die physische Aufrichtung von Bauwerken geht, sondern vor allem um die Neukonstituierung des wahren Israel. Dazu ist es durchaus sinnvoll, vor dem krönenden Abschluss der Mauereinweihung die »ideologischen« Fundamente der Gemeinde ins Gedächtnis zu rufen. Zu diesen Fundamenten gehört die genealogische Geschlossenheit des

Volkes als wahres Israel – sie ist ausgedrückt in der detaillierten Namensliste (Neh 7), die Esra 2 zitiert und damit erneut deutlich macht, dass nur die aus dem Exil Heimgekehrten das wahre Israel ausmachen. Die Identität der Gemeinde ist in dieser Liste in Buchform gegossen. Ein weiteres Fundament sind die großen Feste – hier wird dies durch die Feier des Laubhüttenfestes (Neh 8,13-18) repräsentiert. Und schließlich ist die schriftliche Tora als Gesetz des Mose (*sefär tōrat Mošäh*; z.B. Neh 8,1) ausschlaggebende Grundlage des Gemeindelebens in jeglicher Hinsicht – ausgedrückt wird dies durch die feierliche Verlesung (Neh 7,72b–8,12) und die namentliche Bundesverpflichtung (Neh 10). Diese geistigen Fundamente korrespondieren der baulichen Fundamentierung der Stadtmauer Jerusalems, beide Aspekte müssen zusammenkommen, damit die Einweihung der Stadtmauer eben nicht nur die Feier eines Bauwerks ist, sondern den Abschluss der umfassenden Neukonstituierung des jüdischen Volkes in geistig-religiöser wie politisch-sozialer Hinsicht symbolisieren kann.

1. Die Dokumentation der ersten Heimkehrer (Neh 7,5-72a)

a) Das Verzeichnis der heimgekehrten Laien (Neh 7,5-38)

Schon mehrfach wurde deutlich, dass Nehemias Mission sich nicht in der Wiederaufrichtung der Jerusalemer Stadtmauer erschöpft. Es geht letztendlich um die Neukonstituierung des jüdischen Volkes als Volk Gottes. Dieses Konzept wird gerade dann wieder deutlich sichtbar, wenn Nehemia das Volk zusammenruft (V.5). Anders als bei der Volkszählung Davids, die für 2 Sam 24 eine Verfehlung darstellte bzw. für 1 Chr 21 auf Verführung des Teufels beruhte, geschieht diese Versammlung ausdrücklich auf Weisung Gottes. So, wie man Nehemia bisher als korrekten und klugen Sachwalter kennen gelernt hat, überrascht es nicht, dass er die Identitäten der Mitglieder des Volkes schriftlich festhalten will. Bei David bestand die Sünde der Volkszählung darin, dass er Gott nicht traute und Gewissheit über die militärische Schlagkraft seiner Untertanen haben wollte – bei Nehemia ist eine völlig andere Situation gegeben: Hier geht es um die notwendige Feststellung, wer dazugehört und wer nicht. Die Identität des Volkes Israel in Form der vergleichsweise kleinen Gemeinde in Juda und Jerusalem um den wieder aufgebauten Tempel muss festgeschrieben werden.

Was aber nun dennoch ein wenig überrascht, ist die Beobachtung, dass kein Bericht über den Verlauf der Versammlung bzw. die geplante Registrierung des Volkes folgt. Stattdessen rekurriert der Text ausdrücklich auf die Liste von Esra 2, indem der Ich-Erzähler »Nehemia« angibt, eben diese Liste gefunden zu haben – und dann zitiert er sie auch noch ausführlich. Neh 7,6-72a sind nahezu wörtlich identisch mit Esra 2,1–3,1a. Dieses riesige »Zitat« verdrängt die eigentliche Registrierung.

Aus entstehungsgeschichtlicher Sicht muss man annehmen, dass zur Abfassungszeit des Esra-Nehemia-Buches kein Zugriff auf authentische Listendokumente, die 100 Jahre und älter waren (siehe die Einleitung, Datierungshypothese, S. 39), möglich war. Insofern ist schon die Liste von Esra 2 eine literarische Leistung an Geschichtskonstruktion, die dem Zweck dient, die Identität des Volkes *schriftlich* zu fixieren, nachdem schon die normative Lebensgrundlage in Form der Tora *schriftlich* vorliegt. Dass die Liste mehrfach (und auch hier) wiederholt wird, zeigt das Gewicht, das ihr beigemessen wird – vielleicht weniger im Hinblick auf die Details, die schon sehr früh kaum mehr nachvollziehbar gewesen sein dürften, sondern eher hinsichtlich des Gesamteindrucks, den diese Listen vermitteln wollen: Es ist klar definiert, wie sich das wahre Israel zusammensetzt. Die Zugehörigkeit erschließt sich über diese Namen, bei denen die je eigene Familiengeschichte sich einklinken muss (siehe die Kommentierung zu Esra 2).

Beim näheren Vergleich der Listen von Esra 2 und Neh 7 fällt auf, dass die Zahlen bisweilen differieren, oftmals nur um eine Stelle, z. B. bei der Hunderter- oder der Einer-Stelle. Vermutlich sollte man diese Beobachtung nicht überstrapazieren und die Gründe für diese Differenzen eher in der Textüberlieferung suchen: Gerade bei Zahlen verschreibt man sich rasch einmal, und mit zunehmender Bedeutung der Texte als »Heilige Schrift« erhöht sich auch die Texttreue, so dass Fehler, die sich einmal eingeschlichen haben, nicht mehr korrigiert werden. Der EÜ ist es anzulasten, wenn es in Esra 2 »Männer aus« heißt und in Neh 7 »Männer von«. In beiden Fällen handelt es sich im Hebräischen um die gleiche Constructus-Verbindung, so dass diese Übersetzungsdifferenz nicht gerechtfertigt ist. Aber schon diese Inkonsistenz aus moderner Zeit, die bei einer Revision der EÜ ausgeglichen werden sollte, zeigt, wie rasch man in diesen Listen den Überblick verliert. Ein solcher Überblick ist – wie schon angedeutet – vermutlich gar nicht angezielt, sondern eher der Effekt einer sonoren Bass-Grundlinie in einem Musikstück, die eine tragende Basis vermittelt: Ja, das ist das Volk, das sind »wir«, es hat alles seine Ordnung, daran können wir uns halten.

b) Das Verzeichnis der heimgekehrten Priester, Leviten usw. (Neh 7,39–65)

Auch die Liste der Priester, Leviten, Sänger, Torwächter, Tempeldiener und der Knechte Salomos (siehe Esra 2) wird übernommen. Ebenso wird wieder betont, dass einige aus dem Priesterstand ausgeschlossen wurden, die ihre Herkunft nach den Geschlechterverzeichnissen nicht verifizieren konnten. Daraus erkennt man, dass mit diesen Listen der Eindruck vermittelt werden soll, dass die Kategorien »wir« und »die anderen« klar umrissen sind und so die Identität der eigenen Gruppe geschützt und abgezirkelt ist. Zugleich wird unterschwellig die Aufforderung deutlich, diese glasklar definierte Identität keinesfalls durch Mischehen mit Frauen anderer Völker zu gefährden – ein Thema, das schon in Esra 9–10 dramatisch ausgebaut wurde und auch noch einmal im Nehemiabuch eine Rolle spielen wird (Neh 10,29-39; 13,23-29).

Die »Auffindung« des Familienverzeichnisses der ersten Heimkehrer von 538 durch Nehemia zeigt die grundlegende Bedeutung dieses Dokumentes: Dieses Schriftstück ist das Volk Gottes in Buchform, es symbolisiert die amtlich erfasste und genau umgrenzte Identität des Volkes Israel, des wahren Israel, das aus denen besteht, die aus dem Exil heimgekehrt sind. Fast hundert Jahre später kann Nehemia – so stellt es der Text idealtypisch dar – das Volk anhand eben dieser Liste »rekonstruieren« und aufs Neue – nach dem Bau der Stadtmauer – als heiliges Volk in der Heiligen Stadt konstituieren. Zugleich – und das deuten eben die V. 64–65 an – ist damit ein nicht näher thematisierter, aber unterschwellig klar spürbarer Ausschluss derer verbunden, die sich in dieser Liste nicht wiederfinden können.

c) Die Volkszählung und die Spenden (Neh 7,66-72a)

Nicht nur die Liste 7,6-68 ist aus Esra 2 übernommen, sondern auch die folgende erzählende Einheit 7,69-72 an Esra 2,68-70 angelehnt (siehe die Kommentierung dort). Dabei fällt auf, dass nun nicht mehr in erster, sondern in dritter Person erzählt wird. Fast unmerklich gleitet der Text so von der Situation der Liste aus dem Jahre 538 hinüber in das Jahr 445 und damit in die repräsentierte Gegenwart des Nehemia. Dabei ist besondere Aufmerksamkeit dem Wort »Statthalter« zu widmen. Der hebräische Begriff dafür lautet in Esra 2,63 sowie Neh 7,65.69; 8,9; 10,2 *tiršātā'* – das Wort ist wohl persischen Ursprungs, ohne dass man heute mehr sagen könnte, worin genau Aufgabenfeld und Inhalt dieses Titels bestanden habe. Der gebräuchlichere Terminus für Statthalter ist *päḥā*. Welche Person ist aber nun mit *tiršātā'* in Neh 7,61-69 jeweils gemeint? Da *Neh 7,65* noch aus Esra 2,63 übernommen ist, ist der »Statthalter« der vom Jahre 538, also Scheschbazzar oder Serubbabel. Dagegen ist einige Verse später, also dort, wo von den Spenden gesprochen wird *(Neh 7,69)*, der »Statthalter« *Nehemia im Jahre 445*! In aller Bescheidenheit wird die äußerst großzügige Spende Nehemias (zu Golddariken vgl. zu Esra 2,68-69, S. 91) in die Erzählung so geschickt eingearbeitet, dass von den Lesern einige Aufmerksamkeit erwartet wird, bis man den Perspektivwechsel der Erzählung verarbeitet hat und zugleich realisiert, dass nun wieder von Nehemia und dem Jahr 445 die Rede ist.

Dass Esra 2,70, die Ansiedelung des Kultpersonals und der übrigen Israeliten in ihren Städten, sehr wohl in die Situation der ersten Heimkehr von 538 passt, aber nicht mehr in die Situation von 445 (Neh 7,72a), stört offenbar nicht weiter. Der Gipfel der literarischen Verwertung von Esra 2 in Neh 7 besteht dann aber wohl darin, dass sogar der Gedanke der Vollversammlung des Volkes *im siebten Monat* aus Esra 3,1a übernommen wird: Im Esrabuch folgt die Wiedererrichtung des Kults (Brandopferaltar), im Nehemiabuch die feierliche Verlesung der Tora – beides soll offenbar parallelisiert und als besonderer Meilenstein herausgestellt werden. Hinsichtlich der Versabgrenzung muss der Schluss von Neh 7,72 als temporaler Vordersatz zum 8. Kapitel hinzugezogen werden: »Als der siebte Monat herankam und die Kinder Israels in ihren Städten waren,

(8,1) da versammelte sich das ganze Volk ...« – eben genau wie in Esra 3,1! Auf die Klärung der Identität des Volkes (Esra 2/Neh 7) folgt ein wichtiges Fundament der Glaubensgemeinschaft: der religiöse Kult (Esra 3) bzw. das religiöse Dokument als »Heilige Schrift« (Neh 8). Diese parallele Abfolge zeigt, dass die kultisch-religiöse Erneuerung mittels Opferdienst und Toraverlesung kein isoliertes Phänomen darstellt, sondern eng und konstitutiv mit der Gemeinschaft der aus dem Exil heimgekehrten Israeliten (Esra 2/ Neh 7!) verbunden ist: *Sie allein* sind Träger und Protagonist dieser religiösen und sozialen Etablierung.

2. Die Bundeserneuerung (Neh 7,72b–10,40)

Unter der großen Überschrift der »Bundeserneuerung« finden sich in Neh 8–10 vier wesentliche Elemente: Zunächst geht es in Neh 8 einerseits um die feierliche Verlesung der Tora und ihre Erklärung (1), andererseits um einen konkreten Aspekt der Umsetzung der Tora in Form der Begehung des Laubhüttenfestes nach entsprechender Anweisung (2). Darauf folgt in Analogie zu Esra 9 ein Bußgottesdienst mit einem Bußgebet, das einen ausführlichen Geschichtsrückblick einschließlich einer theologischen Deutung der Ereignisse enthält (3). Und schließlich erfolgt – in Anlehnung an Esra 10 – eine schriftliche Verpflichtung führender Repräsentanten des Volkes auf die Tora (4).

Alle vier Elemente dieses Unterabschnittes dienen der Formulierung und Festigung der inneren Identität des Volkes und werden zu Hauptaspekten jüdischer Identität und jüdischen Lebens überhaupt: Die Verlesung und das Studieren (das »Verstehen«, hebräisch *BīN*) der Tora, die Begehung der Hauptfeste, die Erinnerung an die großen Taten Gottes in der Geschichte und die Selbstverpflichtung auf die Einhaltung der Tora in Gestalt eines Bundes mit Gott. Insofern darf die Bedeutung des Esra-Nehemia-Buches nicht unterschätzt werden: Hier formuliert sich (vermutlich in frühhellenistischer Zeit) jüdische Identität in Form einer rückschauenden Geschichtskonstruktion. Dabei *rahmt* die Selbstbezeichnung »Kinder Israels« (*b^enē Yiśrā'el*; EÜ: Israeliten) in 7,72 und 10,40 den Abschnitt. *Innerhalb* dessen begegnet sie bei der Einleitung wichtiger Unterabschnitte (8,14; 9,1; vgl. auch 8,17).

a) Der ideale Wortgottesdienst: Die Unterweisung in der Tora (Neh 7,72b–8,12)

Die Einleitung des Abschnittes über den idealtypischen »Wortgottesdienst« in Neh 7,72b–8,1 weist zurück auf Esra 3,1. Parallel zur Errichtung des vorläufigen Brandopferaltars und der Wiedereinführung des Opferkultes im siebten Monat des Jahres 538 weiht sich das Volk nun am Ersten desselben Monats (1. Tag des Tischri, entspricht September) im Jahre 445 der Lektüre, dem Studium und der Befolgung der Tora. Die Monatszählung beruht jetzt wieder (anders als in 1,1 und 2,1, s.o., S. 159f.) auf dem Jahresbeginn im Frühjahr mit dem Nisan als dem ersten Monat und dem Tischri als dem siebten Monat.

Die Problematik des 8. Kapitels des Nehemiabuches
Das achte Kapitel des Nehemiabuches wirft eine Reihe von Problemen auf, die in der Forschungsliteratur breit diskutiert werden. Zur Lösung der Schwierigkeiten wird oft auch auf entstehungsgeschichtliche Hypothesen verwiesen. Hier wird davon abgesehen, dazu ein dezidiertes Modell zu übernehmen. Das Hauptaugenmerk gilt vielmehr dem Versuch, den vorliegenden Text zu verstehen.

Die erste Auffälligkeit von Neh 8 besteht darin, dass nach dem in Neh 1 beginnenden Selbstbericht des *Nehemia* (Ich-Stil) plötzlich wieder *Esra* die Hauptfigur ist. Dies veranlasst manche in der Forschung dazu, für dieses Kapitel einen ursprünglich anderen (»besseren«) Platz vorzuschlagen, üblicherweise vor oder nach Esra 9–10. Das Problem dieser Argumentation betrifft die Grundlagen exegetischer Methodik: Sicher ist es denkbar, dass ein bestimmter Textteil in seinem aktuellen Kontext etwas sperrig wirkt und es möglich wäre, einen »besseren« Platz dafür in einem größeren Zusammenhang zu finden. Dabei ist stets zu beachten, dass es historisch problematisch ist, von einem hypothetisch nach *heutigen* Kohärenzkriterien und einem heutigen Textbegriff rekonstruierten anderen, »besser passenden«

Textzusammenhang zu behaupten, dieser wäre zeitlich ursprünglicher. Jeder Text lässt sich in irgendeiner Weise »verbessern« – doch es ist keineswegs gesichert, dass der »beste« Text auch der ältere ist. Insofern nimmt diese Kommentierung das Problem wahr, dass in Neh 8 der Hauptprotagonist plötzlich wieder Esra ist, bleibt aber bei dieser Textabfolge, ohne zu behaupten, sie sei die ursprünglichere, und versucht, diesen »Dreh« im Text aus der Leserperspektive heraus mit Sinn zu erfüllen.

In der griechischen Fassung von 3 Esra (vgl. die Einleitung S. 17ff) folgt Neh 7,72–8,13a (= 3 Esra 9,37-55) direkt auf Esra 5,1–10,44 (= 3 Esra 6,1–9,36). Das beweist jedoch nicht zwingend, dass die Abfolge Esra 9–10; Neh 8 die *ursprüngliche* Reihung der Texte ist. Es ist auch plausibel anzunehmen, dass jemand, der kein Interesse am Aufbau der Stadtmauer hatte bzw. die Rolle Nehemias verringern wollte, Neh 1–7 (und dann auch den restlichen Text ab Neh 9) bei der Kompilation von 3 Esra übergangen hat und in der ausschließlichen Betonung der Identifikationspunkte »Tempel« und »Tora« die Verlesung der Tora aus Neh 8 übernommen, den Gedanken der mit der Stadtmauer verbundenen politischen Autonomie jedoch ausgeschlossen hat.

Das zweite Problem von Neh 8 ist das gemeinsame Auftreten von Esra und Nehemia (Neh 8,9), das sofort die Frage nach dem Verhältnis der beiden aufwirft. Dabei muss jedoch unterschieden werden zwischen den tatsächlichen historischen Verhältnissen (die nicht mehr exakt greifbar sind) und der Welt des Textes (die es zu verstehen gilt). Unter historischen Gesichtspunkten ist der Zeitpunkt des Auftretens Esras weiterhin erheblich umstritten: Betrifft das »siebte Jahr des Königs Artaxerxes« (Esra 7,7) den ersten (458) oder den zweiten (398 v. Chr.) persischen König mit diesem Namen? Endgültige Sicherheit ist hier nicht zu gewinnen. In beiden Fällen ist das Auftreten Esras eine erhebliche Anzahl von Jahren von dem – historisch wohl gesicherten – Auftreten Nehemias (445 v. Chr.) entfernt.

In der »Chrono-Logik« des vorliegenden Textes des Esra-Nehemia-Buches müsste man für Esra das frühere Datum annehmen, so dass die Schwierigkeit auftritt, dass Esra für etwa 13 Jahre in Jerusalem wirkte, doch außer der Auflösung der Mischehen (Esra 9–10) kaum etwas von dieser Tätigkeit verlautete, und dass dann Esra als Hauptprotagonist »plötzlich« nach dem Abschluss des Stadtmauerbaus unter *Nehemia* die Tora feierlich verliest. In der Einleitung dieses Kommentars (S. 61ff) wird angedeutet, dass diese Schwierigkeit nicht unüberwindbar ist: Was in Esra 7,11-28 als »Programm« formuliert wird, ist nicht das Projekt eines Jahres, sondern die komplexe Aufbauarbeit einer (halben?) Generation. In der Welt des Textes etabliert Esra als Priester und Schreiber, als Experte im »Gesetz des Himmelsgottes«, die Tora als Rechtsordnung und Lebensgrundlage der Gemeinde in Juda und Jerusalem. Wie akribisch und überkorrekt dabei vorgegangen wird, zeigt – wieder in der Welt des Textes – das Beispiel der Mischehen: Obwohl es nicht ausdrücklich in der Tora vorgesehen ist, werden diese Ehen aufgelöst, um die Erfüllung des Gesetzes sicherzustellen. Auf weitere Beispiele aus dem »Programm Esras« verzichtet der Text. Dass die Mischehen in der Konzeption des Esra-Nehemia-Buches ein erhebliches Problem darstellen, wird noch einmal in Neh 10,31 deutlich: An *erster* Stelle der Vorsätze, die die Erfüllung der Tora garantieren sollen, steht das Vorhaben, in keinem Fall die eigenen Kinder in Mischehen mit den im Lande ansässigen Nichtjuden zu geben. Gerade die Tatsache, dass das Problem nach der doch radikal und endgültig erscheinenden »Lösung« von Esra 9–10 im Nehemiabuch *weiterhin* relevant ist, zeigt, dass die Umsetzung des »Gesetzes des Himmelsgottes« weder in der Realität, noch in der Welt des Textes ein einfacher Federstrich ist, sondern Jahre in Anspruch nehmen darf. Von diesen Jahren schweigt der Text, und nur dem Leser, der sich die Mühe macht, die Datierungen nachzurechnen, wird deutlich, dass es um etwa dreizehn Jahre geht. Setzt man eine Generation mit einem Vierteljahrhundert an, so ergibt sich als Daumenwert die Vorstellung einer »halben« Generation für die Tätigkeit Esras. Lässt man sich auf diese »Chrono-Logik« des Textes ein, so sieht man Neh 8, die feierliche Verlesung der Tora, auch in einem anderen Licht: Es erscheint dem Text unangemessen zu unterstellen, Esra habe mehr als ein Jahrzehnt lang nichts gemacht und dann, als Nehemia kam, die Tora aus dem Ärmel gezogen und vorgelesen. Eine solche Deutung, die oft als Argument für die Umstellung von Neh 8 angeführt wird, ist aus dem Text selbst heraus nicht zu rechtfertigen. Viel wahrscheinlicher ist es, dass diese feierliche Vollversammlung mit Toraverlesung zum einen repräsentativ für einen über Jahre hinweg dauernden Vorgang der Verkündigung, Auslegung und Anwendung des heiligen Textes steht, zum anderen den Höhepunkt eines Einführungs- und Entwicklungsprozesses des Umgangs mit der göttlichen Weisung darstellt.

Ein drittes Problem von Neh 8 (mit 9–10) ist die Unterbrechung des Mauerbau-Themas. Diese Kapitel stehen zwischen der Notiz über den Abschluss der Arbeiten (7,1-4) bzw. dem Vorhaben, die Vornehmen und das Volk zu katalogisieren (7,5) einerseits und der Durchführung der Registrierung (11,1-36) sowie den Ausführungen zur Einweihung der Mauer (12,27-43) andererseits. Wenn es in der Genese des Textes tatsächlich eine eigenständige Nehemia-Quelle gegeben hat, sei es in Form authentischer Notizen des historischen Nehemia, sei es als pseudepigraphische Legende, dann könnte es sehr wahrscheinlich sein, dass darin wirklich der Abschluss der Arbeiten und die Einweihung unmittelbar aufeinander folgten. Das lässt sich aber nicht mehr mit der nötigen Sicherheit als gegeben behaupten. Die jetzige Textabfolge muss jedoch nicht als gestört angesehen werden, sondern lässt sich als durchaus sinnvoll interpretieren. Es wird so deutlich, dass vor der Einweihung der physischen, *äußeren* Festungsbauwerke die *innere* Festigung und Identität der Gemeinde gewährleistet sein muss. Sie wird durch die schriftliche Grundlegung der Rechts- und Lebensordnung der Gemeinde in Form der göttlichen Weisung (Tora) sowie durch den gottesdienstlichen Vollzug dieser Ordnung (Beispiel: Laubhüttenfest) erreicht.

Literatur (auch zur folgenden Kommentierung von Neh 8): *G.J. Venema*, Reading Scripture in the Old Testament. Deuteronomy 9–10; 31 – 2 Kings 22–23 – Jeremiah 36 – Nehemiah 8, OTS 48, Leiden/Boston 2004, S. 138–181.

Das gesamte achte Kapitel des Nehemiabuches erscheint einem barocken Kolossalgemälde vergleichbar mit einer Fülle an Details, die es zu entdecken und zu deuten gilt. Eine der ersten Auffälligkeiten ist die Beobachtung, dass die Initiative *vom Volk* ausgeht, wie dies schon anlässlich der Mischehenfrage in Esra 9,1 (hier: die Obersten) der Fall war. Das »ganze Volk« – schon diese Übertreibung kennzeichnet den idealtypischen und paradigmatischen Charakter des Folgenden – versammelt sich auf dem Platz vor dem Wassertor und bittet Esra, das Buch mit dem Gesetz des Mose *(sefär tōrat Mošäh)* zu holen. Von Esra war übrigens zuletzt im ersten Monat des achten Jahres des Artaxerxes (457; vgl. Esra 10,17 in Verbindung mit Esra 7,7-8) die Rede. Dieser lange zeitliche Abstand deutet in der »Chrono-Logik« des Textes (die nun im Jahr 445 v.Chr. angekommen ist) an, dass eine erhebliche Zeit der Vorbereitung, Bildung und des inneren, geistig-geistlichen Aufbaus des Volkes vorangeht: Wenn es das Volk ist, das nach der Tora Gottes verlangt, zeigt dies, dass dieser Text dem Volk nicht unbekannt ist oder dass Esra plötzlich etwas völlig Neues »promulgiert«. Vielmehr weiß das Volk ganz genau, was Esra da holen soll – dies könnte andeuten, dass der Text eigentlich kein einmaliges Ereignis darstellen will, sondern in Form eines »beispielhaften Wortgottesdienstes« einen mehrfach stattfindenden, mehrmals wiederkehrenden Vorgang: So unterrichtete Esra in den vergangenen Jahren (über die der Text des Esra-Nehemia-Buches ja schweigt) immer wieder das Volk und verwirklichte sein in Esra 7,10 formuliertes Herzensanliegen, »das Gesetz des Herrn (*tōrat JHWH*) zu erforschen und danach zu handeln und es als Satzung und Recht in Israel zu lehren«. Das ist es, was Esra in den langen Jahren von

457 bis 445 nach der »Chrono-Logik« des Esra-Nehemia-Buches tat: Das Volk auf den Empfang der großen Gabe Gottes, der göttlichen Weisung (Tora), die einst Gottes Knecht Mose erhalten und vermittelt hat, vorzubereiten.

Der Versammlungsort am Wassertor (vgl. die Skizze S. 167) ist zwar in der Nähe des Tempels, aber nicht im Tempel (anders als in Esra 10,9), sondern ein *allen zugänglicher*, öffentlicher Platz in der Stadt. Damit wird die Weisung Gottes aus dem Bereich des Religiösen heraus in den Alltag der Menschen getragen – buchstäblich und im übertragenen Sinne. Betroffen, angesprochen und in der Welt des Textes auch zugegen sind Männer und Frauen und alle, die das Gesetz verstehen konnten (vermutlich sind hier die Kinder und die Fremden aus Dtn 31,10-13; Jos 8,34-35 gemeint). Die Betonung des »*ganzen* Volkes« wird durch die mehrfache Wiederholung in Neh 8,1.3.5(3x).6.9(2x).11.12.13 erreicht – von daher scheint das Volk als eigentlicher Hauptakteur auf. All diese Details zusammen vermitteln den Eindruck, dass nicht ein singuläres, geschichtliches Ereignis referiert wird, sondern ein paradigmatisches Grundsatzgeschehen.

Der Text quält sich nicht mit Fragen ab, ob das ganze Volk vor dem Wassertor im Osten der Stadt genug Platz gefunden habe oder wie sich an einem einzigen Vormittag die gesamte Tora lesen lasse. Vielmehr schafft er eine »ideale Szene«, die mit den vielen liturgischen Assoziationen das Ideal jüdischen Gottesdienstes in der Synagoge darstellen und begründen soll. Im Mittelpunkt steht die Verlesung des »Buches mit dem Gesetz des Mose« - gemeint ist der Pentateuch, die Tora. Im Text wird diesem Buch höchste Verehrung entgegen gebracht, die den Leser mit in das Geschehen hinein nimmt: Die Ehrfurcht überträgt sich auf den Leser, der dieses geheimnisvolle Buch gleichsam sieht, aber nicht hört, denn der Inhalt des Verlesenen wird nicht mitgeteilt. Dies ist auch nicht nötig, da sowohl der Terminus für dieses Buch als auch die Verehrung, die dafür aufgewendet wird, es unmissverständlich klar machen, dass es um »*die* Heilige Schrift« geht, die das Publikum aus seinem Alltag bzw. seinen Gottesdiensten kennt, eben die Tora. Die dahinter stehende Pragmatik könnte man auch so interpretieren, dass es dem Text ein Anliegen ist, dem Leser den nötigen Respekt für dieses heilige Buch zu lehren, indem er die Israeliten unter Esra als leuchtendes Beispiel für den ehrfurchtsvollen Umgang mit der Tora charakterisiert.

»Das Buch der Tora des Mose«
Die hebräische Wendung *sefär ha=tōrā* »(das) Buch der Weisung (Tora)«, meist mit Demonstrativpronomen (»*dieses* Buch der Tora«), begegnet in der Hebräischen Bibel an sehr charakteristischen Stellen, die für die Kanonizität und den Gesamtaufbau dieser »Heiligen Schrift« von großer Bedeutung sind. Die ersten Belege finden sich am Ende des Buches Deuteronomium (Dtn 28,61; 29,20; 30,10; 31,26) und damit am Ende der Tora selbst. Die Einstellung zu diesem »Buch der Weisung« erscheint als das entscheidende Kriterium für Wohl und Wehe des Volkes. Sodann begegnet die Wendung gleich am Beginn des zweiten Kanonteils der Hebräischen Bibel, in Jos 1,8: Josua als Nachfolger des Mose wird von Gott darauf eingeschworen, das Buch der Weisung (des Mose, vgl. Jos 1,7) Tag und Nacht zu studieren und stets danach zu handeln. Jos 8,30-35 berichtet dann – ganz in Analogie zu Esra 3/Neh 8 (!) – von einem Altarbau nach der Vorschrift des Buches sowie von einer Verlesung in vollem Wortlaut am Berg Garizim und am Berg Ebal. Jos 23–24 erzählen von der Selbstverpflichtung des Volkes auf JHWH (vgl. dieses Motiv in Esra 10/Neh 10), wobei das Buch der Tora in 23,6 und 24,26 (Bundesschluss in Sichem unter Josua als Vermittler von Bund und Gesetz) erwähnt ist. Ein versprengter Beleg ist 2 Kön 14,6: König Amazja, der eine relativ positive Beurteilung erhält (14,3), handelt nach dem »Gesetzbuch des Mose« (EÜ). Interessant sind die Belege in 2 Kön 22,8.11 (2 Chr 34,14.15), die von der Auffindung des Buches unter König Joschija berichten: Damit ist durch diesen Begriff ein großer Bogen vom Beginn (Jos 1,8) bis zum Ende der »vorderen Propheten« gespannt, und Joschija wird in die großen Gestalten, die mit der Tora in besonderer Verbindung stehen, eingereiht: Mose, Josua, Esra. Für den Bereich der »hinteren Propheten« sind vor allem Jer 36, die Buchrollenverbrennung durch König Jojakim, zu nennen, wo es grundsätzlich um den Umgang mit Büchern geht, die Weisungen Gottes (hier die Prophetie

Jeremias) enthalten, sowie das Ende in Mal 3,22, wo die ausdrückliche Aufforderung Gottes durch den Propheten Maleachi zu finden ist, stets an die Tora »meines Knechtes Mose« zu denken. Für den dritten Kanonteil, die »Schriften« (Ketubim), ist Neh 8 das Kapitel, das die tragende Rolle (des Buches) der Tora betont. Man beachte auch die Rückverweise auf die Tora am Anfang der Ketubim in Ps 1 (1,2 knüpft an Jos 1,8 an!) sowie in den Tora-Psalmen 19 und 119. An entscheidenden Punkten in allen drei Kanonteilen der Hebräischen Bibel ist somit das Buch der Tora (des Mose) als wesentlicher Identifikationspunkt und als entscheidendes Kriterium der Lebensgestaltung und Gemeinschaftsordnung etabliert. Einmal mehr erweist sich so das Konzept einer »Heiligen Schrift« aus »heiligen Schriften«, mithin die Idee des Kanons als literarisches und normatives Prinzip, als ein den Texten (»dem Text« der Schrift als Gesamteinheit) inhärentes Charakteristikum, das für die Auslegung nicht vernachlässigt werden darf.

Esra als Vortragender repräsentiert dabei den idealen »Schriftgelehrten« (wobei man sich bei diesem Begriff der EÜ wieder von neutestamentlichen Assoziationen frei machen muss). In seiner Person werden die Titel »Schreiber« (*sofer*; V. 1) und »Priester« (*kohen*; V. 2) kombiniert – dabei erscheint es unangebracht, Laiendienst und Priesterdienst, Tora und Opfer, Wort und Kult in übertriebener Weise zu differenzieren. Gerade die Kombination der Titel in einer Person (Esra) zeigt, dass Priestertum und Tora eng aufeinander bezogen sind. Woher Esra das Buch holt, ist nicht ausgesagt, aber sein Titel »Priester« könnte auf den Tempel verweisen. Damit wäre ein Echo der Geschichte von der Wiederauffindung des Gesetzbuches im Tempel unter König Joschija (2 Kön 22–23) hörbar. Dort sind der *Priester* Hilkija und der *Schreiber* Schafan mit der Auffindung und dem Verlesen des Buches befasst.

Bei der Verlesung der Tora durch Esra in Neh 8,4 gruppiert sich um ihn eine Anzahl von Personen, die keine priesterlichen Titel tragen, also offensichtlich »Laien« sind. Ihre Aufgabe scheint die

Repräsentanz des »ganzen Volkes« (eine leitwortartige Wendung des ganzen Kapitels, s. o.) zu sein, so dass erneut ausgedrückt ist, dass die Adressaten nicht ein elitärer Kreis, sondern wirklich das gesamte Volk Israel in idealtypischer Weise sind. Auffällig ist die asymmetrische Verteilung: sechs Personen zur Rechten, sieben zur Linken – diese 13 Namen korrespondieren den 13 Namen der Leviten in V. 7, die das Gesetz erklären. An gottesdienstlichen Elementen begegnen ferner die Kanzel, das Öffnen der Torarolle, das Sich-Erheben der Gemeinde als Ausdruck der Ehrfurcht sowie der Lobpreis, der hier mit Verneigung und Niederfallen zur Erde verbunden ist (V. 6). All dies soll zeigen, dass das Verlesen der Tora ein Ritual ist, das mit der typischen Bekräftigungs- und Abschlussformel »Amen, amen« durch das Volk ausklingt.

Vergegenwärtigung des Sinai

Das Handeln des Volkes in Neh 8,6 steht in enger Parallele zu seiner Reaktion auf die Mitteilung der Offenbarung Gottes an Mose in Ex 3–4 (am »brennenden Dornbusch«):

Neh 8,6: »Dann pries Esra den Herrn, den großen Gott; darauf antworteten alle mit erhobenen Händen: *Amen, amen! Sie verneigten sich, warfen sich vor dem Herrn nieder, mit dem Gesicht zur Erde.*«

Ex 4,30-32: »Aaron wiederholte vor ihnen alle Worte, die der Herr zu Mose gesprochen hatte, und Mose vollbrachte die Zeichen vor den Augen des Volkes. [31] Da glaubte *(wa=ya'amen)* das Volk, und als sie hörten, dass der Herr sich der Israeliten angenommen und ihr Elend gesehen habe, *verneigten sie sich* und *warfen sich vor ihm nieder.*«

Damit ist eine Spur zu den Ereignissen vom Sinai gelegt, wo eine ähnliche Offenbarungskonstellation vorliegt: *JHWH* offenbart seine Tora an *Mose*, der sie an die Israeliten weitergibt (Ex 3–4; 19–40); in Neh 8 gibt *Esra* die Tora an *das versammelte Volk*, dessen Einigkeit betont wird, weiter. Insofern ist der »Wortgottesdienst« von Neh 8,1-12 auch als Vergegenwärtigung des Sinai-Geschehens, der Uroffenbarung Gottes zu verstehen – die heftige emotionale Reaktion des Volkes in Neh 8,9 (Weinen) erhält dadurch noch einen anderen Hintergrund und tieferes theologisches Gewicht. Auch in Ex 19,16 und 20,18 wird das Zittern des Volkes angesichts der Begegnung mit dem großen, sich offenbarenden Gott berichtet.

Die Traditionskette *JHWH* – Mose – Israeliten – Esra – das versammelte Volk wird durch die *Leviten*, die die Aufgabe der Erklärung übernehmen (Neh 8,7–8) noch um ein Glied verlängert – in die Zukunft. Esra als einmalige geschichtliche Gestalt tritt in den Hintergrund, und die Übergabe seiner Aufgabe an die Leviten ermöglicht eine Verlängerung in die Zukunft hinein, eine stetige Wiederholung des Geschehens, eine Re-Präsentierung, Vergegenwärtigung des Sinai-Offenbarungsgeschehens bei jeder Verlesung und Erklärung der Tora. Mit *G. Steins* kann in Aufnahme konstruktivistischer Lerntheorien die Rezeption der Tora als »situierte Kognition« gesehen werden: Das erlernte bzw. zu erlernende Wissen (hier: »Tora«) steht nicht im luftleeren Raum, sondern ist situiert, verortet (und »verzeitet«). Der Sinai ist der »geschichtliche« Ort der Offenbarungsvermittlung – nicht im historischen, sondern im logisch-narrativen Sinne der fortschreitenden Erzählung und Traditionsweitergabe –, der die Konstituierung eines Anwendungszusammenhangs ermöglicht. Neh 8,1-12 konzipiert Israel als Lese-, Hör- und Lerngemeinschaft, und die Verlesung der Tora, die auf Wiederholung abzielt, ist ein identitätsstiftender Akt, eine stets aktualisierbare Gründungshandlung. Damit ist Neh 8,1-12 nicht Bericht einer einmaligen Promulgationshandlung, sondern »die Geburt des Gottesvolkes, die zusammenfällt mit der Geburt der Tora als Kanon« *(G. Steins)*. Die folgenden Texte des Nehemiabuches unterstreichen diesen Akt der Identitätskonstituierung als Volk, das sich um die Tora schart, um die wiederholte Lektüre, um das wachsende Verstehen und Lernen der Tora: »Wortgottesdienst« und Studium der Heiligen Schrift werden zum Lernort dessen, was Israel vor Gott ist, wobei diese

Kognitionsprozesse geschichtlich-narrativ situiert sind: am Sinai, am »Platz vor dem Wassertor« – Orte der Erinnerung, die dem gelernten bzw. zu lernenden Wissen eine relationale Verankerung geben.

Literatur: *G. Steins*, Inszenierungen des Lesens und Lernens in Neh 8,1-12, in: *B. Ego/H. Merkel* (Hg.), Religiöses Lernen im Alten Testament, antiken Judentum und frühen Christentum, Tübingen 2005 (im Druck).

V. 7 nennt die Namen von 13 Leviten, die dem Volk das »Gesetz« (die Tora) erklären *(BīN hif)*. Dabei muss man sich von zu konkreten Vorstellungen lösen, wie genau Erklärungen und gleichzeitige Verlesung zusammengehen. Ausgedrückt werden soll die grundlegende Aufgabe der Leviten, das Volk im Einzelnen zu lehren – eine ideale Szenerie, wie sie schon in der Chronikversion der Amtszeit von König Joschafat einmal angedeutet wurde: Nach 2 Chr 17,7-9 schickt Joschafat seine Beamten, dazu Leviten und Priester ausgerüstet mit dem »Gesetzbuch des Herrn« (*sefär tōrat JHWH*) in die Städte Judas, um das Volk zu belehren.

Die Stufen dieses Lehrvorgangs zeigt noch einmal V. 8 summarisch: lesen *(QR')*, erklären *(PRŠ pu.)*, den Sinn darlegen *(ŚīM śäkäl)* und verstehen *(BīN)*. Umstritten ist dabei die genaue Bedeutung von *PRŠ*: Heißt es deutlich lesen, oder erklären oder in Abschnitten (so EÜ) lesen? Eine vierte Möglichkeit deutet der Talmud an (z. B. *bMeg* 3a), nämlich dass es sich um eine *Übersetzung* ins Aramäische handele und dass hier die Geburtsstunde des *Targums*, der erläuternden Übertragung der Tora ins Aramäische liege. Hinsichtlich dieser plausibel klingenden Annahme ist man mittlerweile wieder etwas vorsichtiger geworden, da die Wiedergabe von *PRŠ* mit »übersetzen« nicht in vorrabbinischer Zeit belegt ist. Es ist wohl weniger so, dass die Darstellung in Neh 8 zum Muster für den späteren Synagogengottesdienst (mit aramäischer Übertragung gleich nach der Verlesung der hebräischen Passage der Tora) wurde; vielmehr scheint Neh 8 der Versuch zu sein, eine liturgische Praxis zu legitimieren. Daher sollte die Wortbedeutung nicht auf »ins Aramäische übersetzen« eingeschränkt werden, sondern ein Lektürevorgang vorgestellt werden, der auslegende Züge trägt: Jedes laute Vortragen eines geschriebenen Textes ist durch Modulation der Stimme und Betonung eine Art der Interpretation (jede/r Lektor/in ist Schriftausleger/in), und dies gilt noch mehr bei unvokalisierten Konsonantentexten, wie sie in der Welt des Esra-Nehemia-Buches Realität waren. Das Ziel ist jedenfalls klar formuliert: Es geht darum, dass das *ganze Volk* das Gelesene auch *versteht*.

In V. 9 tritt nun Nehemia (der Statthalter: *tiršātā'*) zusammen mit Esra und den Leviten auf. Auffällig ist, dass Nehemia hier in Verbindung mit zwei charakteristischen Verben steht, die auch bei seiner Einführung in Neh 1 auftraten: Beide Male lösen Worte *Weinen (BKY)* und *Trauer ('BL hit.)* aus, einmal der Bericht aus dem zerstörten Jerusalem bei Nehemia, zum anderen die Worte der Tora beim Volk. Nehemia bittet in 1,6-7 um Vergebung dafür, dass die Israeliten die Gebote, Gesetze und Anordnungen, die Gott seinem Knecht Mose gegeben hat, nicht gehalten haben. Hier nun, in Neh 8, als das *ganze Volk* selbst die Tora hört, ereignet sich eine ähnliche Bestürzung (siehe auch die Reaktion von König Joschija in 2 Kön 22,11: das Zerreißen des Gewands ist ein *Trauergestus*): Die Tora offenbart die moralische Fehlerhaftigkeit des Volkes, und diese Unvollkommenheit und Sündhaftigkeit kommt nun – durch die *gelesenen, erklärten* und *verstandenen* Worte – zum vollen Bewusstsein. Das entsprechende öffentliche Sündenbekenntnis und die Vergebungsbitte werden dann in Neh 9 folgen – hier jedoch wird zunächst getröstet und zur Freude aufgerufen. Die Offenbarung des Willens Gottes in der Tora ist also vor allem ein Grund zur Freude, und diese »Freude am Herrn ist euere Stärke« (V. 10). Zu dieser Freude gehört unbedingt auch das solidarische Teilen mit denen, die nichts haben (vgl. auch Dtn 16,11 [Wochenfest].14 [Laubhüttenfest]; Est 9,19.22 [Purim]). Eine andere, zusätzliche Erklärung des Weinens des Volkes ergibt sich im Lichte der oben genannten Parallele mit dem Sinaigeschehen: Angesichts des sich offenbarenden Gottes (Ex 19,16; 20,18) erzittert das Volk.

Sowohl Nehemia als auch Esra als auch die Leviten betonen, dass der Tag der Verlesung der Tora ein »heiliger Tag« (drei Mal) ist, an dem man nicht traurig sein und sich keine Sorgen machen soll. Der Grund der Freude liegt nach V. 12 auch darin, dass das Vorgetragene *verstanden* wurde – das Verstehen wird als oberstes

Ziel jeweils am Ende von V. 8 und V. 12 genannt. Dadurch werden die Verse 9–11, die die drei Protagonisten Nehemia, Esra und die Leviten anführen, eingerahmt, so dass deutlich wird, dass die konzertierte Aktion dieser drei Personen(gruppen) zum Erreichen des Ziels des Verstehens führt. Insofern ist die Anwesenheit Nehemias in 8,9 von erheblicher Bedeutung: Esra, Nehemia und die Leviten haben zwar unterschiedliche Aufgabenbereiche und führen völlig unterschiedliche Tätigkeiten aus (insbesondere gilt dies für Esra und Nehemia), doch *letztlich* ziehen alle an einem Strang und arbeiten auf das gleiche Ziel hin.

b) Die Feier des Laubhüttenfestes (Neh 8,13-18)

Auf die Lesung der Tora vor dem ganzen Volk folgt einen Tag später das Studium des Gesetzes im kleineren Kreise aus führenden Laien sowie Priestern und Leviten. Die Begriffe »am zweiten Tag« und »versammeln« verweisen dabei auf den Anfang des Kapitels (Neh 8,1-2) zurück und beziehen sich immer noch auf den »siebten Monat«. Das weitere Kennenlernen (EÜ; hebräisch: *ŚKL* hif) in V. 13 greift den in V. 8 genannten Vorgang »den Sinn darlegen« *(ŚīM śäkäl)* auf. Die Struktur der nächsten Verse erscheint klar: Als ein Beispiel für das Verstehen der Tora wird das Laubhüttenfest herausgegriffen. V. 14–15 berichten von der Wahrnehmung der Vorschrift, V. 16–17 von deren Umsetzung. V. 18 beschließt mit einer verallgemeinernden Grundsatzbemerkung den Abschnitt.

Das Laubhüttenfest in der Tora

Das Laubhüttenfest ist das dritte große Wallfahrtsfest des Jahres und geht wie die anderen beiden (*Maṣṣot/Pesaḥ* und Wochenfest/Schawu'ot) vermutlich auf ein altes kanaanäisches Bauernfest im Herbst zurück. Es gilt als so wichtig, dass man es auch als »*das* Fest« (schlechthin) bezeichnen konnte (vgl. 1 Kön 8,2.65; 12,32 u.ö.; auch: das Fest JHWHs: Ri 21,19; Lev 23,39). Die genaue religionsgeschichtliche Ableitung ist wohl nicht mehr zu erheben. Verschiedene Versuche im 20. Jh., das Fest von altorientalischen oder auch postulierten altisraelitischen Festen (Thronbesteigungsfest; Bundeserneuerungsfest) abzuleiten, bleiben wenig überzeugend. Die geschichtliche Entwicklung ist im Einzelnen vor allem für die Frühzeit kaum mehr nachzuzeichnen. Hier geht es zunächst nur darum, den Befund in der Tora kurz zu rekapitulieren. Das Laubhüttenfest steht primär in engem Kontakt mit der Ernte. Nach Ex 23,16 ist das dritte Fest das Fest der Lese am Ende des Jahres (an der Jahreswende: Ex 34,22), wenn Korn und Wein eingelagert sind (Dtn 16,13). Es ist nach Ex 23,17 und 34,23-24 einer der drei Anlässe, zu denen die männlichen Israeliten nach Jerusalem hinaufziehen sollen, »um vor dem Herrn zu erscheinen« (zu den drei Wallfahrtsfesten vgl. Ex 23,14-17; 34,22-23; Dtn 16,16-17).

Die drei Feste werden in Dtn 16 näher ausgestaltet. Dtn 16,13–15 behandelt das Laubhüttenfest und nennt folgende Aspekte: Die Dauer des Festes beträgt sieben Tage, es ist ein Fest der Freude über die Ernte und den reichen Ertrag. An dieser Freude sollen auch die Sklaven und die *personae miserae*, also die Fremden, die Waisen und die Witwen, teilhaben, d.h. es wird eine entsprechende Solidarität gerade auch in materieller Hinsicht mit den Armen gefordert. Auf diesen speziellen Aspekt weist Neh 8,10 eigens hin. Die Bezeichnung »Laubhüttenfest« *(ḥag ha=sukkōt)* wird in Dtn 16,13 nur genannt, nicht erklärt. Die *Sukkā* ist eine Hütte aus laubreichen Zweigen oder Schilfmatten zum temporären Schutz für Wanderer, Nomaden, Feldarbeiter und Festpilger. Sie könnte zunächst nur auf Unterstände bei der Erntearbeit verweisen, erhält jedoch auch eine heilsgeschichtliche Deutung (s.u. zu Lev 23,42-43).

Genauere Details des Festes und eine Deutung des Namens finden sich in Lev 23,33-36 und 23,39-44. Als Termin wird der Fünfzehnte des siebten Monats genannt, wobei hier die Monatszählung im Frühjahr (mit dem Nisan) beginnt. Der siebte Monat ist dann der Tischri (September/Oktober). Auch in Lev 23,39 ist die Verbindung mit der Ernte thematisiert. Der erste und der achte Tag sind »Ruhetage« (EÜ), also Festtage, die wie der Schabbat als Geschenk Gottes an die Menschen aufgefasst werden und an denen demzufolge das Verrichten von schwerer Arbeit verboten ist. 23,36 spricht auch vom täglichen »Feueropfer« (EÜ), das sind Opfergaben (Tiere), die durch Verbrennen Gott dargebracht werden (vgl. Lev 1,9.13.17 u. ö.). Der Abschnitt Lev 23,39-44 trägt weitere Details nach: Als Festsymbol wird zunächst der Feststrauß genannt (23,40), dann die siebentägige Festfreude angeführt. Vor allem aber erfolgt hier eine geschichtstheologische Begründung des Festes, die den Festbrauch des Lebens in Hütten mit dem Auszug aus Ägypten in Verbindung bringt: Als Erinnerung, dass Israel bei der Herausführung aus Ägypten in Hütten wohnen musste, sollen die »Einheimischen in Israel« (Lev 23,42) in Hütten wohnen, um den kommenden Generationen die große Befreiungstat Gottes zu vergegenwärtigen.

Details zu den Opfern an den einzelnen Tagen des Laubhüttenfestes listet Num 29,12-38 auf, erwähnt aber die »Hütten« nicht. Hier geht es nur um den Opferkult am Heiligtum. Am Laubhüttenfest werden die meisten Opfer dargebracht.

Wie schon Neh 8,14-18 zeigt, geht die Ausgestaltung der Festbräuche weit über die vergleichsweise wenigen Regelungen der Tora hinaus. Der Idealzustand des Festes wird u. a. in der Tempelrolle von Qumran, in der rabbinischen Literatur und in Mischna und Talmud mit einer Fülle an Details und Bräuchen beschrieben. In der rabbinischen Tradition dauert das Fest vom 15. bis 21. Tischri und erhält am achten Tag (22. Tischri) ein Zusatzfest (*šᵉmīnī ʿaṣärät*, vgl. Neh 8,18). In nachtalmudischer Zeit wird für den neunten Tag ein weiteres Fest angehängt: *Śimḥat tōrā*, das Fest der Torafreude (in Israel identisch mit dem Fest am achten Tag). An diesem Festtag wechselt der einjährige Lesezyklus der Tora, d. h. man endet mit dem Buch Deuteronomium und beginnt wieder mit dem Buch Genesis.

Vergleicht man den Befund in der Tora über das Laubhüttenfest mit den Ausführungen in Neh 8,14-18, so sieht man zwar einige Entsprechungen, aber auch eine ganze Reihe von Unterschieden. So fehlen beispielsweise in Neh 8,14-18 die Vorschriften über die Arbeitsruhe an den Festtagen oder die Bemerkungen über die Opfer an den einzelnen Tagen (anders Esra 3,4!). Umgekehrt gibt es Züge in Neh 8,14–18, für die in der heute vorliegenden *schriftlichen* Tora keine Entsprechungen gefunden werden können, so differieren z.B. die Ausführungen über die Arten von Baumblättern in Lev 23,40 und Neh 8,15 und die Art der Ausrufung in Lev 23,2.4 und Neh 8,15. Neh 8 lehnt sich sehr eng an Lev 23 an, der einzigen Stelle der Tora, wo vom Bauen von Hütten die Rede ist, doch ist dort (anders als in Neh 8,16) keine Rede davon, dass Hütten auf dem Tempelgelände errichtet werden. Die charakteristische Wendung »wie es vorgeschrieben ist« *(k=[h]a=kātūb)* will also nicht eine wortwörtliche, gleichsam buchstabengetreue Umsetzung andeuten, sondern einen generellen und prinzipiellen Entsprechungsvorgang zwischen dem Text und der Wirklichkeit vermitteln: Man handelt in vollem Gehorsam gegenüber der Tora, befindet sich in Übereinstimmung mit ihrem »Geist«.

Ein weiteres Problem ist das Datum: Neh 8,13-18 »entdeckt« und begeht das Laubhüttenfest am 2. Tischri, doch nach Lev 23,34.39; Num 29,12 sollte es am 15. Tischri stattfinden. Zudem fehlt jeder Bezug auf den »Tag des Posaunenschalls« (beim Jahresbeginn im Herbst ist das das Neujahrsfest; 1. Tischri) und den Versöhnungstag (Jom Kippur, am 10. Tischri; vgl. Lev 23,23-32). Das Thema »Buße und Versöhnung« wird erst in Neh 9 aufgegriffen, dennoch ist es eigenartig, dass bei derart deutlichen Bezügen auf die Tora die tatsächliche Abfolge der Feste gerade *nicht* umgesetzt wird. Dies kann nur heißen, dass Neh 8 keine bloße Vollzugserzählung eines biblisch fundierten Rituals sein will, sondern dass mit den hier zu findenden Besonderheiten und Eigentümlichkeiten wieder eine unterschwellige Botschaft ausgedrückt werden soll. Wie schon mehrfach im Esra-Nehemia-Buch beobachtet wurde, geht es nicht um eine exakte Datierung, sondern darum, Bezüge und Zusammenhänge sichtbar zu machen.

Folgende auffällige Besonderheiten zeigen, dass das »Laubhüttenfest« von Neh 8 nicht das übliche Fest ist, sondern durch

Abweichungen vom vertrauten Ritual Aufmerksamkeit erregt. Zunächst sind die Ortsangaben für den Hüttenbau ungewöhnlich, vor allem die Plätze vor dem Wassertor und dem Efraimtor, das nach Neh 12,38-39 zwischen der Breiten Mauer und dem Alten Tor/Jeschanator (vgl. die Skizze S. 167) liegt. Das Wassertor ist eng mit Esra verknüpft, der dort (a) nach Neh 8,1 die Tora verliest und (b) nach Neh 12,36-37 bei der Mauereinweihung dem ersten Festchor voranschreitet, dessen Endstation das Wassertor ist. Somit hat Nehemias Anwesenheit bei der Verlesung der Tora durch Esra in Neh 8,9 eine Entsprechung durch Esras Anwesenheit bei der Einweihung der Mauer durch Nehemia in Neh 12,36. Das Efraimtor von Neh 8,16 wiederum verweist ebenfalls auf die Mauereinweihung, denn dort geht die zweite Festprozession, die Nehemia begleitet (Neh 12,39) vorüber. Beide Gruppen treffen sich dann im Tempel zum großen Lobpreis. Das zeigt, dass in der Welt des Textes Esra und Nehemia sowohl bei der Toraverlesung als auch bei der Mauereinweihung gemeinsam handeln. Die Erwähnung der mit ihnen verbundenen Plätze am Wassertor und Efraimtor beim Laubhüttenfest unterstreicht subtil diese Verbindung.

Eine zweite Besonderheit ist in 8,17 zu finden: Hier wird ausdrücklich die Gemeinde mit den aus dem Exil Heimgekehrten identifiziert (*nur* die Heimkehrer bilden das wahre Israel!) und mit dem Exodus- und Landnahmegeschehen unter Josua durch die Feier des Laubhüttenfestes im weitesten Sinne verknüpft. Nach der Tora (Lev 23,42-43) dient ja das Leben in Hütten der Erinnerung an den Exodus – wenn nun hier in Neh 8,17 diese Erinnerung mit den *Heimkehrern* verbunden wird, erscheint die Rückkehr aus dem Exil wie ein »zweiter Exodus« ins gelobte Land. Um dies zu unterstreichen, wird behauptet, dass Israel das Laubhüttenfest so nicht mehr seit den Tagen Josuas ben Nun gehalten habe. Dies steht gegen die historische Wirklichkeit und auch gegen die eigene Textwelt, denn Esra 3,4 betont ja die Feier des Laubhüttenfestes (vgl. auch 2 Chr 7,8; 8,13: Salomo feiert das Laubhüttenfest). Doch es kommt hier nicht auf die korrekte Chronologie an, sondern auf die Besonderheit *dieses* Laubhüttenfestes und den Verweis auf die Zeit Josuas, die großartige Zeit des Anfangs im gelobten Land. Die erfüllten Tage der Josuazeit und die des Esra entsprechen einander: In der Josuazeit sind die das Volk, die aus Ägypten ausgezogen sind – in der Esrazeit besteht das wahre Israel aus allen (und nur aus allen), die aus der Gefangenschaft heimgekehrt sind.

Eine Analogie zu dieser Art von »Chrono-Logik« findet sich in 2 Kön 23,22 (2 Chr 35,18): Ein solches Pascha, wie es von König Joschija begangen wurde, war nicht gefeiert worden seit den Tagen der Richter (bzw. seit den Tagen des Propheten Samuel) – auch diese Behauptung dürfte historisch unzutreffend sein, dient aber zum Anknüpfen an uralte, bessere Tage: Das letzte gemeinsame Pascha am Ende der Wüstenwanderung findet unter Josua in Gilgal statt (Jos 5,10). Somit ist auch das Pascha des Joschija ein ganz besonderes Pascha-Fest. Sowohl bei Joschijas Pascha als auch beim Laubhüttenfest in Neh 8 führt die Rückbesinnung auf das *Buch der Tora* zur Vergegenwärtigung des guten Anfangs von einst.

Dies führt zur Frage der Verbindung von Tora (als *Buch*) und Sukkot (Laubhüttenfest), die in Neh 8,18 viel stärker ist als in den Bestimmungen der Tora: Eine tägliche Toralesung, wie 8,18 berichtet, ist normalerweise nicht Teil des Laubhüttenfestes. Spätere Tradition macht aus der »großen Freude« von 8,17 das Fest der Torafreude *(Śimḥat tōrā)*. Doch es gibt auch eine Stelle in der Tora, die Toralesung und Sukkot verbindet: In Dtn 31,10-12 ordnet Mose an, dass diese Weisung (Tora) in jedem siebten Jahr (Brachjahr; Sabbatjahr) am Laubhüttenfest vorgetragen werden soll, und zwar vor *allen*, vor Männern, Frauen, Kindern, Greisen und auch vor den Fremden mit Gastrecht. Das Ziel ist die Ehrfurcht gegenüber Gott und das ethische Handeln nach Gottes Weisung im gelobten Land. Auch diese Verbindung zwischen Neh 8 und dem Buch Deuteronomium zeigt, dass das Laubhüttenfest von Neh 8 ein besonderes Fest ist.

Zugleich entsteht damit eine Parallelisierung zwischen Mose (+Tora) und Esra (+Tora): Wie einst Mose dem Volk Israel, das aus dem Sklavenhaus Ägypten befreit worden war, die Tora vortrug, damit es eine Lebensordnung für das Wohnen im gelobten Land hat, so etabliert Esra durch die Tora (des Mose) eine Rechts- und Lebensordnung für die aus der Gefangenschaft Heimgekehrten zum Leben in einer wieder aufgebauten Stadt (mit Mauer) und einem wieder errichteten Tempel. Deuteronomium und Esra-Nehemia, Mose und Esra, Josua (als Nachfolger des Mose) und die Leviten (als Nachfolger Esras bei der Toraauslegung) entsprechen einander. Das Laubhüttenfest von Neh 8 ist nicht einfach Ausführung einer

Toravorschrift, sondern es dokumentiert, dass Esra und Nehemia die Tora in das Zentrum Israels gerückt haben, wo sie nach Ausweis der »alten« Geschichten von Mose, Josua, König Joschija und Jeremia immer schon hingehört.

c) Der Bußgottesdienst (Neh 9,1-5)

Ohne eine nähere Begründung oder direkte Motivation folgt auf die Freudenfeste eine Bußaktion. Allerdings hatte sich in der ersten Reaktion des Volkes auf die Verlesung der Tora, also im Weinen (8,9), bereits angedeutet, dass die Verkündigung der göttlichen Weisung die eigenen (moralischen?) Defizite bewusst macht. Trotz oder gerade wegen der Freude über die Selbstoffenbarung Gottes in seinem Wort ist eine Aufarbeitung der eigenen Verfehlungen unumgänglich. Die Datierung dieser Aktion ist der 24. Tischri. Das »Fasten« ist wieder Sammelbezeichnung für eine ganze Reihe gottesdienstlicher Riten (siehe die Kommentierung zu Esra 8,21, S. 135) – zugleich markiert das »Fasten«, dass eine nationale Krise ansteht (vgl. 1 Kön 21,9.12; 2 Chr 20,3; Est 9,31; 2 Makk 13,12; Jes 58,3ff; Joël 1,14; 2,12.15; Jona 3,5).

Fasten

Wie ein »Fasten«-Gottesdienst *(ṣōm)* ausgesehen haben könnte, ist anhand von 2 Chr 20 (ohne Parallele in den Königsbüchern) abzulesen. Die nationale Krise besteht hier in der militärischen Bedrohung durch die Moabiter und Ammoniter, die von Edom her gegen König Joschafat von Juda heranziehen (2 Chr 20,1-2). Andere Anlässe für ein Fasten- oder Klageritual sind z. B. eine Dürre (Jer 14) oder eine Heuschreckenplage (Joël 1). In 1 Kön 21,9.12 verwendet Königin Isebel die Institution des »Fasten«, um das Volk in Krisenstimmung zu versetzen und umso leichter den Justizmord an Nabot anordnen zu können. In Esra 8,21 dient das Fasten als Fürbitte für eine glückliche Heimreise. Nach Ausweis von Sach 7,5 und 8,19 gab es ein kalendarisch festgelegtes Fasten als Klage um die Zerstörung Jerusalems.

Zu einem Fasten wird rituell aufgerufen *(QR' ṣōm)*, vgl. z.B. 2 Chr 20,3; 1 Kön 21,9.12; Esra 8,21; Jer 36,9; Joël 1,14; 2,15; Jona 3,5, so dass man sogar von einer literarischen Gattung »Aufruf zur Volksklage« sprechen könnte, die meist aus den Elementen des imperativischen Aufrufs (z.B. »Schreie!«), des Vokativs (wer soll fasten und klagen?) sowie des Anlasses zur Klage besteht. Infolge des Aufrufs kommt es zu einer Versammlung (2 Chr 20,4), in der ein Klagegebet gesprochen wird (20,5-12). Aller Wahrscheinlichkeit nach liegt in diesen Klagegottesdiensten der »Sitz im Leben« der Psalmengattung »Klagelieder des Volkes«, d.h. derartige liturgisch-rituelle Bewältigungen nationaler Krisen, meist militärischer Notlagen, prägten ein bestimmtes Sprachmuster (»Gattung«), das bis heute in den Volksklageliedern des Psalters (dort immer mit dem Hintergrund kriegerischer Krisen) erhalten ist. Dabei ist zu beachten, dass Neh 9,6-37 kein »Klagelied des Volkes« ist, sondern den nachexilischen Bußgebeten zuzurechnen ist (s.u., S.224).

Als weiteres Element eines Klagegottesdienstes nennt 2 Chr 20,13-17 ein Heilsorakel: Im Prozess des Betens, Bittens und Fastens kommt es zu einer wie auch immer gearteten Vermittlung einer positiven Hilfezusage Gottes (»Fürchtet euch nicht«, z.B. Joël 2,19-27). Die Antwort des Volkes besteht in verehrendem Sich-Niederwerfen (Proskynese) und einem Lobgesang (2 Chr 20,18-19). 2 Chr 20,20-30 berichtet schließlich auch vom Erfolg bzw. der Überwindung der Notlage.

Dass es sich hier wirklich um ein fest eingebürgertes Ritual handelt, zeigt die prophetische Kritik an den Kulthandlungen. Es drohte die Gefahr einer Veräußerlichung der Handlungen, bei der sich das kultische Tun von der inneren Einstellung löste und die geforderte innere Umkehr ausblieb, vgl. Joël 2,13: »Zerreißt euere Herzen, nicht euere Kleider«. Vom wahren Fasten sprechen auch Sach 7,4–14 und Jes 58.

Literatur: *T. Hieke*, Psalm 80 – Praxis eines Methodenprogramms. Eine literaturwissenschaftliche Untersuchung mit einem gattungskritischen Beitrag zum Klagelied des Volkes, ATSAT 55, St. Ottilien 1997, 318–327; *T. Podella*, *Ṣôm*-Fasten. Kollektive Trauer um den verborgenen Gott im Alten Testament, AOAT 224, Neukirchen-Vluyn/Kevelaer 1989.

Die Einberufung des Volkes in Neh 9,1 scheint durch die Bekanntheit des Fasten-Rituals vorausgesetzt zu sein, muss also nicht ausdrücklich erwähnt werden. Die in Neh 8 so wichtige Figur Esras (siehe auch Esra 9–10) tritt nun in den Hintergrund: Während in 8,1-12 Esra die Tora verliest, sind es in 8,13 schon die *Familienoberhäupter*, die Priester und Leviten, die (bei Esra) die Tora weiter studieren. In V. 1 kommen die Israeliten (*b^{e}nē Yiśrā'el*, wörtlich: die Kinder Israels) zusammen, und sie (EÜ: man) lesen aus dem »Buch der Tora JHWHs, ihres Gottes« vor. Man könnte gewissermaßen von einer zunehmenden »Demokratisierung« in der Gemeinde sprechen, denn das Volk führt den Bußgottesdienst von sich aus, ohne Aufforderung durch führende Persönlichkeiten, durch. Diejenigen, die dem Volk Ausdruck und Stimme verleihen, sind die Leviten, die damit eine weitere bzw. etwas andere Rolle zugewiesen bekommen, als sie bei der Verlesung der Tora inne hatten.
Die wichtigsten Bestandteile des allein für Israeliten bestimmten Bußtages sind die »Absonderung von allen Fremden«, ein Thema, das ganz Esra-Nehemia durchzieht (vgl. Esra 4,1-3; 6,21; 9,1-2; 10,11; Neh 2,20; 10,29.31; 13,1–3.30), sowie das Bekenntnis nach einer Lesung aus der Tora (V. 2–3). Für »die, die ihrer Abstammung nach Israeliten waren« verwendet der hebräische Text den Begriff »Same (im Sinne von Nachkommenschaft) Israels« – ein Terminus, der an den »heiligen Samen« von Esra 9,2 anknüpft und so eine Brücke zur »Bußaktion« unter Esra schlägt.

Die Wendung »vor dem Herrn« (V. 3) könnte darauf hinweisen, dass die Zeremonie im Tempelvorhof zu denken ist. Die in V. 4–5 genannten Leviten dienen nun als Vorsänger und Vorbeter. Ihre Aufforderung zum Preis Gottes geht ab V. 5b in ein Gebet über (zum Stil vgl. Dan 3,26). Unklar bleibt, in welchem Verhältnis die Leviten »auf der Tribüne« (V. 4) und die anderen Leviten von V. 5 stehen: Teilweise decken sich die Namen, teilweise weichen sie von einander ab. Sind die Personen gleichen Namens auch identisch? Liegen in V. 4 und V. 5 unterschiedliche Aufgabenbereiche oder Amtsinhalte vor? Oder ging es darum, möglichst viele Namen unterzubringen? Teilweise kehren die Namen der die Tora erklärenden Leviten von Neh 8 wieder. Die Nennung der Namen vermittelt literarisch den Eindruck, dass die Ereignisse authentisch und gut bezeugt sind und der Verfasser detailgetreu informiert ist.

d) Das Bußgebet (Neh 9,6-37)

Das Buß- und Bekenntnisgebet von Neh 9 ist eines der längsten Gebete des Alten Testaments. Es summiert als eine Art »Kompendium der Heilsgeschichte« die Geschichtstheologie des Esra-Nehemia-Buches. Die Passage wechselt zwischen Prosa und Poesie und zeigt Berührungspunkte mit Texten des Psalters, v. a. mit den so genannten »Geschichtspsalmen« Ps 78; 105 und 106, ferner 135 und 136. Im hebräischen Text bleibt offen, wer der Sprecher ist, so dass man annehmen kann, dass es sich um die in Neh 9,5 genannten Leviten handelt. Die Septuaginta versucht, den Sprecher anderweitig festzulegen und fügt in V. 6 hinzu: »Und Esra sprach…«. Die Anregung dazu stammt wohl aus Esra 9,6-15 oder auch Neh 8.

Wie sich im Folgenden zeigen wird, lebt das gesamte Gebet von seinen intensiven Beziehungen zu anderen Schriftstellen. Es setzt einen Leser voraus, der gut mit der »biblischen« Sprechweise vertraut ist, dem ein sich entwickelnder Kanon an »heiligen Texten« bekannt ist, der vieles davon vielleicht sogar auswendig parat hat. Aus nahezu allen Teilen der späteren »Hebräischen Bibel« wird zitiert oder darauf angespielt; mitunter geht es dabei nicht nur um eine Referenz, sondern um eine kreative Auslegung des als autoritativ vorausgesetzten Textes. Gerade bei der Beschreibung und Titulierung Gottes scheint sich bereits für den liturgischen Gebrauch bzw. die Gebetssprache ein gewisser Grundbestand an »einschlägigen Bibelversen« herausgebildet zu haben (z. B. Ex 34,6-7, die so genannte Gnadenformel, s. u., S. 214f.).

Die Anrufung *(invocatio)* Gottes am Beginn (V. 6) ist als ein Bekenntnis zum Schöpfergott gestaltet, das neben 2 Makk 7,28 einen wichtigen Höhepunkt des alttestamentlichen Monotheismus darstellt: Gott ist der *Einzige* (vgl. dazu auch das Grundbekenntnis des »Höre Israel« in Dtn 6,4). Die in der Umwelt Israels, in Babylonien, bei den Persern wie auch im hellenistischen Kulturkreis praktizierten Gestirnkulte, also die Verehrung von Planeten und Sternen als Gottheiten, werden indirekt abgelehnt bzw. als unangebracht herausgestellt, da doch das »Heer des Himmels« (die Gestirne) den einzigen Gott anbetet. Welche Wesen auch immer sich hinter den geheimnisvollen Bewegungen des Sternenhimmels verbergen – sie sind dem einen und einzigen Gott untergeordnet (vgl. auch das Bekenntnis in Dtn 10,14). Von *dem einen Gott* geht alles Leben aus. Unter dem »Himmel der Himmel« könnte man den obersten mehrerer übereinander liegender Himmel verstehen, den oberen Bereich eines einzigen Himmelsraumes oder einfach den »weiten Himmelsraum«. Der Ausdruck basiert auf der Tora (Dtn 10,14) und steht dort in einem Kontext, der der universalen Herrschaft Gottes im gesamten Kosmos die besondere Erwählung Israels gegenüberstellt. Dieser Zug wird auch in Neh 9 ausgefaltet. Die anderen Belege dieses Ausdrucks betonen einerseits die Größe Gottes und die Kleinheit des Tempels: Die Himmel der Himmel können Gott nicht fassen – wie soll es dann das irdische Haus können (vgl. 1 Kön 8,27//2 Chr 2,5; 6,18), andererseits sind auch die Himmel der Himmel zum Lobpreis Gottes aufgerufen (Ps 148,4).

Die V. 7–8 fokussieren nach dem Blick auf den gesamten Kosmos bis hin zum Heer des Himmels die Zuwendung Gottes zur irdischen Existenz des Menschen in der Gestalt Abrahams. Dabei setzt V. 7 parallel zu V. 6 ein: »Du bist JHWH, du allein«//»Du bist JHWH, der Gott, der du Abraham erwählt hast…«. Im Mittelpunkt stehen die Berufung (Gen 11,31; 12,1-5; 17,4-5) und die Treue Abrahams, die aus Gen 15,6 erschlossen wird. Dass *Gott* Abraham seinen Namen gegeben hat, spielt auf die Umbenennung in Gen 17,5 an, wo der Name Abrahams als »Vater der Menge« gedeutet wird. Damit wird einerseits die geschichtsmächtige Souveränität Gottes deutlich, die sich im hoheitlichen Akt der Umbenennung zeigt, andererseits klingt aber an, dass Abraham für *mehrere Völker* zum Stammvater wird. Dieser Gedanke wird jedoch in Neh 9,7-8 *nicht* ausgefaltet, vielmehr wird die Landverheißung (als Anspruch auf das Land) herausgestellt: Die Aussagen zur Landverheißung sind aus Gen 15,18-21, die Völkerliste mit leichten Abweichungen aus 15,19-21 entnommen. Der Text gipfelt in Aussagen über Gott, der mit Abraham einen *Bund* geschlossen hat und sich als *gerecht* erweist, da er das genannte Land tatsächlich den Nachkommen Abrahams gegeben hat, jedoch *nur* der durch Endogamie bestimmten Verheißungslinie: Die Abraham-Nachkommen Ismael, die Keturasöhne (Gen 25,1-6) sowie Esau werden vom Buch Genesis aus dem Blickfeld entlassen, so dass das Land letztendlich nur die aus Ägypten ausgezogenen Israeliten einnehmen, die sich wiederum allein auf das »Haus Jakobs« (Gen 46,27; Ex 1,1; 19,3) zurückführen.

Diese Konzeption des Buches Genesis wird hier in Neh 9 deutlich übernommen.

Die V. 9–11 thematisieren die Deutung der Exoduserfahrung. Die Rede vom Elend in Ägypten und dem Notschrei am Schilfmeer (V. 9) erinnert an Ex 3,7 und 14,10. Die »Zeichen und Wunder« spielen auf die »ägyptischen Plagen« von Ex 7–12 an, doch die Terminologie entspricht eher der Redeweise von Ex 7,3; Dtn 6,22; 7,19; 34,11 oder Jer 32,30 (siehe auch Ps 135,9). Der Gedanke des Hoch- oder Übermutes der Ägypter begegnet in Ex 18,11 – die gleiche Wortwurzel für »Vermessenheit« wird in 9,16 und 9,29 für die Israeliten selbst verwendet (vgl. auch Dtn 1,43). Die Rettung am Schilfmeer entspricht Ex 14,21–22 bzw. 15,5.10.19. Dem Bild Gottes wird nun erneut eine Dimension hinzugefügt: Er ist nicht nur Schöpfer und Verheißender, sondern hat sich »einen Namen gemacht« (V. 10) als *Retter seines Volkes.*

Die V. 12–15 malen dieses Bild weiter aus. Gott begleitet sein Volk Tag und Nacht auf dem Weg (V. 12): Die Erwähnung der Wolken- und der Feuersäule spielt auf entsprechende Texte der Exodustradition und der Wüstenwanderung an (vgl. Ex 13,21-22; 40,38; Num 10,34; 14,14; Dtn 1,33). Andere Texte greifen ebenfalls dieses markante Bild der Nähe und Fürsorge Gottes auf, so etwa die Geschichtspsalmen Ps 78,14 und 105,39 sowie der Rückblick im Buch der Weisheit (Weish 18,3; vgl. auch 10,17). So wird die Wolken- und Feuersäule gleichsam zur Chiffre für die begleitende Nähe Gottes auf dem Weg des Gottesvolkes – ein Gedanke, der sowohl für die Heimkehrergemeinde als auch für die in der Diaspora verbleibenden Juden ein ganz wesentliches Bild religiöser Sprache ist.

V. 13 fasst mit wichtigen Stichworten die Offenbarung Gottes und seiner Weisung am Sinai zusammen: Das Herabsteigen erinnert an die Theophanie, die Erscheinung Gottes und das Reden »vom Himmel her« (vgl. Ex 19,18.20; 20,22; Dtn 4,36), während das Geben »klarer Ordnungen« sowie »guter Satzungen und Gebote« die langen Passagen der Vorschriften für das Zusammenleben und den Gottesdienst (Recht und Kult) in der Tora wachruft. Unter den Geboten, die durch Gottes Diener Mose vermittelt wurden, wird ausdrücklich der Sabbat herausgehoben, wobei die Rede von »deinem heiligen Sabbat« die Heiligung des siebten Tages bei der

Schöpfung (Gen 2,2) einspielt. Die Begrifflichkeit findet sich aber auch im Sabbatgebot, vor allem in Ex 20,8-11, wo die Schöpfungsordnung von Gen 1,1–2,3 als Begründung und Motivation für die Heiligung des Sabbats herangezogen wird. Eine Präzisierung erfährt das Sabbatgebot in Ex 31,12-17, wo sowohl die Heiligkeit des Sabbats als auch seine Funktion als Identitätsmerkmal des Judentums herausgestellt wird. Die Parallele im Dekalog von Dtn 5,12-15 betont dagegen eher den Gedanken der Befreiung aus der Sklaverei und das Geschenk der Ruhe am siebten Tag für *alle* – so wird die Exodustradition mit dem Sabbatgebot verknüpft. Schöpfungstheologie und Exodustradition spielen vor allem bei Deuterojesaja (Jes 40–55) eine wichtige Rolle: Der Gedanke der Erschaffung der Welt durch (den einen) Gott (Israels) zeigt dessen Geschichtsmächtigkeit und Fähigkeit, das Geschick des Volkes Israel aus der Bestrafung auch wieder zum Heil zu lenken. Daher ist es möglich, einen neuen Exodus aus dem Exil zu erwarten. Durch die Doppelüberlieferung des *Sabbatgebotes* im Dekalog mit den beiden unterschiedlichen Begründungen (Heiligung des siebten Tages bei der *Schöpfung*: Ex 20,11; Befreiung des Volkes aus der Sklaverei durch den *Exodus* und Verpflichtung auf den Sabbat: Dtn 5,15) werden über den zentralen Identifikationspunkt »Sabbat« die wichtigsten Heilstraditionen Israels zusammengeführt und in einer wöchentlichen Begehung erinnert.

Auch der Gedanke, dass Gott sein Volk mit wunderbarer Speise ernährt (V. 15), greift die Exoduserfahrung und wichtige Erzählpassagen der Tora auf: Die Grundstelle des Motivs »Brot vom Himmel« findet sich in Ex 16,4. Aufgegriffen wird dies wieder in den Geschichtspsalmen 78,24 und Ps 105,40 sowie in der großen heilsgeschichtlichen Erinnerung im Buch der Weisheit (16,20). Das Parallelmotiv »Wasser aus dem Felsen« findet sich in der Tora an mehreren Stellen (Ex 17,6; Num 20,11; erinnert in Dtn 8,15) und wird wieder an den gleichen genannten Stellen eingespielt (Ps 78,15–16.20; 105,41; Weish 11,7-8). Bei »Wasser aus dem Felsen« klingt andererseits bereits das Aufbegehren gegen und der Streit mit Gott an, da an dieser Stelle die Israeliten Gott »auf die Probe gestellt« hatten – chiffreartig wird dies mit den Ortsnamen »Massa und Meriba« (Probe und Streit; Ex 17,7) bzw. »Meriba« (Streitwasser; Num 20,13) ausgedrückt, die als Stichwörter der Erinnerung und intertextuelle Signale an anderen Stellen angeführt werden (Dtn 33,8; Ps 81,8; 95,8; 106,32).

Schließlich wird am Ende von Neh 9,15 die Landverheißung in ihrer höchsten Form, nämlich in der Zusicherung durch Gott per *Eid*, aufgegriffen: Gen 26,3; 50,24; Ex 6,8; 13,5.11; 32,13; 33,1; Num 11,12; 14,16.23; 32,11 sprechen in der Tora von dem Eid, mit dem Gott das Land Abraham, Isaak und Jakob und ihren Nachkommen zugesichert hat. Realisiert wird das Unternehmen »ins Land ziehen und es in Besitz nehmen« erst im Buch Josua. Insofern scheint der Geschichtsrückblick von Neh 9 eine enge Verbindung zwischen der Tora und dem Buch Josua vorauszusetzen.

Deutete schon das Motiv des Wassers aus dem Felsen mit der Erinnerung an Massa und Meriba die trotzige Haltung des Volkes an, so wird nun in Neh 9,16-25 die konfliktreiche Wüstenwanderung mit den mehrfachen Auseinandersetzungen zwischen Gott und dem störrischen Volk sowie der steten Vergebungsbereitschaft und dem großen Erbarmen Gottes reflektiert. V. 16 ist das Grundsatzbekenntnis zur Schuld der Väter, die nicht auf die Gebote Gottes hörten. Die Hartnäckigkeit und der Ungehorsam der Vorfahren werden auch in 2 Chr 30,8; Ps 78,8 und Ps 106,7 beklagt. Wie schon mehrfach angedeutet, finden sich Geschichtsrückblicke, wie sie Neh 9 unternimmt, auch in den Ps 78; 105 und 106 – dabei sind 105 und 106 als »Zwillingspsalmen« anzusprechen, die – ähnlich wie Neh 9 – der großen Geschichtsmächtigkeit Gottes (Lobpreis in Ps 105) den Ungehorsam und Undank des Volkes Israel (Betonung der Schuld in der Vergangenheit in Ps 106) gegenüberstellen.

Die weiteren Verse in Neh 9 spielen ebenfalls auf konkrete Stellen in der Tora an. Nach dem Bericht der Kundschafter in Num 13 hat das Volk die Wunder Gottes in Ägypten vergessen und das Vertrauen auf Gott verloren: Gemäß Num 14,4 bestehen Pläne, in die Sklaverei nach Ägypten zurückzukehren. Dieses Ansinnen wird in Neh 9,17 als eine ungeheuerliche Verfehlung gegen Gott betrachtet, doch Gott reagiert darauf mit Gnade, Barmherzigkeit, Langmut und reicher Huld – hier wird, weiterhin dem Ablauf von Num 14 folgend, die im Alten Testament mehrfach begegnende Gnadenformel eingeflochten, die in Num 14,18 in Erinnerung an die Grundstelle in Ex 34,6-7 aufgegriffen wird. Neh 9,18 folgt dann dem »Rückverweis« in Num 14,18 ins Buch Exodus und trägt die Sünde mit dem Goldenen Kalb nach (Ex 32). Insofern folgt Neh 9,17 eher Num 14, während Neh 9,18 den Kontext der Gnadenformel im Buch Exodus nachträgt. Dort verlangt das Volk aufgrund der langen Abwesenheit des Mose auf dem Berg Sinai von Aaron »Götter«, denen es die Rettungserfahrung zuschreiben will: »Das sind deine Götter, Israel, die dich aus Ägypten heraufgeführt haben« (Ex 32,4). Nicht das Machen des Kalbes an sich, sondern dieser Verrat, dass dem von Menschenhand gemachten Bild die Machttaten des unsichtbaren Gottes zugeschrieben werden, stellt die große Verfehlung dar, die zum Bruch des Bundes – dargestellt darin, dass Mose die Tafeln, die er vom Berg Sinai mitbringt, zerbricht – und zur völligen Verwerfung des Volkes führt. Erst durch das fürbittende Einschreiten des Mose als Offenbarungsmittler kann es zu einer Bundeserneuerung kommen. Mose erbittet von JHWH als Zeichen der völligen Vergebung, die Herrlichkeit JHWHs schauen zu dürfen. Gott gewährt ihm diese Bitte, Mose darf JHWH im Vorüberzug »von hinten« (besser vielleicht zeitlich aufzufassen: »im Nachhinein«) sehen (Ex 33,23). Und im Vorüberziehen stellt sich Gott selbst vor: »JHWH (ist) JHWH. Ein barmherziger und gnädiger Gott, langmütig und von großer Huld und Treue, [7] der tausenden (Generationen) Huld bewahrt, der Schuld, Frevel und Sünde wegnimmt – aber er spricht nicht einfach frei – der die Schuld der Väter prüft bei den Söhnen und Enkeln, bei der dritten und vierten (Generation)« (Ex 34,6-7). Beim »Prüfen« der Schuld der Väter bei den Söhnen geht es nicht darum, dass die nachfolgenden Generationen für die Verfehlungen der Väter leiden müssen, sondern um die Überprüfung, ob die Söhne in die gleichen Sünden verfallen wie die Väter. Um der sittlichen Verantwortung der Menschen willen kann Gott nicht einfach freisprechen, sondern muss die Söhne und Enkel auf den rechten Weg leiten. Das Verhältnis jedoch zwischen Gottes Barmherzigkeit und der prüfenden bzw. strafenden Gerechtigkeit beträgt 1000 zu 3 oder 4: Wie der Mensch 1000 Generationen nicht überblicken kann, ist die göttliche Barmherzigkeit unendlich – Gottes Gerechtigkeit hingegen kommt in für den Menschen überschaubaren Zeiträumen, denn höchstens drei oder vier Generationen kann ein Mensch in seiner Lebenszeit wahrnehmen.

Dass es sich hier um eine zentrale Stelle für die biblische Gottesvorstellung handelt, macht nicht nur der prominente Ort deutlich (Gottesrede an Mose nach Vergebung und Bundeserneuerung), sondern auch, dass diese Gnadenformel mehrfach fast als Zitat wieder aufgegriffen wird (nicht nur in Neh 9,17, sondern z.B. auch in Num 14,18; Joël 2,13; Jona 4,2; Mi 7,18-20; Ps 86,15; 103,8; 145,8; siehe auch 2 Chr 30,9).

Der Schluss von Neh 9,18 kehrt wieder zu Num 14 zurück, denn hinter der EÜ-Wendung »sie verübten schwere Frevel« steckt die gleiche Verbalwurzel, wie sie in den Gottesreden in Num 14,11 (EÜ: »Wie lange *verachtet* mich dieses Volk noch?«) und 14,23 (EÜ: »Alle, die mich *verachtet* haben, sollen es [das Land] nicht sehen«) auftritt (vgl. auch Num 16,30; EÜ: »beleidigt«). Fast gewinnt man den Eindruck, als habe der Autor von Neh 9,17-18 die Tora bei Num 14 aufgeschlagen (aufgerollt!) vor Augen gehabt und sei in seinem Lektürevorgang – ähnlich wie es einem heutigen Leser gehen mag – auf Ex 32–34 zurückverwiesen worden, so dass er das Goldene Kalb erwähnen musste. Die Rezeption der Tora-Texte in Neh 9 kann man mit dem literaturwissenschaftlichen Fachbegriff der *relecture* bezeichnen, denn es wird nicht einfach breit nacherzählt, vielmehr werden wichtige Eckdaten des zugrunde liegenden Textes angetippt, um die intertextuelle Verknüpfung zu aktivieren. Dann aber dient die *relecture* einer neuen Pragmatik: der Gegenüberstellung der unendlichen Gnade Gottes und der Uneinsichtigkeit des Volkes auf kleinstem textlichem Raum.

Die folgenden V. 19–21 fassen dann die Wohltaten Gottes für sein Volk in der verbleibenden Wüstenwanderung zusammen. Die neuerliche Erwähnung der Wolken- und Feuersäule in V. 19 ist vermutlich auf die immer noch vorhandene intertextuelle Nähe von Num 14 (hier 14,14) zurückzuführen. Der »gute Geist« in V. 20 könnte an die Geistverleihung in Num 11,17.25-29 anspielen: Gott verheißt Mose, dass er etwas von *dessen* (Moses) Geist auch auf die Ältesten und Listenführer legen werde, damit die Last der Führung des Volkes auf mehrere Schultern verteilt sei. Als nun auch Eldad und Medad außerhalb des vorgesehenen Ortes »in prophetische Verzückung« geraten und Josua Mose auffordert, sie in die Schranken zu weisen, drückt Mose seinen Wunsch aus, Gott möge *seinen* (Gottes) Geist auf *alle* legen – es ist also letztlich immer der Geist *Gottes*, von dem die Rede ist und der zur Einsicht führt.

Die poetische Kraft der Geschichtsreflexion in Neh 9 zeigt sich auch in wohlklingenden Wortspielen. Die Wendung »du entzogst ihnen dein Manna nicht« (9,20) lautet im Hebräischen: *ū=man=kā lō(') māna‘tā.* »Dein Manna« – diese Betonung mittels des Personalpronomens, dass das Manna von Gott kommt, begegnet nur hier. Ein weiteres Wortspiel im Hebräischen tritt in V. 24 auf: »Du hast ihnen die Kanaaniter ... unterworfen« lautet: *wa=takna‘ ... ha=k*^{e}*nna‘*^{a}*nīm.*

Bei Neh 9,21 ist der Schreiber in seiner *relecture* beim Buch Deuteronomium angelangt. Dabei stammt der Gedanke, dass Gott vierzig Jahre lang für sein Volk in der Wüste gesorgt hat (21ab) aus Dtn 2,7; dass die Kleidung durchgehalten hat und die Füße nicht angeschwollen sind (21cd) aus Dtn 8,4. Beide Male ist es *Mose*, der das Volk an diese Aspekte erinnert. Die *Verbindung* beider Motive findet sich dann nicht nur in Neh 9,21, sondern schon in Dtn 29,4, wobei es sich dort um eine *Gottes*rede an das Volk handelt. Wie also in Dtn Mose bzw. Gott das Volk an die treue Fürsorge während der Wüstenwanderung erinnert, so bestätigt dies Neh 9,21 in Gebetsform und in bekenntnishafter Weise.

Die Gebietseroberungen, die V. 22 konstatiert, werden in der Tora in Num 21,21-32 (König Sihon von Heschbon) und 21,33–35 (Og, König des Baschan) erzählt; an sie erinnert wird in Dtn 1,4 (beide); Dtn 2,26-37 (Sihon); 3,13 (Og); 29,6–7 (beide). Diese frühen Siege bei der so genannten Landnahme lösen in der Bibel einen nicht unerheblichen Widerhall aus (vgl. Jos 9,10; 12,2.4; 13,12; Ps 135,11; 136,19-20) – alle diese Stellen erinnern an jene Ereignisse, um die Wirkmächtigkeit Gottes in der Geschichte anhand konkreter militärischer Erfolge des Volkes Israel in seiner Frühphase zu illustrieren.

V. 23 spricht von zahlreicher Nachkommenschaft und verwendet dabei den Vergleich »wie die Sterne am Himmel« – ein Motiv, das aus Dtn 1,10, dann aber auch aus der Patriarchentradition des Buches Genesis stammt: Abraham erhält eine entsprechende Verheißung in Gen 15,5; 22,17; für Isaak wird sie in 26,4 erneuert, ebenso für Jakob (28,14; jetzt mit der Variation »wie der Staub auf der Erde«). Der Kontext von Dtn 1,10 lenkt bereits auf das Thema »Inbesitznahme des Landes, das den Vätern verheißen wurde« hin. Mose sagt zum Volk in Dtn 1,8: »Hiermit liefere ich euch das Land aus. Zieht hinein und nehmt es in Besitz, das Land, von dem ihr wisst: Der Herr hat euren Vätern Abraham, Isaak und Jakob geschworen, es ihnen und später ihren Nachkommen zu geben.«

Neh 9,24 stellt konsequent fest, dass die *Nachkommen* in das Land zogen und es in Besitz nahmen – damit wird der Strafe von Num 14,31-33 Rechnung getragen: Die aufsässige Wüstengeneration muss erst völlig vergehen (in vierzig Jahren), so dass nur die *nachfolgende* Generation ins gelobte Land einzieht. Dort kann das Volk dann bereits urbar gemachtes Land mit ausgebauten landwirtschaftlichen Einrichtungen »übernehmen« (V.25) – wie das auch Dtn 6,10-11 in einer »Vorausschau« ankündigt und in Jos 24,13 Josua nach der Landnahme feststellt und in Erinnerung ruft. Die Rede vom »fett werden« als Symbol für Wohlstand und Reichtum ist eine Wendung, die im Moselied Dtn 32,15 negativ konnotiert ist: »Und Jakob aß und wurde satt, Jeschurun wurde fett und bockte. Ja, fett und voll und feist bist du geworden. Er stieß den Gott, der ihn geformt hatte, von sich und hielt den Fels für dumm, der ihn gerettet hatte.« Der Wohlstand führt zur Überheblichkeit und zum Abfall von dem Gott, der das alles geschenkt hat. Durch dieses unscheinbare intertextuelle Signal wird der Vers aus dem Moselied eingespielt. Damit wird in der bloßen Feststellung des äußeren Wohlstands in Neh 9,25 die reale Gefahr des »tödlichen« Abfalls von Gott angedeutet, so dass das ab V.26 folgende Thema bereits vorbereitet ist.

In seiner Bibellektüre ist der Verfasser von Neh 9 mittlerweile beim Buch der Richter angekommen: In Ri 2,11-23 findet sich das so genannte »Richter-Schema«, die Darstellung eines fatalen geschichtlichen Kreislaufs: (1) Das Volk fällt von Gott ab, ist ihm und seiner Weisung untreu und verehrt andere Götter (Baal und Astarte). (2) Der Zorn Gottes entbrennt, und Gott gibt die Israeliten den Feinden preis, so dass sie im Krieg keinen Erfolg mehr haben und in große Not geraten. (3) Um das Volk wieder zu retten, setzt Gott »Richter« ein: charismatische Retter- und Herrschergestalten, die das Volk aus der militärischen Notlage befreien. (4) Sobald der jeweilige »Richter« gestorben war, verfällt das Volk in die alten Gewohnheiten der Verehrung fremder Götter und anderem bösen Treiben. Von da beginnt alles wieder von vorne. Diesen Kreislauf übernimmt die Geschichtsdeutung von Neh 9 in den Versen 26–31, dehnt aber das Schema bis in die Königs- und

Exilszeit aus. Die *Feststellung* des Starrsinns des Volkes und der Missachtung der göttlichen Weisung und der von Gott gesandten Propheten (bzw. die *Klage* über diese Zustände) begegnet in der Bibel mehrfach – teilweise bis in die Formulierungen hinein ergeben sich Beziehungen u. a. zu folgenden Texten:

Ps 106,43: Gott befreit, aber das Volk widersetzt sich Gott (V. 28);
Sach 7,11-12; Jer 7,25-26; 44,4-6: Das Volk ist störrisch und stolz, es hört nicht auf die Propheten (V. 29–30; auch Dan 9,6.10 bekennt diese Verfehlung, ebenso Bar 1,21);
Lev 18,5; Ez 20,11: der Mensch lebt dadurch, dass er die Weisung Gottes befolgt (V. 29);
2 Chr 6,23: Gott erhört das Gebet (Schreien) des Menschen im Himmel bzw. vom Himmel her (V. 27 und 28);
Ps 106,41: Gott gibt die Israeliten in die Hand/Gewalt der Feinde/der Völker (V. 27.30).

Abschließend betont V. 31 erneut das Erbarmen Gottes, wobei die Wendung »gnädiger und barmherziger Gott« einmal mehr die bereits erwähnte Gnadenformel aus Ex 34,6-7 aufgreift. Damit wird eine ungeheuer kompakte, reflektierende Erinnerung und Vergegenwärtigung zentraler narrativer Passagen der heiligen Schriften, die später »die Bibel« bilden werden, abgeschlossen. Nicht unähnlich dem heutigen Arrangement von Tora und vorderen Propheten (Gen bis 2 Kön) erstreckt sich Neh 9,6–31 von der Schöpfung (V. 6) über Abraham (V. 7–8), Exodus (V. 9–12), Toraoffenbarung am Sinai (V. 13–14), Bundesbruch (Goldenes Kalb) und Vergebung (Gnadenformel) (V. 18), Wüstenwanderung (V. 15–17.19–23), Landnahme (V. 24–25), Auf und Ab der Gottesbeziehung in der Richterzeit und der Königszeit (Auftreten der Propheten) (V. 26–30) bis zum Exil (V. 30) und dem Silberstreif der Hoffnung auf einen Neubeginn (V. 31). Unsicher bleibt zu beurteilen, inwieweit dem historischen Autor von Neh 9,6–31 bereits ein solches »kanonisches« Arrangement aus Tora und vorderen Propheten vorlag – sicher bleibt, dass heutige Bibelleserinnen und -leser bei Neh 9 auf eine konzentrierte Wiederholung des bisher Gelesenen stoßen und in Gebetsform eine bekenntnisartige Kurz-Katechese erhalten.

Mit »Und jetzt« leitet der Text nach der ausführlichen intertextuellen Geschichtsreflexion mit einem markanten Gliederungssignal in die Gegenwart zurück (ähnlich geschieht dies in Bar 2,11). In einer erneuten Anrede Gottes (vgl. Neh 9,6) wird seine Bundestreue und Gnade herausgestellt. Die kontrastierende Anrede Gottes als »stark, Furcht gebietend – gnädig, barmherzig« hat Entsprechungen in den Gebeten in 2 Makk 1,24 und Dan 9,4. Nach der Anrede wird in der folgenden Bitte in Neh 9,32 im Blick auf das Volk dessen Mühsal seit der Assyrerzeit (ca. 8. Jh. v. Chr.) betont, wobei damit weniger ein historisches Datum gemeint, sondern eine Chiffre für »Fremdherrschaft« im Allgemeinen angesprochen ist. Die Assyrer waren die ersten, die Israel der Eigenstaatlichkeit beraubten, und das macht sie zum Prototypen für alle folgenden fremden Mächte in Israel und Juda: Babylonier, Perser, Griechen, Römer.

V. 33 ist eine so genannte »Gerichtsdoxologie«: Das gerechte Gericht Gottes wird ausdrücklich anerkannt. Gottes Gericht kam als gerechte Strafe über das Volk, das gesündigt hat. Der Sprecher selbst schließt sich durch die Formulierung mit »wir« aktiv mit ein. Nochmals fassen V. 34–35 die Geschichtsdeutung zusammen: In der Vergangenheit haben das Volk und seine Repräsentanten (»Könige, Vorsteher und Priester« V. 34) das »Gesetz« Gottes (*tōrāt-ä=kā*: »deine Tora«) nicht befolgt und sich trotz des geschenkten Reichtums des Landes von Gott abgewandt. Dtn 28,47-48 kündigt für ein solches Verhalten die fürchterliche Strafe der Unterjochung durch die Feinde an. V. 36–37 skizzieren dann entsprechend die Folgen des Abfalls von Gottes Weisung für die konkrete Gegenwart der Nachexilszeit: Zwar leben die Israeliten wieder in dem Land, das Gott den Vätern gegeben hat, allerdings als »Knechte« (*ʿᵃbādīm* von *ʿäbäd*, Knecht, Sklave). Der Ertrag und der Reichtum des Landes gehen an die fremden Könige (vgl. Jes 1,7), die – so die Perspektive der Gerichtsdoxologie des Textes – von Gott mit Recht wegen der Sünden Israels über das Volk gesetzt wurden. Die Tora sagt diese schlimme Situation nach Art eines *vaticinium ex eventu* (vermeintliche Weissagung nach dem Eintreffen des Beschriebenen) in Dtn 28,31.33.51 für den Fall voraus, dass Israel gegenüber der Weisung (Tora) Gottes ungehorsam ist. Der Kontext dieser Bezugstexte aus der Tora sind die Segens- und Fluchformeln am Ende des Buches Deuteronomium, die den Bestand und die Autorität der Tora als ganzer absichern wollen: Sie legen dem Volk Segen und Fluch, Leben und Tod vor als Alternativen für das Leben gemäß der Tora oder gegen Gottes Gebot.

In den letzten Versen von Neh 9 spiegelt sich die durchgehende soziale und wirtschaftliche Situation der Nachexilszeit wider: Welche fremde Macht auch immer in Palästina die Oberherrschaft inne hatte, das Land, das an sich eine reiche landwirtschaftliche Produktion erbringen konnte, wurde stets bis an die Grenze der Leistungsfähigkeit wirtschaftlich ausgebeutet. Das Volk lebt – wenn auch nun wieder im gelobten Land – immer noch und weiterhin in »Knechtschaft«. Der Nehemia-Text zeigt, wie nicht nur die Vergangenheit, sondern auch die Gegenwart bis hin zur konkreten sozialen und wirtschaftlichen Lage anhand der Tora gedeutet wird – und umgekehrt ist im Blick auf die Formation der Tora, insbesondere auf das Buch Deuteronomium und darin auf dessen Rahmenteile (u. a. die Segens- und Fluchformulierungen am Ende) festzustellen, wie die Situation und die Erfahrungen der schwierigen Nachexilszeit die Texte prägten. Was z. B. Dtn 28,15-68 als Folgen des Ungehorsams ankündigt, dürfte auf konkrete Erfahrungen der wirtschaftlichen Not und Ausbeutung in der Exils- und Nachexilszeit zurückgehen. Die negative Darstellung der persischen Fremdherrschaft (v. a. 9,37) steht im Widerspruch zu der sonst begegnenden Beurteilung, die u. a. die persischen Könige als Förderer des Jerusalemer Tempels (Esra 1,1-4; 6,14) und als Schutzherren für Esra (Esra 7,11-26) und Nehemia (2,1-8) sieht. Historisch ist zu bedenken, dass trotz dieser Hulderweise der persischen Großkönige die Fremdherrschaft eine wirtschaftliche Ausbeutung des Landes beinhaltete. Man muss sogar so weit gehen, dass man die Förderung lokaler Kulte und Heiligtümer sowie die Teilautonomie für regionale Eliten als Strategie der persischen Verwaltung ansehen kann, die das (eroberte) Land befriedet und so eine wirtschaftliche Prosperität ermöglicht, deren Überschuss abgeschöpft werden kann. Die religiöse Toleranz der Perser lokalen Kulten gegenüber ist also nicht reine Menschenfreundlichkeit, sondern zum großen Teil administrative Berechnung. Innerbiblisch ist zu beobachten, dass nach dem Gebet von Neh 9 keine Fördermaßnahmen des persischen Königs mehr erwähnt werden. Vielmehr handelt Nehemia als Statthalter in großer Autonomie – insofern ist hier auf politischer Ebene eine gewisse Wende festzustellen: Mit der Bundeserneuerung in *religiöser* Hinsicht ist – wenn vielleicht auch nur unterschwellig und subtil – doch auch eine gewisse *politische* Unabhängigkeitserklärung verbunden. Damit ist das mehrfach betonte »Sich-Absondern« von den anderen Völkern nicht nur eine Selbstabschottung, sondern auch ein Schritt zu mehr Unabhängigkeit und Freiheit.

Das Gebet in Neh 9,6-37 ist der theologische Gipfelpunkt des Buches Esra-Nehemia. Dies machen nicht zuletzt die zahlreichen Anspielungen auf Schriftstellen aus Tora und Propheten deutlich. Theologie wird hier vor allem durch die Deutung der Geschichte Israels getrieben: Israels Vergangenheit erscheint aus der Sicht des Textes als ein zusammenhängender, sinnvoller und sinnstiftender Ablauf von Geschehnissen, die Gottes Wirkmacht in der Geschichte offenbaren. Die Zyklen von Auflehnung des Volkes, Bestrafung durch Gott, Buße des Volkes und Errettung durch Gott weben ein wiederkehrendes Muster. Aus dieser »Regelmäßigkeit« kann in einer Notsituation die Hoffnung auf eine kommende Erlösung durch Gott abgeleitet werden. Eine letztendliche »Lösung« aller Probleme findet sich in dem Bußgebet ebenso wenig wie im gesamten Esra-Nehemia-Buch. Das Gebet endet wie das Nehemiabuch offen: Die gegenwärtige Lage erscheint schwierig, aber nicht hoffnungslos – man gewinnt den Eindruck, dass noch viel zu tun ist, aber auch, dass ein guter Weg eingeschlagen ist. Wie der Rest des Nehemiabuches zeigen wird, geht das Auf und Ab weiter: Nehemias Reformen in Kap. 13 machen oft genug deutlich, dass die Vorsätze aus der Selbstverpflichtung des Volkes von Kap. 10 nicht konsequent genug umgesetzt werden und es immer wieder zu Verfehlungen kommt, die im Nachhinein berichtigt werden müssen. Stets bleibt das Volk auf Gottes Gerechtigkeit und Barmherzigkeit angewiesen.

Theologisch bemerkenswert ist auch die Rolle, die der Text Gott in der Geschichte zumisst. Wirkte Gott in den vorausgehenden Texten eher indirekt, etwa indem er sich des persischen Königs Kyrus bediente, um sein Volk aus dem Babylonischen Exil heimzuführen, so spricht das Gebet von Neh 9 mehr vom direkten Eingreifen Gottes. Dieses Eingreifen Gottes wird umso nötiger, je weiter sich das Volk von Gottes Weisung entfernt: Das Handeln des Volkes und das Handeln Gottes stehen in deutlichem Kontrast. Während Gott stets das Positive für sein Volk bewirkt, ist das Tun des Volkes fast nur negativ dargestellt. So erscheint schon allein die Tatsache, dass das Volk überlebt, als ein Akt der Souveränität und Macht Gottes. Die Grundeigenschaften Gottes, die mehrfach wiederkehren, sind seine Gerechtigkeit (z.B. 9,8.33) und seine Barmherzigkeit (z.B. 9,17.19.27.28.31). Die fortwährende Vergebungsbereitschaft Gottes, auf die die Geschichtsdarstellung hinausläuft, konstituiert für die Erstadressaten (und wohl auch für alle folgenden Generationen von Leserinnen und Lesern) eine grundlegende Hoffnung auf die Gnade Gottes, wie sie sich schon exemplarisch darin gezeigt hat, dass Gott die Klagerufe des Volkes in der Sklaverei in Ägypten vor dem Auszug gehört hat (Neh 9,9; vgl. Ex 3,7-9) und seither immer wieder auf das Schreien seines unterdrückten Volkes reagierte (Neh 9,27.28).

Nicht nur über Gott, sondern auch über das Volk macht Neh 9 wichtige theologische Aussagen: Bisher war ein wesentliches Moment der Selbstidentifizierung der Gemeinde die Befreiung aus dem Exil (die »Heimkehrer«, *b^{e}nē ha=gōlā*, wörtlich: die Kinder der Verschleppung: Esra 4,1; 6,19.20; 8,35; 10,7.16; »Gemeinde der Heimkehrer«: *qāhāl ha=gōlā*, Esra 10,8; »die Gefangenen/die aus der Gefangenschaft/dem Exil heimgekehrt sind«: Neh 1,2.3; 7,6; 8,17; vgl. auch Esra 2,1; 3,8). Ab dem Gebet der Leviten jedoch definiert sich die Gemeinde anders: Es gehören alle dazu, die sich von den anderen Völkern abgesondert und der Tora Gottes zugewandt haben (Neh 10,29). Diese Weisung Gottes wurde als zuverlässige Gesetze, gute Satzungen und Gebote am Sinai dem Mose mitgeteilt (9,13-14) – mithin ist die Tora ein gutes Geschenk Gottes an sein Volk. So findet sich das Gebet der Leviten in Neh 9,6–37 in völliger Übereinstimmung mit der narrativen Tradition des Pentateuch und der folgenden Geschichtsdarstellung der Bibel, nach denen die Tora am Sinai als verbindliche Satzung des Volkes und Weisung Gottes, als Offenbarung gegeben wurde, die durch Mose dem Volk vermittelt wurde und nun als schriftliche und verlässliche Urkunde hinterlegt ist.

Das Bußgebet

Die literarische Gattung von Neh 9,6-37 ist das nachexilische Bußgebet: Eine Reihe von Analogien finden sich zwischen Neh 9,6-37 und Esra 9; Neh 1; Ps 106 und Dan 9 (vgl. auch Jes 63,7–64,11). In diesen Texten erscheint der Fall Jerusalems von 587 v. Chr. als eine verheerende Katastrophe; sie reflektieren die Vergangenheit und die Rolle der Vorfahren (der »Väter«), die meist negativ gesehen wird: Die Väter haben nicht angemessen auf die Verheißungen und die Liebeserweise Gottes reagiert, sondern sind (immer wieder) von Gott abgefallen. Daher – auch dies ein gemeinsames Element dieser Texte – bekennt die betende Gemeinde ihre Schuld und anerkennt die gegenwärtige Notlage als angemessene Bestrafung. Zugleich aber wird der Hoffnung auf eine Wende zum Guten Ausdruck verliehen. Dieses literarische Grundmuster muss vom »Klagelied des Volkes« (z. B. Ps 44; 74; 79; 80) klar unterschieden werden. Allerdings ist anzunehmen, dass ein gewisser Entwicklungszusammenhang zwischen beiden Gattungen besteht: An die Stelle der Klage als Darstellung einer unerträglichen Situation tritt die immer länger werdende Geschichtsdarstellung als Sündenbekenntnis, das das dominante Element des Bußgebets wird. Der »Sitz im Leben« des nachexilischen Bußgebets ist nicht notwendigerweise eine öffentliche liturgische Feier, wie auch nicht zwangsläufig zu jeder literarischen Gattung in der Bibel eine derartige Begehung (etwa ein Fest oder ein Kult) spekulativ rekonstruiert werden muss. Der konkrete Text Neh 9 ist sicher nicht Abschrift eines öffentlich vorgetragenen Gebets, sondern eine schriftstellerische und schriftgelehrte Leistung: Sie reflektiert die Vergangenheit der »Geschichte Israels« im Blick auf den literarischen Zusammenhang der Erzählung über die Rekonstitution der jüdischen Gemeinde unter Nehemia. Die Form des nachexilischen Bußgebets erweist sich dabei als geeignet, die mit der Vergangenheitsreflexion verbundene theologische Botschaft adäquat auszudrücken.

Literatur: *R.J. Bautch*, Developments in Genre between Post-Exilic Penitential Prayers and the Psalms of Communal Lament, SBL Academia Biblica 7, Leiden 2003; *B. Becking*, Nehemiah 9 and the Problematic Concept of Context *(Sitz im Leben)*, in: *M.A. Sweeney/E. Ben Zvi* (eds.), The Changing Face of Form Criticism for the Twenty-First Century, Grand Rapids, MI/Cambridge, UK 2003, 253–265; *M.J. Boda*, Praying the Tradition. The Origin and Use of Tradition in Nehemiah 9, BZAW 277, Berlin/New York 1999.

e) Die Verpflichtung auf das Gesetz (Neh 10,1-40)

Der Gebetsstil bzw. die »wir«-Rede wird in Neh 10,1 zunächst nahtlos fortgesetzt, doch im weiteren Verlauf wechselt das literarische Genre mehrfach, so dass insgesamt an eine fiktive Kreation zu denken ist. Das Gebet lenkt hin auf einen Vertrag in Form einer schriftlichen Urkunde, der die Selbstverpflichtung des gesamten Volkes auf das von Mose gegebene Gesetz Gottes dokumentiert – dieser Vertrags*inhalt* wird jedoch erst in V. 30 genannt. Dass es um so etwas gehen könnte, vermutet der Leser einerseits aus der Wendung »wegen all dem«, die faktisch das gesamte vorausgehende Bußgebet zusammenfasst und eine angemessene Reaktion ankündigt, andererseits aus der analogen Situation von Esra 10,3: Auch dort geht ein Bußgebet mit Geschichtsrückblick und entsprechender Deutung der gegenwärtigen Notlage voraus, und es folgt ein Bundesschluss mit Gott. Die Logik, die jeweils dahinter steckt, ist folgende: Wenn die im Gebet geschilderte Notsituation ein Ende haben soll, so muss sich das ganze Volk von seiner Sünde abwenden und den Willen Gottes erfüllen.

Das Schließen eines Vertrags (so EÜ) verwendet im Hebräischen das Wort *KRT*, das wörtlich »schneiden« heißt und an vielen Stellen für das Schließen eines Bundes (*KRT bᵉrīt*; vgl. z.B. Neh 9,8) verwendet wird. Damit wird angezeigt, dass es bei dieser Zeremonie um eine Bundeserneuerung geht und das Wort für »Vertrag« (*'amānā*, wörtlich: feste Übereinkunft, vgl. »Amen«) synonym zu »Bund« *(bᵉrīt)* steht. Ein weiteres Synonym dafür ist der »Schwur« *(šᵉbū'ā)* in Neh 10,30, mit dem sich die Genannten darauf verpflichten, die Tora Gottes zu befolgen. In Neh 9,8 wird der »Bund« mit Abraham, in 9,14 die »Tora« mit Mose verbunden – hier werden nun die Konzepte von Bund und Tora verschmolzen, wenn sich das Volk per »fester Übereinkunft« (= Bund) auf die Tora verpflichtet.

Bevor jedoch der Vertragsinhalt der Selbstverpflichtung in Neh 10,30 genannt wird, werden die unterzeichnenden Repräsentanten des Volkes namentlich aufgeführt, um die Korrektheit und Amtlichkeit des Vorganges zu unterstreichen. V. 2 erwähnt die Reihenfolge »Oberste, Leviten und Priester«, doch in genau umgekehrter Folge stehen dann die Namen: Priester (2–9), Leviten (10–14) und Oberste (15–28). Als »Statthalter« *(ha=tiršātāʾ)* geht Nehemia außerhalb der genannten Kategorien voran. V. 29 fasst alle »Übrigen« zusammen, die bisher namentlich nicht genannt sind, wobei besonders die niederen Kultdiener, Torwächter, Sänger und Tempeldiener, hervorgehoben werden, so dass letztlich doch wieder das ganze *Volk* in idealtypischer Vorstellung beteiligt ist. Dass von V. 2 bis V. 28 84 (sieben mal zwölf) Personen namentlich aufgeführt sind, dürfte kaum einem Zufall entspringen, sondern eine bewusste Gestaltung darstellen. Die Namen finden sich in verschiedenen Texten, vor allem in 1/2 Chr und Esra-Nehemia, wieder, ohne dass daraus weit reichende Schlussfolgerungen gezogen werden dürften. Ein Beispiel sei herausgegriffen: Die Priesternamen Malkija, Harim, Abija, Mijamin, Maasja und Bilga erscheinen zunächst in den Priesterklassen von 1 Chr 24,7-18 (Priester zur Zeit Davids), hier (Neh 10,2–9) finden sich die Namen als Unterzeichner einer Urkunde aus dem Jahre 445 v. Chr., und in Neh 12,1-7 begegnen davon Harim, Abija, Mijamin, Bilga sowie Maadja (als Variante von Maasja?) als Heimkehrer unter Serubbabel im Jahr 538 v. Chr. Der Leser kann sich kaum des Eindrucks erwehren, dass hier mit Namen kreativ und ohne chronologische Bedenken umgegangen wird. Sollten jemals konkrete Einzelpersonen hinter diesen Namen gestanden haben, so sind sie schon auf der literarischen Ebene der Endfassung von Esra-Nehemia völlig in den Hintergrund getreten – pragmatisch wirksam ist nur die Aufreihung der Namen als ganze, die – wie schon mehrfach für Esra-Nehemia beobachtet – die Amtlichkeit und Korrektheit betont sowie eine Aura der Authentizität und Ernsthaftigkeit erzeugt.

Auf zwei auffällige Wendungen in V. 29 muss noch hingewiesen werden, die durch ihre Verallgemeinerungen und Grundsatzkriterien den Rahmen einer »Urkunde« bereits wieder sprengen. Für die eigene Identität des Volkes als ganzes bzw. als Kriterium für die wahre Zugehörigkeit wird – scheinbar beiläufig in einem Nebensatz – angegeben: »alle, die sich von den Völkern der anderen Länder abgesondert und dem Gesetz Gottes zugewandt haben«. Als negatives Kriterium wird die strikte Absonderung von allen anderen ethnischen Gruppen herausgestrichen – ein Aspekt, der vor allem in der Problematik der Mischehen greifbar wird und damit schon in Esra 9–10 breiten Raum eingenommen hat (und in Neh 10,31 und 13,23-31 noch eine wichtige Rolle spielen wird). Die Wendung von der Absonderung von den Völkern des Landes begegnete schon in Esra 6,21. Als *positives* Kriterium der Zugehörigkeit wird genannt: »die sich dem Gesetz Gottes *(tōrāt ha='älōhīm)* zugewandt haben«. Neben die *ethnische* Abgrenzung tritt somit das Kriterium des positiven *religiösen* Bekenntnisses zur *schriftlichen Urkunde des Gottesglaubens*. Es geht ja nicht um irgendeine schriftliche Verfassung weltlicher Art, zu der man sich bekennt, sondern um die Weisung (besser als »Gesetz«) *Gottes*. Die Definition der eigenen Identität wird somit sowohl ethnisch als auch religiös – und zwar in untrennbarer Verbindung – ausgedrückt. Diese Verschmelzung von Volkszugehörigkeit (Ethnie) und Religionszugehörigkeit dürfte weitgehend einzigartig sein und ist ein ständiger Begleiter der jüdischen Geschichte bis heute geblieben.

Die zweite auffällige Wendung ist: »die das nötige Verständnis besitzen« (Partizipien der hebräischen Verben *YD' qal* »erkennen« und *BīN* hif. »verstehen«). Für die Zugehörigkeit ist eine gewisse Auffassungsfähigkeit und Einsicht in die (schriftlich vorliegende und mündlich vorgetragene) Weisung Gottes (Tora) nötig. Dieser Aspekt wurde auch schon in Neh 8,2-3, bei der Verlesung der Tora durch Esra, angeführt und betrifft dort wahrscheinlich die Kinder und Jugendlichen, die ein bestimmtes Stadium der Auffassungsfähigkeit und des moralischen Bewusstseins erreicht haben. Es wird nicht näher definiert, wie tief diese Einsicht oder wie hoch die Kapazität des Verstandes sein muss – doch es wird festgehalten, dass die volle Religions- und Volkszugehörigkeit untrennbar mit einer intellektuellen Komponente verbunden ist. Lehren und Lernen wird von daher einer der wesentlichen Identitätsaspekte des Judentums bleiben.

Nachdem die beteiligten Personen somit ausführlich namentlich genannt und nach Kriterien definiert sind, folgt in V. 30 der eigentliche Inhalt der Selbstverpflichtung: die Befolgung und Erfüllung des Gesetzes (der Weisung, *tōrā*) Gottes, das durch Mose gegeben wurde, sowie der der Gebote *(miṣwōt)*, Vorschriften *(mišpātīm)* und Satzungen *(ḥuqqīm)* Gottes. Hier begegnen wieder die Einzelbezeichnungen, die teilweise schon bei der Darstellung der Mission Esras in Esra 7,11 (siehe die Kommentierung dort) erwähnt wurden und auf stereotype Wendungen des Buches Deuteronomium verweisen.

Ab V. 31 folgen dann konkrete Inhalte der Selbstverpflichtung, die neben der allgemeinen Befolgung der Tora bestimmte Punkte schwerpunktmäßig herausheben. Der erste Aspekt ist – und das verwundert im Blick auf das Ende des Esra-Buches nicht mehr – das Problem der Mischehen. In Anlehnung an die Tora-Vorschriften Ex 34,15-16 und Dtn 7,1-4 wird als erster Vorsatz genannt, dass keine Mischehen zwischen Juden und Nicht-Juden mehr eingegangen werden – dabei gelten beide Richtungen: Sowohl die Verheiratung jüdischer Töchter an Nicht-Juden als auch die Eheschließung zwischen jüdischen Söhnen und nicht-jüdischen Töchtern wird kategorisch ausgeschlossen.

Dtn 7,1-4: »Wenn der Herr, dein Gott, dich in das Land geführt hat, in das du jetzt hineinziehst, um es in Besitz zu nehmen, wenn er dir viele Völker aus dem Weg räumt – Hetiter, Girgaschiter und Amoriter, Kanaaniter und Perisiter, Hiwiter und Jebusiter, sieben Völker, die zahlreicher und mächtiger sind als du –, [2]wenn der Herr, dein Gott, sie dir ausliefert und du sie schlägst, dann sollst du sie der Vernichtung weihen. Du sollst keinen Vertrag mit ihnen schließen, sie nicht verschonen [3]und dich nicht mit ihnen verschwägern. *Deine Tochter gib nicht seinem Sohn, und nimm seine Tochter nicht für deinen Sohn!* [4]Wenn er deinen Sohn verleitet, mir nicht mehr nachzufolgen, und sie dann anderen Göttern dienen, wird der Zorn des Herrn gegen euch entbrennen und wird dich unverzüglich vernichten.«

Neh 10,31: *»Wir werden unsere Töchter nicht den Völkern im Land zu Frauen geben, noch ihre Töchter für unsere Söhne nehmen.«* Eine Begründung für die Ablehnung der Mischehen wird in Neh 10,31 nicht gegeben, sie ergibt sich aber durch den Rückbezug auf die Tora: Beide genannten Stellen, Ex 34 wie Dtn 7, schließen Mischehen aus, um zu verhindern, dass der nicht-jüdische Ehepartner fremde Götter mit in die Ehe einbringt und zur Verehrung fremder Götter verführt. Diese Bestimmungen schützen somit das Erste Gebot bzw. die Aufrechterhaltung des klaren monotheistischen Bekenntnisses. Dass ausgerechnet die Vorschrift über das Verbot von Mischehen hier an erster Stelle genannt wird, ist der besonderen Situation der Identitätsfindung der Nachexilszeit und der relativ kleinen Größe der Heimkehrergemeinde zuzuschreiben. Das Problem war wohl in der Sicht des Esra-Nehemia-Buches ständig aktuell, denn die Aktion Esras, die in Esra 9–10 ausführlich beschrieben wird (siehe die Kommentierung dort), hat es nicht ein für alle Mal gelöst. Anders aber als in Esra 9–10 ist hier in Neh 10,31 nicht von einer Auflösung bereits bestehender Mischehen die Rede, vielmehr richtet sich die Formulierung als Vorsatz auf ein zukünftiges Handeln (bzw. Unterlassen). Sollte dieser Zug vielleicht unterschwellig andeuten, dass die Auflösung der Mischehen durch Esra doch erfolgreich war, man aber gleichsam für jede nachwachsende Generation neu diesen Vorsatz der Endogamie (Heirat innerhalb der eigenen Volksgruppe) treffen musste? Auf der literarischen Ebene des Esra-Nehemia-Buches scheint diese Leseweise möglich zu sein – was tatsächlich historisch dahinter steckt, ist aufgrund der Quellenlage nicht mehr nachzuweisen. Im Übrigen ist noch festzuhalten, dass der in Neh 10,31 formulierte Vorsatz von Nehemia in 13,23-31 umgesetzt wird.

Die Selbstverpflichtung auf die Tora Gottes wird in V. 32 fortgesetzt. Auch hier wird eine Konkretisierung eines allgemeinen Gebots der Tora formuliert: Die Sabbatheiligung realisiert sich beispielhaft darin, dass an diesem Tag kein Handel getrieben wird bzw. von den »Völkern des Landes« (also den Nicht-Juden) keine Waren, nicht einmal Lebensmittel (»Getreide aller Art«) gekauft werden. Diese identitätsstiftende Eigenheit ist nicht nur Ausdruck des Gehorsams gegenüber der Tora (Dekaloggebot: Ex 20,8-11; Dtn 5,12-15; vgl. ferner Ex 23,12; 34,21; 35,3), sondern dient auch der (notwendigen) Abgrenzung von den »anderen«, den nicht-jüdischen Bevölkerungsteilen, die offenbar ständig präsent waren (insofern relativiert der Text unterschwellig selbst die fiktive Idee, die Heimkehrer seien in ein »leeres« Land zurückgekehrt). Die große Bedeutung der Sabbatheiligung unterstreicht die prophetische Botschaft in Jer 17,19-27, wo das Wohlergehen der Stadt Jerusalem mit der Einhaltung des Sabbats (hier dadurch symbolisiert, dass das Hineintragen von Lasten nach Jerusalem, was sowohl Arbeit als auch Handel bedeutet, ausgeschlossen wird) verknüpft wird: Jer 17,27 kündigt für den Fall der Nichteinhaltung der Sabbatheiligung an, dass Gott selbst Feuer an die Tore und Paläste der Stadt legen wird. Mit dem Stichwort »Tore« wird für den Leser des Nehemiabuches, der die verbrannten Tore von Neh 1,3 noch im Ohr hat, die Verbindung zur Jeremiastelle deutlich: Die Unheilsprophetie ist eingetreten, die Strafe für das Missachten des Sabbats erfolgt – doch nun sind die Mauern und die Tore wieder aufgebaut, so dass eine Neubesinnung auf den Sabbat möglich und nötig ist. Das Handelsverbot von Neh 10,32 gilt am Sabbat und an anderen heiligen Tagen (z. B. dem Neumondstag und den Festtagen, vgl. V. 34; 1 Chr 23,31; 2 Chr 2,3; 8,13; 31,3). Eine alternative Lesemöglichkeit wäre: »am Sabbat als einem heiligen Tag«. Ähnlich wie die Aussage über die Mischehen wird Nehemia auch die Verpflichtung auf die Sabbateinhaltung später (13,15-22) umsetzen. Die Betonung der Ruhe am Sabbat bzw. des Arbeitsverbots findet sich in der Tora in der Lehrerzählung über die exemplarische Bestrafung des Holzsammlers am Sabbat (Num 15,32-36) sowie in der zeitlichen Strukturierung des Mannawunders: Am sechsten Tag verdirbt das Manna nicht, so dass es für den siebten Tag, an dem kein Manna zu finden ist, auch noch reicht (Ex 16,22–30). Die Arbeitsruhe am *Feiertag* wird in Lev 23,7.8.21.25.35.36; Num 28,1-30,1 mehrfach mit einer stereotypen Wendung betont: »Am (ersten) Tag findet eine heilige Versammlung statt; an ihm dürft ihr keine schwere Arbeit verrichten« (z. B. Num 28,18).

Der durch den Sabbat vorgegebene Rhythmus von sechs Arbeitstagen und einem Ruhetag (6+1) ruft eine weitere Institution auf den Plan, die ebenfalls nach diesem Schema funktioniert: das Sabbatjahr. Die Vorschriften dazu sind in der Tora mit jeweils unterschiedlichen Akzentuierungen zu finden: Ex 23,10-11 sieht den

Sinn des Sabbatjahres darin, dass in diesem Brachjahr die Armen vom Ertrag des Landes leben sollen, wobei der Sieben-Jahres-Turnus für jedes Feld unterschiedlich ausfallen kann, so dass stets ein Feld für die Armen zur Verfügung steht. Lev 25,2-7 hebt den Aspekt der Ruhe (zur Ehre des Herrn) hervor, wobei diese Sabbatruhe für alle Felder gleichzeitig gefordert wird – der Wildwuchs dieses Ruhejahres steht dann für *alle* (Herr wie Knecht, Mensch wie Vieh) in gleicher Weise zur Verfügung. Hier erscheint es schon schwieriger, dieses Ideal in die Realität umzusetzen. In Dtn 15,1-3 wird dann die Ackerbrache auf die Finanzwelt übertragen: Im siebten Jahr wird auf das Eintreiben von Schulden verzichtet. Neh 10,32 scheint alle drei Gedanken einzuspielen. Insbesondere im Blick auf Neh 5,1-13 wird der Schuldenerlass zur Linderung sozialer Spannungen besonders wichtig. Von der Einhaltung der Sabbatjahre, die gerade in Kriegs- und Krisenzeiten nicht unerhebliche Probleme bereiteten bzw. nur unter großen Opfern praktiziert werden konnten, berichten u.a. 1 Makk 6,49.53 sowie Josephus, Ant. XIII, 234; XV, 7; XIV, 202.206.475.

Weitere Konkretisierungen von Tora-Vorschriften betreffen die Abgaben für den Kultbetrieb am Tempel. Die Rede vom Drittelschekel ist nur hier (V.33) zu finden, Ex 30,13; 38,26 sprechen von einem halben Schekel (1 Schekel: ca. 10–13 g Edelmetall, meist Silber). Ex 30,11-16 scheint im Hintergrund zu stehen, die Verbindung ist die Wendung »für den Dienst (am Heiligtum)« (Ex 30,16; Neh 10,33) als Zweckangabe der Abgabenerhebung. Diese Abgabe für das Heiligtum wird auch in 2 Chr 24,6.9 eingeschärft, König Joasch und der Oberpriester Jojada stellen sogar einen »Kasten« am Tempel auf, in den die Abgabe hineingelegt werden konnte (also eine Art »Opferstock«). Die Neuregelung der Abgabenordnung, die hier (V.33–34) anklingt, wird in Neh 12,44-47 umgesetzt.

Schon mehrfach wurde jetzt beobachtet, dass die knappen Sätze der Selbstverpflichtung von Neh 10 in den folgenden Kapiteln (12–13) ausdrücklich realisiert werden – insofern schreibt Neh 10 das Programm für den weiteren Verlauf des Textes. Dies wird z.B. auch an der ausführlichen Ordnung der Brennholzlieferung und der Abgabe der Erstlingsfrüchte deutlich: Neh 10,35.36-38 korrespondieren dem Schlussvers Neh 13,31. Nehemia stellt es als seine besondere Leistung heraus, Brennholzlieferung und Abgabenordnung neu durchgesetzt und geordnet zu haben. Vom Brennholz spricht auch Lev 6,5 – die Notwendigkeit eines beständigen Opfers schließt eine kontinuierliche Lieferung von Brennholz mit ein.

Brennholz für den Tempel

Die Bedeutung des Brennholzes sollte nicht unterschätzt werden, denn auch in dem paradigmatischen Opfertext Gen 22,3.6.7.9 wird mehrfach das Holz erwähnt. Schon von Abraham wird also erzählt, dass er die Tora befolgte, noch bevor sie gegeben war (ein Grundmotiv der Abrahamdarstellung in der rabbinischen Literatur, vgl. *mQid* 4,14; *bYom* 28b), und dabei dem Brennholz für das Opfer besondere Aufmerksamkeit gewidmet hat. In späteren Texten begegnen immer wieder Belege für die besondere Sorgfalt, die der Bereitstellung des Brennholzes gewidmet wurde.

Das Jubiläenbuch (Jub 21,12-15) integriert in seine Nacherzählung der Abrahamsgeschichte aus dem Buch Genesis die Ermahnung Abrahams an Isaak, nur bestimmte Holzsorten und makelloses (nicht wurmstichiges) Holz zu verwenden. Josephus, Bellum II, 425 berichtet von einem Fest des Holztragens (im Bezug auf Lev 6,5-6): Alle bringen Holz zum Altar, damit das Feuer nicht verlösche. Ein solches Fest der Holzdarbringung erwähnt auch die Tempelrolle von Qumran (11Q19, Kol. 43,3-4). Vom Holzfest der Priester und des Volkes (eine festgesetzte Zeit für das Holzdarbringen: neun Mal im Jahr) spricht auch die Mischna (*mTaan* 4,5), ebenso der Talmud (*bTaan* 26a; 28a), der den Brauch auf die Erfahrung zurückführt, dass die Heimkehrer aus dem Exil den Holzlagerraum des Tempels leer vorfanden und daher die in Esra-Nehemia erwähnten Familien Holzspenden darbrachten.

Literatur: *G. Steins*, Die »Bindung Isaaks« im Kanon (Gen 22). Grundlagen und Programm einer kanonisch-intertextuellen Lektüre, HBS 20, Freiburg i.Br. 1999, 197–201.

Weitere Abgabenregelungen betreffen die »ersten Erträge« (V.36–38a) sowie den »Zehnten« (V.38b–39). Hintergrund der Bestimmungen über die »Erstlinge« ist die Vorstellung, dass das Erstgeborene als das Beste der Gottheit gebühre und ihr zu übereignen bzw. aus ihrem Besitz auszulösen ist (vgl. auch Ex 13,2.12-13; 23,19/34,26; 34,19-20; Lev 27,26-27; Num 15,20-21; 18,12-32; Dtn 15,19-23; 18,4). Die Darbringung der Erstlingsfrüchte wird in Dtn 26,1-11 mit einem in eine liturgische Feier eingebetteten Glaubensbekenntnis verbunden (dem so genannten »kleinen geschichtlichen Credo«). Von der Abgabe des Zehnten spricht Dtn 14,22-27, wobei die Darbringung mit einem Freudenmahl am Tempel verbunden ist. Der Zehnte, der zum Unterhalt der Leviten bestimmt ist, wird von den Empfängern, den Leviten also, nochmals verzehntet: Diese Abgabe der Leviten ist für die Vorratskammern im Tempel bestimmt. Num 18,25-32 regelt diese Verzehntung des Zehnten; Neh 12,47 nimmt nochmals auf dieses Detail Bezug. Bemerkenswert ist noch, dass eigentlich keine der Klauseln der »festen Übereinkunft« einen Text der Tora *wörtlich* zitiert. Es geht vielmehr darum, eine auslegende Leseweise vorzustellen: In vielfacher Hinsicht werden die Tora-Bestimmungen aktualisiert, adaptiert und appliziert, etwa, wenn die Bestimmung über das Sabbatjahr mit einer generellen Schuldenamnestie verbunden wird oder aus der Rede vom immerwährenden Brandopfer eine ausführliche Brennholz-Liturgie entsteht. In diesem Sinne ist Neh 10 ein Beispiel frühjüdischer Bibelauslegung oder einer halachischen Neuinterpretation der Pentateuchbestimmungen.

V.40 spricht schließlich zusammenfassend von den Vorratsräumen im Tempel (vgl. 2 Chr 31,11: König Hiskija richtet die Kammern her, in die die Abgaben, die Zehnten und die Weihegaben gebracht werden). Der letzte Satz rundet die Selbstverpflichtung des Volkes ab: Von der Endogamie (keine Mischehen) über die Sabbatheiligung sind die herausgehobenen Punkte der exemplarischen Torabefolgung immer stärker in Richtung Kult und materielle Sicherung des Kultbetriebes gewandert – neben der Tora ist also auch »das Haus unseres Gottes« nicht zu vernachlässigen! Im Tempelbetrieb manifestiert sich in der Vorstellung des Textes die grundsätzliche Bereitschaft des Volkes, die Gebote Gottes zu befolgen.

Diese beurkundete Selbstverpflichtung des Volkes in Neh 10 hat einen zweifachen Effekt nach innen und nach außen: Nach *innen* wird zum einen die »Demokratisierung« gestärkt, denn die Unterzeichnenden erscheinen gleichsam als die Volksvertreter, während keine weitere herausragende Führungsgestalt (Esra oder Nehemia) in dominanter Weise tätig wird – auch Nehemia erscheint nur als »Erster unter Gleichen« (10,2). Zum anderen bewirken soziale Bestimmungen wie der Schuldennachlass (10,32), dass eine innergemeindliche Solidarität entsteht, die im Idealfall eine Art Infrastruktur für die sozial Benachteiligten bildet – jedenfalls werden die entsprechenden Tora-Bestimmungen darauf hin ausgelegt.

Nach *außen* steht diese »Urkunde« in eigenartiger Parallelität zu den anderen schriftlichen Dokumenten des Esra-Nehemia-Buches, die sonst aber Dekrete der persischen Oberhoheit sind, die in Juda/Jerusalem irgendetwas anstoßen. *Jetzt* aber handelt die Gemeinde nicht mehr aufgrund eines königlichen Befehls, sondern gibt sich die Gesetze ihrer Lebensweise selbst, so dass mit Recht von einer gewissen *Autonomie* gesprochen werden kann. Die Reformen, die Nehemia in Kap. 13 veranlasst, basieren nicht wie bei Esra, der das Dekret des Artaxerxes auszuführen hat, auf einer persischen Anordnung, sondern auf der Selbstverpflichtung des Volkes – die zahlreichen Parallelen von Programm (Neh 10) und Ausführung (Neh 13) zeigen dies mehr als deutlich. Geschützt wird diese fragile Autonomie durch die eigene Identität mittels Abschottung von Einflüssen von außen: Das Verbot von Mischehen mit fremden Völkern und die Sperrung der Stadt am Sabbat verhindern ganz konkrete Einwirkung nicht-jüdischer Interessen. Die Einführung der Tempelsteuer (Drittelschekel, Neh 10,33) und die Abgabenordnung (Erstlingsfrüchte, Zehnter) machen den Tempel finanziell unabhängig von der Unterstützung durch die persische Oberhoheit, wie sie in Esra 1,4; 6,9–10; 7,21-24 berichtet wird. Letztendlich ist so auch ein Perspektivwechsel von der Vergangenheit in die Zukunft möglich: Die Vergangenheit ist im Bußgebet mit dem Geschichtsrückblick abgearbeitet, »bewältigt« – nun richtet sich der Blick mit der Selbstverpflichtung auf die künftige Lebensweise ganz deutlich auf die kommende Zeit.

V. *Abschluss des Wiederaufbaus und der Reorganisation (Neh 11,1–12,47)*

Neh 11,1–12,47 ist der fünfte große Abschnitt des Esra-Nehemia-Buches, der nach der in der Einleitung vorgeschlagenen Gliederung (S. 27f) als A´´ den großen Blöcken über den Wiederaufbau des Tempels (A: Esra 1,1–6,22) und den Wiederaufbau der Stadtmauer (A´: Neh 1,1–7,4) korrespondiert. Beide Bereiche, Tempel und Stadtmauer, werden hier verbunden: Die Mauer wird feierlich eingeweiht, der Tempel erhält eine Neuordnung seines Kultpersonals. Und auch dieser Abschnitt kommt nicht ohne lange Listen aus: Neh 11 enthält das Besiedelungsprogramm der Stadt und des Hinterlandes und setzt damit fort, was in Neh 7,5 zunächst angezielt war: eine geordnete Erfassung der Einwohnerschaft. Vorher wurde noch im Textablauf die geistige und rechtliche Grundlage dieser Bevölkerung, ihre religiöse, kulturelle und soziale Identität beschrieben (Neh 8–11): durch Toraverlesung, kultische Feste (Laubhüttenfest, Bußgottesdienst), Geschichtserinnerung (Bußgebet) und Bundesverpflichtung (Unterzeichnung der Urkunde). Dieser Gesamtabfolge des Nehemiabuches lässt sich also durchaus Sinn abgewinnen.

1. Die Besiedelung der Heiligen Stadt Jerusalem und der Provinz Yehud (Neh 11,1-36)

Der Text greift somit am Beginn des elften Kapitels das in Neh 7,5 skizzierte Vorhaben einer namentlichen und geordneten Registrierung des Volkes wieder auf. In Neh 7 lenkt der Rückgriff auf die alte Heimkehrerliste der Zeit Serubbabels und Jeschuas (Esra 2) zum »Grundsätzlichen« in Form der nachexilischen »Wurzeln« zurück, so dass es passt, mit weiteren »Grundsatzaspekten« wie der Verlesung der Tora fortzufahren. Nach dem kompakten Geschichtsrückblick in Neh 9 lenkt der Text mit der Selbstverpflichtung auf die Tora in einer feierlichen Bundesverpflichtung (Neh 10) allmählich wieder in die Gegenwart.

Zunächst erfolgen Ausführungen zur Besiedelung der *Stadt* Jerusalem. Die besondere Stellung Jerusalems, in der sich nun neben den Oberen ein Zehntel der einfachen Bevölkerung ansiedeln soll, wird durch die Bezeichnung »Heilige Stadt« (V. 1; vgl. später 11,18) herausgestellt. Das Motiv des Auslosens der Bevölkerung möchte wahrscheinlich zeigen, dass es letztendlich in Gottes Hand liegt, wer zu den Gesegneten (V. 2) gehört, die in Jerusalem wohnen.

Die Heilige Stadt

Der Ausdruck »Heilige Stadt« für Jerusalem kommt nur in den literargeschichtlich als »später« einzuordnenden Schriften des Alten Testaments vor. In Tob 13,10 (Lobgesang des Tobit) und 1 Makk 2,7 (Klage des Mattathias) begegnet die Wendung in gehobener Sprechweise als besonders emphatischer Ausdruck. Ähnliches gilt für die Belege in Sir 36,18 (LXX: 36,12) und 49,6 sowie Dan 3,28 und 9,24. Im 2. Makkabäerbuch ist das Ergehen von Stadt und Tempel Spiegelbild für das Verhältnis des Volkes zu Gott, so dass »Heilige Stadt« ein passendes Epitheton für Jerusalem ist (2 Makk 1,12: Gott hat alle verjagt, die gegen die Heilige Stadt gekämpft haben; 3,1: die Bewohner der Heiligen Stadt befolgen die Gesetze aufs Treueste; 9,14: Antiochus will die Heilige Stadt zu einer Freien Stadt erheben; 15,14: Jeremias Fürbittgebet für die Heilige Stadt; alternative Wendung: der heilige Ort in 1,29; 2,18; 8,17).

Grundlegend für die heilvolle Bedeutung der »Heiligen Stadt« ist die Heilsankündigung bei Deuterojesaja: Jes 52,1-12 verkündet das neue Heil für Zion. Der Beleg Jes 48,2 (»Sie nennen sich nach der Heiligen Stadt«) könnte auf ein gewisses Selbstbewusstsein der Bewohner schließen lassen.

Im Neuen Testament verwenden das Matthäusevangelium und die Offenbarung des Johannes den Begriff. Bei Matthäus steht die »Heilige Stadt« etwas sperrig im Kontext, so dass sich eine unterschwellige, leicht ironische Botschaft ergibt: Der Teufel führt Jesus in die Heilige Stadt, um ihn zu einem Schauwunder zu verführen (Mt 4,5) – also ist die Heilige Stadt auch vor dem Teufel nicht sicher. Und in Mt 27,52-53 öffnen sich beim Tod Jesu die Gräber, und die auferweckten Toten kommen in die Heilige Stadt. Da normalerweise Tote (Leichen) kultisch unrein machen, zeigt die bewusste Verwendung des Epithetons »Heilige Stadt« an dieser Stelle, dass mit Tod und Auferstehung Jesu nicht nur der physische Tod, sondern auch die verunreinigende Macht des Todes gebrochen ist.

In Offb 11,2 steht die »Heilige Stadt« in Spannung zu den Heiden, die sie zertreten werden, doch in 21,2 und 22,19 wird die wahre »Heilige Stadt« angekündigt, die vom Himmel herabkommt. An ihr haben alle Anteil, die »die Worte der Prophetie dieses Buches« (Offb oder auch die gesamte christliche Bibel vom Baum des Lebens in Gen 2–3 bis zur Heiligen Stadt von Offb 21) bewahren bzw. nichts von ihnen wegnehmen (22,19). In der arabisch-islamischen Tradition trägt Jerusalem den Namen »Al-Quds«, »die Heilige«.

In V. 3 wird noch einmal betont, dass die Oberhäupter der Provinz (besser als »Bezirk«) in Jerusalem wohnen, während die übrigen auf ihrem je eigenen Besitz in Juda leben. Dabei wird einmal mehr die hierarchische Gliederung angeführt: Israeliten (= die Laien), die Priester, Leviten, die Tempeldiener und die Nachkommen der Knechte Salomos (vgl. Esra 2,43.55). Die vier Kategorien »Israeliten, Priester, Leviten, Tempeldiener« verweisen auf 1 Chr 9,2, wo Exil und Heimkehr in der üblichen Knappheit von 1 Chr 1–9 in zwei Sätzen zusammengefasst werden. Hat man erst einmal diese Verbindung hergestellt, wird rasch deutlich, dass 1 Chr 9,2-18 sehr viel mit Neh 11,3-19 zu tun hat. Die Vermutung liegt nahe, dass der Chroniktext eine kreative Anleihe in Neh 11 genommen hat. Dafür spricht z. B., dass 1 Chr 9,2 zwar mit Neh 11,3 die Tempeldiener ankündigt, dann aber nicht weiter erwähnt, da der Satz aus Neh 11,21 nicht übernommen wird, weil die »Anleihe« offenbar mit Neh 11,19 endet. Allerdings lässt 1 Chr 9,2 klugerweise die Nachkommen der Knechte Salomos aus Neh 11,3 weg, weil sie nachher in Neh 11 nicht weiter auftauchen.

Weitere innerbiblische Beziehungen zeigen sich an bestimmten Wendungen und Ausdrücken: So begegnen die Begriffe »Tochterstädte« (V. 25; 27; 28; 30) und »dazugehörige Gehöfte« (V. 25; 30) immer wieder im Josua-Buch. Dass der Text an Josua anknüpft, zeigt noch deutlicher die Beobachtung, dass die in den V. 25–30 erscheinenden Orte in nahezu derselben Reihenfolge bei Jos 15,13-39 auftauchen. Die neue Besiedelung des Landes ist somit nach dem Vorbild der ersten gezeichnet. Was zu Nehemias Zeiten geschieht, entspricht den fernen Zeiten Josuas: Die Heilige Stadt und das Land füllen sich nun wieder, wobei die Namen gleichsam amtlich festgehalten werden – im Falle der Stadt Jerusalem sind es Personennamen, im Falle des Hinterlandes genügen Ortsnamen, die einen geographischen Rahmen abstecken.

Die ausführliche Liste 11,3-36 will somit die Folgen der Wiederbevölkerung Jerusalems und der Provinz dokumentieren. Der Aufbau ist nicht einfach: Häufig wird die Liste in zwei Teile gegliedert (Besiedelung der Stadt: V. 3–19.21–24 – Besiedelung des Hinterlandes V. 20.25–36). Dann muss jedoch, wie dies auch die EÜ macht, V. 20 gegen alle Texttraditionen hinter V. 24 verschoben werden. V. 20 scheint von der Stadt zum Hinterland überzuleiten.

Die Versreihenfolge des hebräischen (masoretischen) Textes kann jedoch beibehalten werden, wenn man die V. 4–19 als Mitte einer konzentrischen Struktur in drei Kreisen betrachtet: (1) So entsprechen sich V. 3a und V. 21–24: Sie beschreiben die Führenden des Volkes *in Jerusalem*. Der in V. 21 erwähnte Ofel, auf dem die in V. 3a angekündigten Tempeldiener wohnen, ist ein Hügel Jerusalems südlich vom Tempelberg (vgl. die Skizze S. 167). (2) V. 3b und V. 20 erwähnen die *Bevölkerung des Hinterlandes* jeweils vor und nach den Ausführungen über die Wiederbesiedelung Jerusalems, so dass eine literarische Klammer *(inclusio)* entsteht. (3) Die Dokumentation der Besiedelung Jerusalems in Form einer Namensliste steht im Mittelpunkt der Szene: V. 4–19.

V. 20 würde bei dieser Deutung der Komposition den Komplex der Auflistung von Israeliten, Priestern und Leviten abschließen, indem darauf verwiesen wird, dass die übrigen dieser Gruppen, also diejenigen, die namentlich nicht erwähnt werden, nicht in der Stadt, sondern im Hinterland wohnen. Nachgetragen werden dann im Blick auf die *Stadt* noch die Tempeldiener und der Vorsteher der Leviten sowie »Petachja« (V. 21–24). Bei ihm ist die Erwähnung des »Königs« besonders auffällig: Möglicherweise wird Petachja als Berater am Hof des persischen Königs vorgestellt. Denkbar wäre auch, dass die Darstellung in die davidische Zeit zurückblendet, da die »königliche Vorschrift« in V. 23 wohl auf Davids Etablierung des Tempelkults (und nicht auf den persischen Großkönig) zu beziehen ist.

Folgt man (gegen EÜ) der masoretischen Versabfolge, muss der Beginn von V. 25 so übersetzt werden: »Und zu den Gehöften hin auf ihren Fluren wohnten Angehörige des Stammes Juda in …«. Was nun folgt, ist die Besiedelung des Hinterlandes, die nicht mehr mit Personennamen, sondern mit Ortsnamen beschrieben wird. Die Nähe zum Buch Josua (»erste Landnahme«) wurde schon erwähnt.

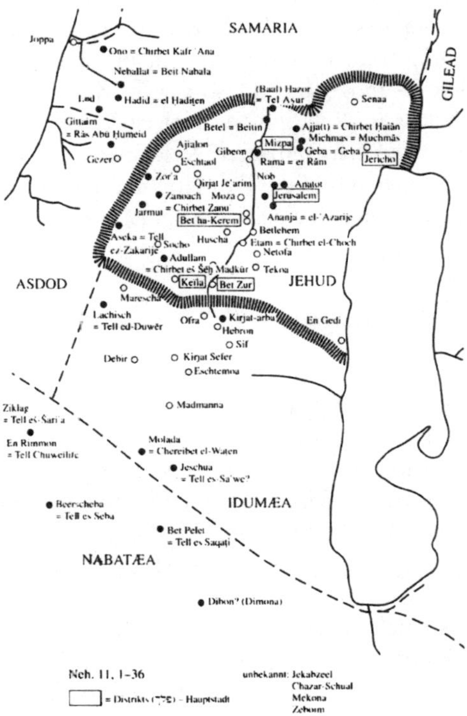

Yehud/Jehud (aus: *T. Willi*, Juda – Jehud – Israel. Studien zum Selbstverständnis des Judentums in persischer Zeit, FAT 12, Tübingen 1995, IX.)

2. Priester und Leviten; die Einweihung der Mauer (Neh 12,1-47)

Kapitel 12 verknüpft eine weitere Auflistung von Priestern und Leviten mit zahlreichen Namen mit der Einweihung der Mauer. Nach der Feierlichkeit wird mittels einer Neuordnung des Abgabenwesens die Versorgung des Kultpersonals sichergestellt. Diese Einbettung der Mauerweihe in Ausführungen zum Gottesdienst und seinen Trägerkreisen bewirkt eine Verschmelzung der beiden großen Themen »Stadtmauerbau« (= politische Autonomie) und »Tempelbau« (= freie Religionsausübung). So entsteht unterschwellig eine wichtige Botschaft des Esra-Nehemia-Buches in seiner Endgestalt: Eine korrekte Ausübung der eigenen jüdischen Religion – symbolisiert und manifestiert im immerwährenden Opfer im Tempel – ist nur mit einem Mindestmaß an politischer Selbstbestimmung – symbolisiert und manifestiert in der Befestigung Jerusalems – möglich. Nur so ist die Wahrung der eigenen Identität als Volk und Religion gewährleistet. Auch die religiösen, kulturellen und sozialen Reformen Nehemias (in Kapitel 13), die für das jüdische Leben und die jüdische Identität ausschlaggebend werden, sind nur aufgrund der politischen Teilautonomie durchsetzbar.

a) Namensliste (Genealogie) des Kultpersonals (Neh 12,1-26)

Die hier begegnende Liste von Priestern und Leviten hängt auf den ersten Blick etwas in der Luft, und der Leser fragt sich, was der neuerliche Rückgriff auf die erste Heimkehrerwelle zu bedeuten habe. Die Funktion der Liste erklärt sich aber, wenn man über 12,26 hinausschaut: Sie wird benötigt für die nachfolgende feierliche Einweihung der Stadtmauer, die die gesamte Bevölkerung, besonders Priester und Leviten, am Auge des Lesers vorbeiziehen lässt.

Die Liste lässt sich in folgende Einheiten gliedern: V. 1–9 führen Namen von Priestern (V. 1–7) und Leviten (V. 8–9) der Zeit Serubbabels und Jeschuas (538 und 520 v. Chr.) an, V. 12–21 Priester als Familienoberhäupter zur Zeit Jojakims, des Sohnes Jeschuas. In den V. 22–26 folgt eine Liste von Leviten derselben Zeit. Die genealogische Formulierungsweise in V. 10–11 mit dem Muster

»X zeugte Y« stellt eine Verbindung zu 1 Chr 5,29-41 her: Auch dort wird eine lange Priestergenealogie mit diesem Muster erwähnt, die eine Linie von Aaron über Eleasar und Pinhas bis Jozadak (Exil) zieht. Der Name Jozadak wiederum begegnet in Esra 3,2.8; 5,2; 10,18; Neh 12,26 (auch Sir 49,12; Hag 1,1.12.14; 2,2.4; Sach 6,11) – also oft genug, um hinlänglich bekannt zu sein – als Vatersname von Jeschua, dem ersten Hohenpriester nach dem Exil. Durch diese Brücke werden nun 1 Chr 5,29-41 und Neh 12,10-11 verklammert, so dass die Linie von Aaron kommend über das Exil hinweg mit sechs Generationen verlängert wird. Dieser Eindruck entsteht bei »kanonischer Lektüre« in der Abfolge der christlichen Bibel, die Esra-Nehemia unter dem Konzept »Geschichtsbücher« nach 1/2 Chr einordnet. Liest man jedoch nach der heute üblichen Reihenfolge im TaNaK die Chronikbücher nach Esra-Nehemia (und vielleicht entstanden auch die Texte in dieser Reihenfolge), dann liefert 1 Chr 5,29-41 die genealogische Anbindung der späteren Priestergenerationen nach dem Exil an die priesterliche Linie vor dem Exil bis hinauf zu Aaron, der Priestergestalt par excellence.

Kurz angesprochen werden soll eine kleine Unstimmigkeit zwischen V. 10–11 und V. 22. Die Namen der Hohenpriester sind identisch bis auf eine Ausnahme: Während V. 11 einen Jonatan erwähnt, taucht in V. 22 der Name Johanan auf. Die Namen müssen nicht angeglichen werden, da eine andere Erklärung möglich ist. Johanan ist durch Esra 10,6 und Neh 12,23 als Sohn des Eljaschib hinlänglich bekannt, so dass er im Blick auf V. 10 ein Bruder Jojadas ben Eljaschib ist. Es scheint so zu sein, dass V. 10–11 nicht die Amtsfolge, sondern die leibliche Abstammung auflistet. Dann ist in Verbindung mit V. 22 anzunehmen, dass Jonatan ben Jojada sein Hohepriesteramt nicht ausgeübt hat, da auf Jojada ben Eljaschib dessen Bruder Johanan ben Eljaschib folgte, auf den wiederum Jaddua, der Enkel Jojadas und Sohn des (nicht amtierenden Priesters) Jonatan, folgte.

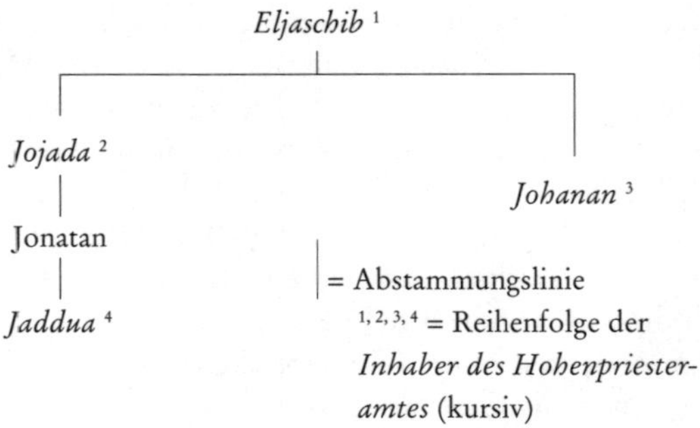

Dass Johanan aus V. 22 tatsächlich Hoherpriester in Jerusalem war, wird aus Elephantine-Papyri aus den Jahren 411 und 408 deutlich. Josephus (Ant. XI,297.302) erwähnt folgende Namen (in genealogischer Vater-Sohn-Abfolge): *Eliasib* (= Eljaschib), *Jōdas* (= Jojada), *Jōannēs* (= Johanan) und *Jaddūs* (= Jaddua). Dabei verlegt er aber *Jaddūs* schon in die Alexanderzeit, weil er vermutlich den persischen König Darius, der in V. 22 erwähnt wird, nicht für Darius II. (424–404 v. Chr.), sondern Darius III. (336–331 v. Chr.) hält.

Auch bei der Liste in Neh 12 kann nicht von einem authentischen Dokument ausgegangen werden, was sich schon daran zeigt, dass die in V. 24–25 angeführten Leviten teilweise mit denen aus V. 8–9 übereinstimmen. Nahezu alle Namen können in anderen Listen ebenso gefunden werden, so dass es wieder nahe liegt, von einer kreativen Neuzusammenstellung auszugehen. Eine der Aufgaben dieser langen Namenslisten könnte auch darin bestehen, die edle Abkunft und damit die Legitimität von Familien und Persönlichkeiten zur Zeit des Verfassers von Esra-Nehemia zu erweisen: Personen aus der Gegenwart des Verfassers konnten sich so in diesen Texten wiederfinden, genealogisch einordnen und damit auch gesellschaftlich »verorten«.

b) Die Einweihung der Mauer (Neh 12,27-43)

Das Thema des Mauerbaus wird ab Neh 12,27 wieder aufgenommen und zum Ende gebracht. Die Suspendierung der Erzählung über die Mauer in Neh 7,3 machte den Einbau verschiedener

Listen, vor allem aber der Berichte über die Toraverlesung, das Laubhüttenfest sowie die Verpflichtung auf die Tora möglich. Diese Gestaltungsweise signalisiert unterschwellig die Bedeutung des Geschehenen: Die »Heilige Stadt« Jerusalem kann nur von einem Volk Israel wieder eingeweiht werden, das in sich und in seinem Verhältnis zu Gott neu konstituiert ist. Daher gerät die Einweihungsfeier im Grunde zu einer Parade der gesamten, nach ihren kultischen Ordnungen gegliederten Bevölkerung.

Einige der in den V. 27–39 begegnenden Elemente der Erzählung erinnern an Motive, die bereits in Esra-Nehemia vorkamen. Besonders auffällig ist die Parallelität zwischen V. 27 und Esra 3,10, die Mauereinweihung und Fundamentlegung für den Tempel durch eine Reihe sachlicher und motivlicher Ähnlichkeiten auf eine Ebene hebt:

Esra 3,10 (Fundamentlegung des neuen Tempels): »Als die Bauleute das Fundament für den Tempel des Herrn gelegt hatten, kamen die Priester in ihren Gewändern und mit den Trompeten, außerdem die *Leviten*, die Nachkommen Asafs, mit den *Zimbeln*, um den Herrn zu preisen nach der Ordnung Davids, des Königs von Israel.«

Neh 12,27 (Einweihung der neu errichteten Stadtmauer): »Bei der Einweihung der Mauer Jerusalems holte man die *Leviten* aus allen ihren Wohnsitzen nach Jerusalem, um mit frohen Lobgesängen und mit der Musik von *Zimbeln*, Harfen und Zithern die Einweihung zu vollziehen.«

Die in Neh 12,30 betonte kultische Reinigung der Priester und Leviten zur *Mauereinweihung* korrespondiert der kultischen Reinigung in Esra 6,20, die anlässlich des Pascha-Festes bei der *Einweihung des Tempels* durchgeführt wurde. Neh 12,27.30 spielen also auf den Anfang und das Ende des Projekts »Tempelbau« an – so werden diese beiden Grundthemen des Esra-Nehemia-Buches einmal mehr subtil miteinander verschmolzen. Dazu trägt dann in Neh 12,43 auch die Erwähnung der *Festfreude* und des lauten Jubels bei, die Erinnerungen sowohl an die Grundsteinlegung des Tempels (Esra 3,13) als auch an das Pessach/Mazzot-Fest (Pascha/Ungesäuerte Brote) nach der Wiedereinweihung des Tempels (Esra 6,22) wecken. Die neben der Festfreude in V. 43 genannten *Opfer* erinnern an die Opfer bei der Einweihung des Tempels in

Esra 6,17. Das Interesse an den *Musikinstrumenten* und deren Etablierung durch König *David* ist groß (vgl. V. 27; 36; 41), es begegnet auch bei der Darstellung der Kulterneuerung unter König Hiskija in 2 Chr 29,25-27.

Mit V. 31 kehrt der Text wieder zum Ich-Stil des Nehemia-Berichts zurück. Ihm, Nehemia, gebührt es auch, die feierliche Einweihung »seines« Projekts, der Stadtmauer, zu organisieren. Die Weiheprozession besteht aus zwei »Chören«, die jeweils aus Vorstehern (Beamten), Priestern, Leviten und Volk bestehen. Beim ersten Zug werden sieben Priester und neun Leviten namentlich genannt (V. 33–36), wobei Secharja deshalb eine so lange Genealogie bekommt, um ihn (und damit auch seine »Brüder«) mit dem berühmten, von David eingesetzten Tempelsänger Asaf zu verbinden (vgl. z. B. 1 Chr 16,5; 25,2). Dem zweiten Zug gehören ebenfalls sieben Priester und acht Leviten an, doch sie werden erst nach der Vereinigung der beiden Chöre im Tempelhof genannt (V. 41–42).

Der erste Chor wird von Esra, dem »Schriftgelehrten« (so EÜ in V. 36), angeführt. Nach der Toraverlesung (Neh 8) und der urkundlichen Selbstverpflichtung auf das Gesetz unter Nennung verschiedener Detailaspekte (Neh 10) ist es angemessen, Esra unter dem Aspekt des »Schreibers«, und dann im Blick auf die Tora auch als »Schriftgelehrten« vorzustellen. *Das* ist Esras Proprium, denn das Priestersein hat er mit mehreren anderen gemeinsam. Dem zweiten Chor folgt Nehemia, so dass deutlich wird, dass auch bei der Mauereinweihung – wie vorher schon bei der Toraverlesung (Neh 8,9) – Nehemia und Esra *gemeinsam* auftreten und wirken (zu den chronologischen Problemen dieser Konstellation und der Chrono-Logik des Textes vgl. die Einleitung). Dieses gemeinsame Wirken will nicht eine geschichtliche Behauptung aufstellen, sondern eine Botschaft der Einigkeit im Handeln und der Untrennbarkeit bestimmter Konzepte vermitteln: Die religiös-rechtliche Neukonstituierung (»Esra«) und die politische Teilautonomie (»Nehemia«) gehören ebenso zusammen wie das jeweils in Gebäuden bzw. Bauten manifeste religiöse Zentrum (»Tempel«) und das städtebauliche Element (»Stadtmauer«).

Beide Festchöre begehen je eine Hälfte der Mauer und treffen sich in der Nähe des Tempels. Sinn dieses Umgangs ist nicht nur eine rein profane Bestätigung der Fertigstellung der Mauer, die nun in Gebrauch genommen wird, vielmehr wird mit der Mauer Jerusalem Gott geweiht. Es wird zur Heiligen Stadt, in der das aus dem Exil, d.h. dem Gericht Gottes, gerettete, von allem Fremden gereinigte und somit neu konstituierte Volk Gottes wohnt. Dies ist wiederum Anlass zu einem Freudenfest wie nach dem Beginn des Tempelbaus (Esra 3,7-13), dessen Fertigstellung (Esra 6,16-18) oder der Feier der Verlesung der Tora (Neh 8,9-12): Nun ist die Zeit des Gerichts vergangen, die Zeit des Heils ist angebrochen.

Liest man den Prozessionsweg genau durch, so merkt man, dass fast alle Stationen vom Mauerbau in Neh 3 (z.T. in umgekehrter Reihenfolge) genannt sind. Ist damit einmal der Blick auf die »Anfänge« zurückgelenkt, dann löst sich auch das Rätsel, wo denn die Prozessionszüge beginnen. Auch wenn es hier nicht genannt wird, so kann es doch kein anderer Ort sein als eben das Taltor, bei dem Nehemia in 2,13 seinen nächtlichen Inspektionsritt begann. Die in Neh 12,31-39 genannten Stationen lassen sich anhand der Skizze S.167 verfolgen. Zu genaue Vorstellungen (etwa wie der Prozessionsverlauf bei den »Stufen zur Davidsstadt«, die ja nicht zur Mauer gehören, aussah) sollte man sich nicht machen, denn die genauen baulichen Verhältnisse lassen sich aufgrund der nur sehr wenigen archäologischen Zeugnisse, die eindeutig der Nehemia-Zeit zuzurechnen sind, kaum mehr erhellen.

c) Versorgung des Kultpersonals (Neh 12,44-47)

Nach dem großen Fest der Einweihung der Stadtmauer beginnt gewissermaßen der Alltag und damit auch die Umsetzung der Reformen, die sich das Volk in Neh 10 vorgenommen hat. Der erste Punkt, der in Angriff genommen wird, ist die Neuordnung der Abgabenverwaltung zur Versorgung des Kultpersonals. Der entsprechende Vorsatz wurde in Neh 10,36-40 gefasst. Dabei sind die Ausführungen *hier* im Er-Stil geschrieben, während der zu Neh 10,36-40 passende Ich-Bericht Nehemias in 13,10-14 zu finden ist. Die Formulierung im Er-Stil dient wohl auch dazu, einen verallgemeinernden, idealisierenden Eindruck zu vermitteln.

Während V.44a noch den Eindruck macht, nun folge ein Bericht über weitere Maßnahmen Nehemias – hier die Einsetzung von Kontrollbeamten am Tempel –, zeigt bereits der Schluss desselben

Verses unterschwellig, worum es eigentlich geht. Wenn der Text betont, dass die Juden den Priestern und Leviten (damals) wohlgesinnt waren (V. 44c), so möchte dies sagen, dass sie das immer sein *sollten*. Die Gemeinde des (Neu-)Anfangs wird in diesem kurzen Abschnitt idealisiert als Vorbild für Israel zu allen Zeiten dargestellt: So wie es damals »zur Zeit Serubbabels und zur Zeit Nehemias« (V. 47) war – verbunden sind hier die Zeit des Tempelbaus und die der Tempelreform –, so war es recht.

Dass in der Realität jedoch immer wieder erhebliche Missstände zu beklagen waren, zeigt z. B. die Gottesrede in Mal 3,8-10: »Darf der Mensch Gott betrügen? Denn ihr betrügt mich. Doch ihr sagt: Womit betrügen wir dich? – Mit den Zehnten und Abgaben! [9] Dem Fluch seid ihr verfallen, doch ihr betrügt mich weiter, ihr, das ganze Volk. [10] Bringt den ganzen Zehnten ins Vorratshaus, damit in meinem Haus Nahrung vorhanden ist. Ja, stellt mich auf die Probe damit, spricht der Herr der Heere, und wartet, ob ich euch dann nicht die Schleusen des Himmels öffne und Segen im Übermaß auf euch herabschütte.« In diesem Diskussionswort wirft Gott dem Volk nichts geringeres als Betrug vor, da die Zehnten und andere Abgaben nicht an das Heiligtum überstellt werden. In Zeiten knapper Kassen und wirtschaftlicher Schwierigkeiten lag und liegt es wohl nahe, zuerst an der Religion und der Kultur zu sparen. Doch ähnlich wie schon bei Haggai und Sacharja, die die Argumentation umkehren und die schlechte wirtschaftliche Lage als Strafe für die Vernachlässigung des Heiligtums darstellen, argumentiert auch der Prophet Maleachi in Form einer Gottesrede: Gott will sich auf die Probe stellen lassen und bei korrekter Ablieferung der Abgaben ans Heiligtum wieder für den nötigen Regen sorgen und die Heuschreckenplagen (Mal 3,11) abwehren.

Mit dem Verweis auf die Vorschriften Davids »und seines Sohnes Salomo« (V. 45) wird eine Verknüpfung zu entsprechenden David-Salomo-Konzeptionen in den Chronikbüchern hergestellt (vgl. 2 Chr 8,14-15; 35,4). Eine ähnliche Verbindung entsteht durch die David-Asaf-Kombination in V. 46: Asaf ist das Oberhaupt der Sänger nach 1 Chr 16,37 (»Asaf und seine Brüder«). Hier könnte eine Spur der Bearbeitung greifbar sein, die das Esra-Nehemia-Buch zugleich mit dem Chronikbuch überarbeitet hat und großes Interesse an den kultischen Institutionen hatte.

Der Schluss des Abschnitts ist ebenfalls in den näheren Kontext von Esra-Nehemia und in den Gesamtkontext der Bibel eingebunden: Die Erwähnung des Zehnten (»der heilige Anteil«) für die Leviten, die davon wiederum den Zehnten an die Priester abgeben, in V. 47 entspricht dem Vorsatz in Neh 10,39 und der Tora-Vorschrift in Num 18,25-32. Nochmals sei betont, dass der gesamte Abschnitt 12,44-47 den Eindruck einer idealtypischen Darstellung macht, die die Korrektheit der Verhältnisse unter Serubbabel und Nehemia als leuchtendes Vorbild darstellt und damit unterschwellig – wohl für die Gegenwart der Erstadressaten – einen ethischen Anspruch formuliert: So *sollte* es *eigentlich* sein ...

VI. Die Durchsetzung der Bundesverpflichtungen (Neh 13,1-31)

Der letzte große Block im Esra-Nehemia-Buch betrifft die konkrete (und exemplarische) Durchsetzung der in Neh 10 eingegangenen und beurkundeten Bundesverpflichtungen. Dabei korrespondiert dieses 13. Kapitel, das wieder weitgehend im Ich-Stil des Nehemia-Berichts gehalten ist, als B´´ einerseits der Esra-Mission einschließlich der Auflösung der Mischehen (B: Esra 7–10), andererseits der Verpflichtung auf die Tora bzw. den Bund einschließlich Toraverlesung und Bundesdokument (B´: Neh 7,5–10,40). Neben den »großen« Themen von Tempel und Stadtmauer geht es nun wieder um die Rechtsordnung im Detail, so dass es nicht Wunder nimmt, dass Neh 13 aus relativ lose nebeneinander gereihten Einzelthemen besteht. Sie kreisen jedoch alle um die Fragen von Identität (Abgrenzung von »den anderen«) und Befolgung der Tora, mithin um Problemfelder, die das ganze Esra-Nehemia-Buch durchziehen.

1. Der allgemeine Ausschluss von Nicht-Israeliten (Neh 13,1-3)

Das Thema »Wahrung der eigenen Identität durch Abgrenzung von den anderen (Völkern)« wird in V. 1–3 in allgemeiner und grundsätzlicher Weise behandelt. Wie schon in Neh 8,1 und 9,3 wird wieder – zu einer unbestimmten Zeit, also irgendwann nach 445 v. Chr. – aus der Tora (dem »Buch des Mose«) vorgelesen und eine bestimmte Stelle »entdeckt«. Es handelt sich um den so genannten »Moabiterparagraphen« Dtn 23,4–6.

Dtn 23,4-6
4 In die Versammlung des Herrn darf kein Ammoniter oder Moabiter aufgenommen werden, auch nicht in der zehnten Generation. Niemals dürfen ihre Nachkommen in die Versammlung des Herrn aufgenommen werden; 5 denn sie sind euch nicht mit Brot und Wasser auf dem Weg entgegengegangen, als ihr aus Ägypten zogt, und Moab hat Bileam, den Sohn Beors, aus Petor in Mesopotamien gedungen und gegen dich ausgesandt, damit er dich verfluchte – 6 doch der Herr, dein Gott, hat sich geweigert, Bileam zu erhören, und der Herr, dein Gott, hat für dich den Fluch in Segen verwandelt; denn der Herr, dein Gott, liebt dich.

Im Rückblick des Mose wird an dieser Stelle an Num 22–24, die Auseinandersetzung mit den Moabitern und ihrem König Balak, der den Seher Bileam bezahlen wollte, um Israel zu verfluchen, erinnert. In Dtn 23,4-6 wird aus dieser Erinnerung die Vorschrift, keine Ammoniter oder Moabiter in die »Versammlung des Herrn« *(qāhāl JHWH)* aufzunehmen. (Nur beiläufig sei auf das Buch Rut verwiesen, in dem die Moabiterin Rut gleichsam zum Glauben Israels konvertiert und schließlich die Urgroßmutter von König David wird. Dieses Buch scheint zu zeigen, dass selbst so harte Vorschriften wie Dtn 23,4–6 unter bestimmten Umständen keine Anwendung finden müssen.) Neh 13,1-3 nimmt nun den »Moabiterparagraphen« Dtn 23,4–6 zum Anlass, eine generelle Absonderung Israels von »allen Mischvölkern« *(kōl 'eräb)* durchzuführen. Der Begriff für »Mischvolk« findet sich einerseits in Ex 12,38 (EÜ: Haufen anderer Leute; vgl. auch Num 11,4: *'asafsuf*, Buber: Mischmasch), wo sich beim Exodus eine Reihe von Nichtisraeliten anschließen, andererseits in eher negativer Konnotation als »Völkergemisch« in Jer 25,20; 50,37; Ez 30,5. Dieser üble Beiklang, in den sich der Gedanke der Unordnung mischt, ist wohl auch in Neh

13,3 angezielt. Von der Absonderung ist schon in 9,2 und 10,29 die Rede gewesen. Mit dieser Maßnahme ist wohl nicht speziell die Auflösung von Mischehen gemeint, sondern sicher eine ganze Reihe von Trennungen und Abgrenzungen im religiösen und kulturellen Alltagsleben. Ein Beispiel dafür wird schon im nächsten Abschnitt (13,4-14) gegeben.

2. Einzelmaßnahmen (Neh 13,4-29)

Während Neh 13,1-3 und 13,30-31 eine Art grundsätzlichen Rahmen bilden, nennen V. 4–29 drei Einzelmaßnahmen, die exemplarisch zeigen, wie man sich die Umsetzung der Bundesverpflichtung von Neh 10 konkret vorzustellen hatte. Von der Erzähltechnik her ist zu bedenken, dass es sich wohl um Beispiele und damit letztlich auch idealtypische Überzeichnungen handelt, nicht um eine umfassende und detaillierte, auf Vollständigkeit bedachte Darstellung des Reformwirkens Nehemias. Ähnlich wie bei Esra, dessen Aufrichtung der torabasierten Rechtsordnung (Esra 7) nicht ausführlich, sondern nur anhand des Beispiels der Auflösung der Mischehen berichtet wird, werden hier bei Nehemia drei Aspekte hervorgehoben: die Reinigung des Kultes von Fremdeinflüssen und Korruption (V. 4–14); die Abriegelung der Stadt zur Aufrechterhaltung des Sabbats (V. 15–22); die Missbilligung der Mischehen (V. 23–29).

a) Die Reinigung des Kultes von Fremdeinflüssen (Neh 13,4-14)

Wie schon angedeutet, liefern die V. 4–9 eine Illustration des Themas »Aufhebung der Vermischung mit fremden Völkern«. Dabei geht es um etwas, das man heute wohl »Vetternwirtschaft« oder »Filz« nennen würde. Da ist einmal der Priester Eljaschib: Es handelt sich wohl nicht um den in Neh 3,1.20-21; 12,10.22-23; 13,28 erwähnten Hohenpriester, da er nicht als solcher tituliert ist und die Betreuung der Kammern eher Leviten und einfachen Priestern oblag. Dieser (unbekannte) Priester Eljaschib hat dem (im Gegensatz dazu wohlbekannten) Tobija, der als erbitterter Gegner Nehemias und des Stadtmauerbauprojekts mehrfach erwähnt wurde (2,10.19; 3,35; 4,1; 6,1.12.14.17–19), eine Kammer im Tempel überlassen. Eine solche Tempelkammer diente im Altertum als eine Art Safe oder Bankschließfach, also als sicherer Ort zur Hinterlegung von Wertgegenständen. Dies dürfte mit einschließen, dass Tobija auch in Jerusalem entsprechende Geschäfte unternommen hat. Schon im Textverlauf vorher wurde die eigentliche Funktion dieser Tempelkammern erwähnt (Neh 10,38-40; 12,44), und hier wird das noch einmal wiederholt (V. 5): Sie sind dazu da, die Abgaben Israels für den Betrieb des Heiligtums aufzubewahren (Opfermehl, Weihrauch, ferner der Zehnte von Getreide, Wein und Öl). Durch diese Gegenüberstellung wird bereits deutlich, dass es sich um eine widerrechtliche Zweckentfremdung handelt, wenn Tobija in einer dieser Kammern seine Geschäfte abwickelt – der Text muss dies nicht einmal ausdrücklich festhalten, denn erst in V. 7 wird das Geschehene als »Untat« *(rā'ā)* qualifiziert. Eine zusätzliche Schärfe erhält dieses Politikum, wenn man sich als Leser zusammenreimt, dass Tobija immer als »der Knecht von Ammon« apostrophiert wird (vgl. den Exkurs S. 162f.) und damit Teil eines Volkes ist, das nach 13,1 »nicht in die Gemeinde Gottes eintreten« darf.

Wie konnte es überhaupt dazu kommen? V. 6 erwähnt eine mit dem Jahr 433 v. Chr. (»im 32. Jahr des Artaxerxes«) beginnende Abwesenheit Nehemias. Über den historischen Hintergrund dieser Reise zum »König von Babylon« – diese Bezeichnung des persischen Herrschers begegnet auch in Esra 5,13 – lässt sich nur spekulieren. Der Einschub möchte aber zeigen, dass die Mängel innerhalb der Vorbildgemeinde, die nun erwähnt werden, nicht auf das Konto Nehemias gehen. Bei seiner Rückkehr wird alles sehr schnell wieder geordnet und der Störfaktor Tobija »vor die Tür gesetzt«. Bei der Beschreibung der Untat wird zweimal die Wurzel *R"* »böse, übel sein« verwendet: Nehemia bezeichnet das Geschehene als »Untat« *(rā'ā)*, die ihm »sehr missfiel« *(wa=yera')*. Wie sicher die Machtposition Nehemias gegenüber seinem Erzfeind Tobija mittlerweile dargestellt wird, zeigt sich darin, dass er die in der Kammer aufbewahrten Gegenstände und Besitztümer des Hauses Tobija (nicht »Hausrat« wie EÜ!) kurzerhand hinauswerfen kann. (Einer/m christlichen Leser/in sei es erlaubt, an dieser Stelle an die »Tempelreinigung« Jesu zu denken [Mt 21,12; Mk 11,15; Lk 19,45; Joh 2,14-15], auch wenn sich keine unmittelbaren wörtlichen Anklänge finden und sich die Autorität sowie die Motivationen und Ziele von Nehemia und Jesus unterscheiden.)

Was immer es war, was Tobija in der Kammer aufbewahrt und darin veranstaltet hat, in den Augen Nehemias handelt es sich um eine kultische (rituelle) Verunreinigung, daher ordnet er auch einen entsprechenden Reinigungsritus an (es geht also nicht nur um eine einfache Säuberung). Das hier verwendete Verb *(ṬHR pi.)* begegnet häufig in der Tora im Kontext kultischer Reinigung, vor allem aber bei dem Reinigungsvorgang anlässlich der Einweihung der Stadtmauer in Neh 12,30, so dass sich unterschwellig eine viel sagende textliche Beziehung ergibt: Nehemia lässt sich sein Projekt der »Heiligen Stadt Jerusalem« von niemandem, erst recht nicht von Tobija, »beschmutzen«.

Wie V. 10–13 weiter zeigen, war dieses Politikum aber nicht der einzige Skandal: Weitere Missstände sind eingerissen, denn die in 12,44-47 so idealtypisch beschriebene Abgabenordnung wird nicht eingehalten. Die Tatsache, dass die Abgaben für die Leviten nicht gezahlt werden, zwingt diese zum Verlassen Jerusalems, um selbst auf ihrem Landbesitz für ihren Lebensunterhalt zu sorgen. Dies bedeutet gleichzeitig eine Vernachlässigung ihrer Pflichten am Tempel. Nehemia macht dafür die »Beamten« verantwortlich (vgl. auch Esra 9,2; Neh 2,16; 4,8.13; 5,7.17; 7,5; 12,40). Der hebräische Begriff *(sāgān)* wird an anderen Stellen mit Vorsteher, Fürst oder Ratsherr wiedergegeben. Es ist hier an die Führungsschicht in sozialer wie politischer und religiöser Hinsicht zu denken. Wieder einmal hat diese Führungsschicht die Religion – manifestiert in den Abgaben für das Heiligtum – vernachlässigt.

Nehemia sorgt selbst für die Rückkehr der Leviten (V. 11). Dadurch, dass sie wieder »auf ihrem Posten« (bzw. »im Dienst«) sind, funktioniert auch das Abgabenwesen wieder (V. 12). Die Formulierung erinnert an die beurkundete Selbstverpflichtung von Neh 10,38, wo von einer Abgabe und zugleich von einer Erhebung des Zehnten die Rede ist – somit bleibt in gewisser Weise offen, ob die Abgaben freiwillig *gebracht* oder von den Leviten *geholt* wurden. Da es dem Text an allen Stellen um das Ideal der einvernehmlichen Förderung und Finanzierung des Heiligtums geht, legt er wohl keinen Wert darauf, den möglichen Gedanken einer Zwangseintreibung zu vertiefen. Nehemia setzt auch neues Aufsichtspersonal – auch zur Verteilung der Zehnten, also der Leviten- und Priestereinkünfte – ein (V. 13), bei dem er großen Wert auf die Zuverlässigkeit legt.

Der abschließende Gebetswunsch (V. 14) erinnert an 5,19 (vgl. auch 13,22.31; negativ 6,14; 13,29). Ein solcher Gebetssatz schließt in Kap. 13 jeweils eine der drei Maßnahmen Nehemias ab, und in 13,31 wird diese – damit für den Leser schon etablierte – Form dazu verwendet, das Buch als ganzes abzurunden. Hier in V. 14 wird die Bitte mit einer Negation formuliert: Gott möge die »guten Taten« Nehemias *nicht auslöschen*. Möglicherweise steht dahinter die Vorstellung eines Buches, in dem alles menschliche Tun verzeichnet ist. Ähnliche Gedanken begegnen in Ex 32,32-33; Jes 65,6; Mal 3,16; Ps 69,29; 139,16; Dan 7,10; 12,1; Lk 10,20; Phil 4,3; Offb 3,5; 13,8; 17,8; 20,12.15; 21,27 – die Stellen nehmen teilweise deutlich auf einander Bezug. Angesichts der vielen Listen und Briefe in Esra-Nehemia sowie des großen Wertes, der in dieser biblischen Schrift auf die *Schriftlichkeit* der Aufzeichnungen gelegt wird, ist Nehemias Ansinnen nur zu verständlich, nicht aus den himmlischen »Akten« gelöscht zu werden. Die Bitte, dass Gott des Nehemia »gedenken möge«, vor allem wegen seiner Bemühungen um das Haus Gottes und dessen Ordnung, erinnert an Ps 132,1, wo Gott auch um sein »Gedenken« an David und dessen Mühen um den Zion gebeten wird.

b) Befolgung des Sabbats in der Stadt durch Abriegelung (Neh 13,15-22)

Nach der Reinigung des Tempels von Korruption und Fremdeinflüssen sowie der Neuetablierung der Abgabenordnung folgt als zweite Einzelmaßnahme Nehemias die behördliche Festsetzung der Sabbatordnung mit konkreten Ausführungsbestimmungen. Damit realisiert der Text den Vorsatz von Neh 10,32a. Auch dieser Abschnitt wird mit einer Gebetsbitte abgeschlossen (V. 22).

Wie schon im vorausgehenden Abschnitt (V. 4–14) werden zunächst Beobachtungen angeführt (V. 15), bei denen der Leser selbst schon das Urteil sprechen kann (So etwas ist doch am Sabbat verboten!), noch bevor Nehemia das Geschehen wieder als »Untat« *(ha=dābār ha=rā*'; V. 17) brandmarken muss. Nicht näher genannte »Leute« verrichten Erntearbeiten im Weinberg – auf der Kelter werden die Trauben zerstampft, damit der Saft abfließen kann – und auf dem Feld, und sie transportieren und verkaufen ihre Waren. Das Thema des Handels beschäftigt auch V. 16, dieses Mal aber geht es um Bewohner von Tyrus, die in Yehud wohnen. Damit ist eines der zentralen Themen von Esra-Nehemia erneut angesprochen: Der Kontakt mit Fremdvölkern, die sich nicht an die Tora halten, bedeutet für Israel eine große Versuchung.

Wie schon Esra bei den Mischehen (Esra 9,14) äußert Nehemia ob der Vorgänge heftige Vorwürfe an die »Vornehmen«. Der hebräische Begriff *hor* ist dabei nahezu ein Synonym für *sāgān*, was oben mit »Beamter« übersetzt wird – wieder geht es also um die versagende Führungsschicht. Nehemia erinnert an die Geschichte (V. 18a), betont, dass das erlittene Unheil Strafe für die Missachtung der Gebote war (V. 18b) und warnt davor, dass erneute Verfehlungen gegen die Tora (hier: die Entweihung des Sabbat) neuen Zorn Gottes bewirken werden (V. 18c). Die Einschärfung der Sabbatheiligung erinnert auch wieder an Jer 17,19-27 (s. o. zu Neh 10,32, S. 230): An der Befolgung des Sabbat entscheiden sich Wohl und Wehe der Stadt, Bestand oder Untergang des Volkes Israel.

Die Darstellung zeigt Nehemia als einen Pragmatiker, der zu viele schlechte Erfahrungen gemacht hat. So ist es plausibel, dass er nicht allein auf Ermahnungen baut. Kraft seiner Autorität als Statthalter ordnet er behördliche Zwangsmaßnahmen an: Die Stadt wird am Sabbat, d. h. von Freitag Abend (Sonnenuntergang) an durch Schließung der Stadttore abgeriegelt. Zusätzlich sollen Wächter die Einhaltung des Gebots gewährleisten – zunächst sind dies einige von Nehemias Leuten (V. 19). Als ein paar Mal die Händler die Anordnung dadurch unterlaufen wollen, dass sie vor der Mauer übernachten und so Käufer aus der Stadt herauslocken (oder vielleicht auch über die Mauer hinweg Waren transferieren), muss Nehemia mit seiner Polizeigewalt drohen. Schließlich erklärt Nehemia die Sache zu einer kultischen Angelegenheit, indem er Leviten, die kultisch gereinigt sind (vgl. 12,30), an den Toren postiert – einmal mehr wird Jerusalem im buchstäblichen Sinne zur »Heiligen Stadt«.

Wie schon den ersten Abschnitt beendet Nehemia auch diese Ausführungen zur Sabbatordnung mit einer Gebetsbitte, dass Gott seiner gedenken möge (V. 22).

c) Missbilligung der Mischehen (Neh 13,23-29)

Auch im dritten Abschnitt beginnt Nehemia zunächst mit neutralen Beobachtungen, die jedoch einen mittlerweile sensibilisierten Leser hellhörig werden lassen: Es geht wieder um die verbotene Vermischung mit den anderen Völkern. Nicht nur, dass hier ein maßgebliches Thema in Esra-Nehemia angesprochen wird, das beobachtete Verhalten von V. 23 richtet sich explizit gegen die in Neh 10,31 beurkundete Selbstverpflichtung, keine Mischehen mit Frauen aus anderen Völkern einzugehen. Und auch dies muss Nehemia als »Untat«, nun sogar in gesteigerter Form als »große Untat« (*ha=rāʻā ha=g^edōlā*; in EÜ nicht angemessen übersetzt), in V. 27 qualifizieren.

Als Pragmatiker macht Nehemia seine Beobachtungen an der Sprache fest: Die Kinder sprechen nicht mehr »jüdisch« (gemeint ist wohl »hebräisch«), sondern reden in anderen Sprachen und Dialekten (V. 24). Dabei geht es Nehemia nicht um Fremdenfeindlichkeit oder um die Ablehnung von Fremdsprachen. Immerhin ist das alte Ammonitische und Moabitische fast identisch mit dem Hebräischen, außerdem dürfte Nehemia fließend das Aramäische als Amtssprache des Perserreiches beherrscht haben. Was die »Sprache von Aschdod« war, ist nicht mehr zu erhellen. Nehemia sieht vielmehr in der Preisgabe der eigenen Sprache zugleich die Preisgabe der eigenen kulturellen, religiösen und sozialen Identität, eine Assimilation an andere Völker, die letztlich zum Verlust des eigenen Bestandes führt. Wie gravierend Nehemia die Konsequenzen ansieht, wird im Folgenden deutlich.

In V. 25 berichtet Nehemia von seiner ungewöhnlich emotionalen und cholerischen Reaktion bis hin zu körperlicher Gewalt. Anders als Esra, der sich bei dieser Gelegenheit die eigenen Haare raufte (Esra 9,3), packt Nehemia die Beschuldigten bei *deren* Haaren. Sollten ihm behördliche Zwangsmaßnahmen wie bei der Sabbatordnung unmöglich sein? Eine geschlossene Aktion der Mischehenauflösung wie in Esra 9–10 scheint ihm wohl nicht praktikabel zu sein. Nehemia bleibt es nur übrig, zunächst auf die Unerlaubtheit der Mischehen hinzuweisen, wobei seine Formulierung entsprechende Sätze aus der Tora (Dtn 7,3) und aus der urkundlichen Selbstverpflichtung (Neh 10,31) aufgreift:

Dtn 7,3: »*... Deine Tochter gib nicht seinem Sohn und nimm seine Tochter nicht für deinen Sohn!*«

Neh 10,31: »*Wir werden unsere Töchter nicht den Völkern im Land zu Frauen geben, noch ihre Töchter für unsere Söhne nehmen.*«

Neh 13,25: »Ich machte ihnen Vorwürfe und verfluchte sie. Einige von ihnen schlug ich und packte sie bei den Haaren. Ich beschwor sie bei Gott: *Ihr dürft eure Töchter nicht ihren Söhnen geben noch ihre Töchter zu Frauen für eure Söhne oder für euch selbst nehmen.*«

Weiterhin deutet Nehemia auf den prominenten Fall von König Salomo hin (1 Kön 11,1-13): Selbst er, der von Gott geliebte König (vgl. der andere Name Salomos: »Jedidja«, Liebling JHWHs, in 2 Sam 12,25), verfiel durch die Verführung der fremden Frauen in die Sünde der Verehrung fremder Götter. Nehemia stellt die Mischehen der Judäer auf die gleiche Stufe und qualifiziert sie als genau dieselbe »große Untat« (V.27) sowie als »Treuebruch«. Dieser Begriff erinnert an das »Sündenbekenntnis« Schechanjas vor Esra (Esra 10,3): Die Heirat fremder Frauen bedeutet den Bruch der Treue zu »unserem Gott«.

Auffälligerweise ist aber, anders als in Esra 10, keine groß angelegte Auflösung von Mischehen im Blick. Vielmehr statuiert Nehemia ein Exempel an der ebenfalls betroffenen hohenpriesterlichen Familie (V.28–29). Dabei ist ein weiterer Erzfeind Nehemias betroffen: Sanballat von Horon (vgl. den Exkurs S.162f.). Dessen Tochter hatte ein Sohn des Hohenpriesters Jojada ben Eljaschib geheiratet, und aufgrund dieser Mischehe verweist ihn Nehemia aus seinem Gebiet, also wohl aus der Provinz Yehud. Ob die in Lev 21,14-15 genannten Ehehindernisse bzw. Heiratsvorschriften für den Hohenpriester (»Eine Witwe, eine Verstoßene oder eine Entehrte, eine Dirne, darf er nicht heiraten; nur eine Jungfrau aus seinem Stamm darf er zur Frau nehmen; [15] sonst würde er seine Nachkommenschaft unter seinen Stammesgenossen entweihen; denn ich, der Herr, bin es, der ihn heiligt.«) auch für seine Söhne gelten, ist nicht sicher. Festzuhalten bleibt natürlich, dass die Endogamievorschrift (Eheschließung innerhalb des eigenen Volkes), die im Grunde für *alle* gilt, in besonderer Weise für die priesterlichen und levitischen Familien eingefordert wird – nicht umsonst stehen bei Esra diejenigen Priester und Leviten, die sich durch das Eingehen von Mischehen verfehlt hatten, bei dem Bericht über die Auflösung der Ehen an erster Stelle (vgl. Esra 10,18-24). Und bei der hohenpriesterlichen Familie des Jeschua ist in Esra 10,18-19 von seinen Brüdern die Rede, die auch betroffen sind und die einen Widder als Schuldopfer darbringen – dies zeigt doch, dass an die männlichen Angehörigen der hohepriesterlichen Familie erhöhte Anforderungen bei der Wahl der Ehefrau gestellt werden.

Nehemia und Josephus über Sanballat

Zu der kurzen Notiz in Neh 13,28-29 gibt es eine Parallele bei Josephus (Ant. XI, 302-303.306-312): In dieser Version folgte auf den Hohenpriester Johanan Jaddua, der wiederum einen Bruder namens Manasse hatte. Dieser Manasse heiratete Nikaso, die Tochter eines gewissen Sanballat, der von Josephus als Kutäer der Abstammung nach und als Abgesandter Darius' III., des letzten persischen Königs, vorgestellt wird. Damit bewegt sich dieses Ereignis bereits im 4. Jh. v. Chr.; Josephus markiert dies dadurch, dass der Aufstieg Alexanders des Großen kurz zwischengeschoben wird (Ant. XI, 304–305). Das Problem war nun, dass die Ehe des Bruders des Hohenpriesters mit einer »fremden Frau« Anstoß bei den Ältesten in Jerusalem erregte – die Gründe, die hier genannt werden, gehen auffällig in die gleiche Richtung, in die Nehemia argumentiert: Die Heirat fremder Frauen führt letztlich ins Unglück. Man stellte also Manasse vor die Alternative, seine Frau zu entlassen oder sich des priesterlichen Dienstes am Altar zu enthalten. Manasse jedoch wollte beides behalten: seine priesterliche Würde und seine Frau. Als er Sanballat das Problem vortrug, machte der ihm den Vorschlag, dass er, Sanballat, für ihn, Manasse, einen eigenen Tempel auf dem Berg Garizim in Samaria errichten werde. Manasse ließ sich auf diese »Lösung« ein. Der Tempelbau konnte jedoch nicht mehr unter Darius III., sondern erst unter der Oberherrschaft Alexanders in Angriff genommen werden (Ant. XI, 324).

Das Problem ist nun, ob es sich bei dem Nehemia-Vers und der Josephus-Geschichte um zwei völlig verschiedene Ereignisse und um zufällige Namensgleichheiten (Sanballat) handelt, da die Datierungen zeitlich um etwa 100 Jahre auseinander liegen (Nehemia: Mitte des 5. Jh.s v. Chr.; Josephus: ca. 330 v. Chr.). Die Entdeckung eines Siegels auf den Papyri von Wadi ed-Daliye (Nr. 5) mit dem Namen »Sanballat, Statthalter von Samerina« aus der Zeit zwischen den beiden Datierungen (ca. 360–354 v. Chr.) könnte allerdings dazu führen, eine Sanballat-Dynastie als Statthalter in Samaria anzunehmen, die »Papponymie« betrieb. Dabei handelt es sich um den Brauch, dem Enkelsohn den Namen des Großvaters zu geben. Damit könnte es also durchaus drei Personen mit dem Namen Sanballat innerhalb eines Jahrhunderts gegeben haben, wobei Heiratsbeziehungen auf diesen höchsten Ebenen der jeweiligen herrschenden Schichten durchaus immer wieder denkbar waren. Somit wäre es nicht unplausibel, sowohl der Nehemia-Notiz in 13,28 als auch der Josephus-Erzählung, die in der Tendenz der Forschung meist als weniger historisch angesehen wird, dennoch eine gewisse geschichtliche Plausibilität zuzugestehen, wobei aber auch denkbar ist, dass es zwar drei Sanballats gab, Josephus sie aber verwechselte und eine Geschichte aus dem 5. Jh. v. Chr. (Neh 13,28) dem dritten Sanballat zuschrieb.

Literatur: *J. Zsengellér*, Gerizim as Israel. Northern Tradition of the Old Testament and the Early History of the Samaritans, Utrecht 1998, 136–138.

In seiner Abschlussbitte (V. 29) verweist Nehemia auf den besonderen Bund Gottes mit den Priestern und Leviten. Von einem solchen Bund ist nur selten die Rede. Im Mosesegen (Dtn 33,8–9) bezeichnet Mose die Leviten als Wächter von Gottes Bund. Dies könnte noch damit zusammenhängen, dass die Leviten beauftragt waren, die Bundeslade zu tragen. Einen unzerstörbaren Bund Gottes sowohl mit David als auch mit den »levitischen Priestern«

erwähnt Jer 33,20-22: »So spricht der Herr: Nur wenn mein Bund mit dem Tag und mein Bund mit der Nacht gebrochen werden könnte, sodass es nicht mehr Tag und Nacht würde zur rechten Zeit, [21] dann könnte auch mein Bund mit meinem Knecht David gebrochen werden, sodass er keinen Sohn hätte, der auf seinem Thron König wäre, und ebenso mein Bund mit den levitischen Priestern, die mir dienen. [22] So unzählbar das Heer des Himmels und so unmessbar der Sand des Meeres ist, so zahlreich mache ich die Nachkommen meines Knechtes David und die Leviten, die mir dienen.« Zu beachten ist hier, wie königliche und priesterliche Verheißung miteinander verschmolzen werden bzw. das levitische Priestertum auf die Ebene des Königtums gehoben wird.

Auch Mal 2,4 und 2,8 erwähnen innerhalb eines Drohwortes gegen die Priester (Mal 2,1-9) den Bund Gottes mit Levi, den die Priester durch ihr abtrünniges Verhalten zunichte gemacht haben. Grundlage des Bundes zwischen Gott und den Priestern/Leviten ist das Ereignis von Baal-Pegor in Num 25,1-19a: Die Israeliten waren von Gott (wieder einmal) abgefallen, weil sie sich mit Frauen aus anderen Völkern (Moabiter und Midianiter) eingelassen haben. Erst die Eifertat des Priesters Pinhas, der ein solches »gemischtes Paar« in flagranti erwischt und sofort tötet, lässt den Zorn Gottes abschwellen. Der leidenschaftliche Eifer des Pinhas für die Alleinverehrung JHWHs wird ihm von Seiten Gottes mit einem Friedensbund für ihn und seine Nachkommen belohnt. Auf diese Verheißung dürften sich wohl Mal 2,4.8 sowie Jer 33,17-22 zurück beziehen.

3. Zusammenfassung und Schlussbitte Nehemias (Neh 13,30-31)

In den letzten beiden Versen des Nehemiabuches laufen eine Reihe literarischer Fäden zusammen. Der Ich-Stil des Schlusswortes korrespondiert dabei dem Anfang des Nehemiabuches und rundet die stilistische Darstellung als »Ich-Bericht« ab.

Die »Reinigung von allem Fremden« im Zusammenhang mit den Verordnungen für einen reibungslosen Ablauf des Kultus bildet eine literarische Klammer zum Anfang des 13. Kapitels (13,1-3) und zu weiteren Stellen, die von der Absonderung von den Völkern sprechen (vgl. z.B. Esra 4,1-3; 6,21; 9,1-2; 10,11; Neh 2,20; 9,2;

10,29.31; 13,1-3). Die Gebetsbitte ganz am Ende entspricht den drei in Kapitel 13 vorkommenden Bitten um das »Gedenken« Gottes (13,14.22.29) sowie der Bitte in Neh 5,19.

Weitere literarische Klammern sind z. B. durch das Erwähnen der »ersten Erträge« gegeben: Hier wird auf die ideale Abgabenordnung von 12,44-47 zurückgegriffen, ferner auch auf die Selbstverpflichtung in Neh 10,36-40. Ist man erst einmal bei der beurkundeten Bundesverpflichtung von Neh 10 angelangt, so erkennt man rückblickend erneut, wie Neh 10 das Programm für den weiteren Verlauf bis zum Ende des Buches bildet. Dazu gehört auch die Bemerkung über die Brennholzlieferungen, die Neh 10,35 einspielt (siehe auch den entsprechenden Exkurs S. 232). Die Nennung des Brennholzes in einem Atemzug mit den Abgaben von den Erstlingserträgen und an prominenter Stelle (Abschluss des Buches) zeigt die Wichtigkeit, die diesem kultischen Detail beigemessen wird. Im Grunde reklamiert Nehemia für sich, dass er und seine Reformen es waren, die die urkundliche Verpflichtung von Neh 10 – und damit die Bundeserneuerung nach Toraverlesung und Bußgottesdienst – in die Tat umgesetzt haben. Sein Tun ließ das Programm von Neh 10 Wirklichkeit werden – dieses Engagement möge Gott Nehemia zugute halten.

Mit dieser Bitte schließt das Esra-Nehemia-Buch relativ unvermittelt, jedoch ohne Fragen offen zu lassen. Die Neukonstituierung des Gottesvolkes in Form einer kultisch reinen und unvermischten Gemeinde rund um den Tempel und Jerusalem ist abgeschlossen – auf allen Ebenen sind die Institutionen und Ordnungen errichtet: Das kultische Zentrum (der Tempel) existiert und funktioniert, die rechtliche Ordnung ist aufgerichtet, die textliche Grundlage für Gesellschaft, Religion, Staat und Kult ist verfasst, verlesen und damit im Volk bekannt (die Tora), die äußeren Voraussetzungen für einen störungsfreien Kultbetrieb und für eine politische Teilautonomie sind gegeben (Stadtmauer), für die Geschichte wurde Abbitte und Buße geleistet, für die Zukunft sind Vorsätze gefasst, nicht in die alten Fehler zurückzufallen, entsprechende Missstände sind beseitigt, konkrete Reformen in Angriff genommen. Recht betrachtet, kann das Buch tatsächlich schließen.

Wie abgerundet es ist, wird auch dann deutlich, wenn man – anders als die Biblia Hebraica Stuttgartensia, die mit 2 Chr schließt –

mit dem Codex L (St. Petersburg B 19[a]) sowie dem Codex Aleppo davon ausgeht, dass Neh 13,31 der Schlussvers einer bestimmten hebräischen Kanonausprägung ist. In dem Satz »Denk daran, mein Gott, und halt es mir zugute!« steckt u. a. die Wurzel *ZKR* »gedenken«, die an das Ende des Propheten Maleachi (und damit am Ende des Kanonteils »Propheten«) erinnert: »Denkt an die Tora meines Knechtes Mose« (Mal 3,22). Hier fordert im Prophetenwort Gott dazu auf, an die Tora – die im Esra-Nehemia-Buch eine so wichtige Rolle spielt – zu denken.

Vor allem aber sind die letzten beiden Stichwörter bedeutsam: »Gott« und »gut«. Hier kann ein Echo und eine Analogie zu einem wesentlichen, mehrfach wiederholten Element des Schöpfungsberichts am *Anfang* der Bibel (Gen 1) gesehen werden: »Und Gott sah, dass es gut war«. Wer also Neh 13,31 als Schlussvers einer Bibel wahrnimmt, die mit Gen 1 beginnt (und jede Bibel beginnt mit Gen 1), wird an den Anfang zurückverwiesen. Zusammen mit der Wurzel *ZKR* »gedenken« kann man diesen Rahmen als Botschaft vom Schöpfergott ansehen, der die Welt gut geschaffen hat und stets an sie denkt. Oder man kann darin eine versteckte Leseanweisung sehen, die – wie eine Endlosschleife in der Computertechnik – am Ende auf den Anfang verweist. Man wird nie fertig, das Ende der Lektüre ist der Anfang neuen Lesens.

DRITTER TEIL

Anhang

I. Literatur

1. Textausgaben

Biblia Hebraica Stuttgartensia, Stuttgart 1967/1977.

Einheitsübersetzung der Heiligen Schrift, Stuttgart 1980.

J. H. Charlesworth, Old Testament Pseudepigrapha, Vol. 1, New York 1983.

R. Hanhart (ed.), Esdrae liber I, Septuaginta: Vetus Testamentum Graecum Auctoritate Academiae Scientiarum Gottingensis editum, Göttingen 1974.

R. Hanhart (ed.), Esdrae liber II, Septuaginta: Vetus Testamentum Graecum Auctoritate Academiae Scientiarum Gottingensis editum, Göttingen 1993.

U. B. Müller, Die griechische Esra-Apokalypse, Jüdische Schriften aus hellenistisch-römischer Zeit V/2, Gütersloh 1976, 85–102.

K.-F. Pohlmann, 3. Esra-Buch, Jüdische Schriften aus hellenistisch-römischer Zeit I/5, Gütersloh 1980.

A. Rahlfs (ed.), Septuaginta, id est Vetus Testamentum graece iuxta LXX interpretes, Stuttgart 1935/1979.

J. Schreiner, Das 4. Buch Esra, Jüdische Schriften aus hellenistisch-römischer Zeit V/1, Gütersloh 1974.

2. Sekundärliteratur (Auswahl)

R. Albertz/B. Becking (eds.), Yahwism After the Exile. Perspectives on Israelite Religion in the Persian Era, Assen 2003.

J. Becker, Esra/Nehemia, Neue Echter Bibel, Würzburg 1990.

T. A. Bergren, Ezra and Nehemiah Square Off in the Apokrypha and Pseudepigrapha, in: M.E. Stone/T.A. Bergren (eds.), Biblical Figures Outside the Bible, Harrisburg, PA 1998, 340–365.

J. L. Berquist, Judaism in Persia's Shadow. A Social and Historical Approach, Minneapolis 1995.

D. Böhler, Die heilige Stadt in Esdras und Esra-Nehemia. Zwei Konzeptionen der Wiederherstellung Israels, OBO 158, Freiburg (CH)/Göttingen 1998.

C. E. Carter, The Emergence of Yehud in the Persian Period. A Social and Demographic Study, JSOT.S 294, Sheffield 1999.

H. Donner, Geschichte des Volkes Israel und seiner Nachbarn in Grundzügen 2, Göttingen 1986, 3. Aufl. 2001.

M.W. Duggan, The Covenant Renewal in Ezra-Nehemiah (Neh 7:72b–10:40). An Exegetical, Literary, and Theological Study, SBL.DS 164, Atlanta, GA 2001.

D. Edelman, Redating the ‚Second' Temple. Persian Imperial Policy and the Refounding of Jerusalem, London 2005.

T. C. Eskenazi, In an Age of Prose. A Literary Approach to Ezra-Nehemiah, SBL.MS 36, Atlanta (GA) 1988.

T. C. Eskenazi/K.H. Richards (eds.), Second Temple Studies. 2. Temple Community in the Persian Period, JSOT.S 175, Sheffield 1994.

P. F. Esler, Ezra-Nehemiah as a Narrative of (Re-Invented) Israelite Identity, in: Biblical Interpretation 11 (2003) 413–426.

L. L. Grabbe, Ezra-Nehemiah, London/New York 1998.

S. Grätz, Das Edikt des Artaxerxes. Eine Untersuchung zum religionspolitischen und historischen Umfeld von Esra 7,12-26, BZAW 337, Berlin/New York 2004.

A. H.J. Gunneweg, Esra, KAT XIX/1, Gütersloh 1985.

A. H.J. Gunneweg, Nehemia, KAT XIX/2, Gütersloh 1987.

T. Hieke, Vom Verstehen biblischer Texte. Methodologisch-hermeneutische Erwägungen zum Programm einer »biblischen Auslegung«, in: Biblische Notizen 119/120 (2003) 71–89.

K. G. Hoglund, Achaemenid Imperial Administration in Syria-Palestine and the Missions of Ezra and Nehemiah, Atlanta, GA 1992.

W. T. In der Smitten, Esra: Quellen, Überlieferung und Geschichte, Assen 1973.

C. Karrer, Ringen um die Verfassung Judas. Eine Studie zu den theologisch-politischen Vorstellungen im Esra-Nehemia-Buch, BZAW 308, Berlin/New York 2001.

U. Kellermann, Nehemia: Quellen, Überlieferung und Geschichte, BZAW 102, Berlin 1967.

R. G. Kratz, Das Judentum im Zeitalter des Zweiten Tempels, FAT, Tübingen 2004.

S. Mowinckel, Studien zu dem Buche Ezra-Nehemia, 3 Bde., Oslo 1964–1965.

T. Reinmuth, Der Bericht Nehemias. Zur literarischen Eigenart, traditionsgeschichtlichen Prägung und innerbiblischen Rezeption des Ich-Berichtes Nehemias, OBO 183, Freiburg (CH)/Göttingen 2002.

K. D. Schunck, Nehemia, Biblischer Kommentar AT 23,2, Lfg. 1–3, Neukirchen-Vluyn 1998–2003.

D. Schwiderski, Handbuch des nordwestsemitischen Briefformulars. Ein Beitrag zur Echtheitsfrage der aramäischen Briefe des Esrabuches, BZAW 295, Berlin/New York 2000.

G. Steins, Die Bücher Esra und Nehemia, in: E. Zenger u.a., Einleitung in das Alte Testament, 5., gründlich überarbeitete und erweiterte Auflage, Stuttgart u.a. 2004, 263–277.

G. J. Venema, Reading Scripture in the Old Testament. Deuteronomy 9–10; 31 – 2 Kings 22–23 – Jeremiah 36 – Nehemiah 8, OTS 48, Leiden u.a. 2004.

T. Willi, Juda – Jehud – Israel. Studien zum Selbstverständnis des Judentums in persischer Zeit, FAT 12, Tübingen 1995.

H. G.M. Williamson, Ezra, Nehemiah, WBC 16, Waco (TX) 1985.

II. Die jüdischen Monatsnamen

Nisan	März–April
Ijar	April–Mai
Siwan	Mai–Juni
Tammus	Juni–Juli
Ab	Juli–August
Elul	August–September
Tischri	September–Oktober
(Mar)Cheschwan	Oktober–November
Kislew	November–Dezember
Tebet	Dezember–Januar
Schebat	Januar–Februar
Adar	Februar–März